UN MÉTIER
POUR LA PLANÈTE...
ET SURTOUT POUR MOI !

Élisabeth Laville Marie Balmain

UN MÉTIER POUR LA PLANÈTE... ET SURTOUT POUR MOI !

Guide pratique des carrières
du développement durable

2e édition

graines de changement

Village Mondial

Un métier pour la planète... et surtout pour moi ! fait partie de la collection créée avec Village Mondial par Graines de Changement, l'agence d'information positive sur le développement durable cofondée par Élisabeth Laville, Marie Balmain et Jean-Sébastien Stehli afin de diffuser des informations exclusives qui parlent du meilleur de notre temps : des informations exaltantes et surprenantes, qui font découvrir des personnages réels, des expériences vécues, des solutions concrètes, des approches neuves voire provocatrices, et des idées rafraîchissantes ; des informations qui aident les gens à vivre, à réfléchir différemment sur eux-mêmes et le monde, à trouver l'énergie et l'envie d'agir pour un monde meilleur.

Déjà parus dans la collection Graines de Changement :

Corps et âme – L'histoire de The Body Shop racontée par sa fondatrice, Anita Roddick (traduit par É. Laville et M. Balmain), 2003.

Demain le service civil – Et si tous les jeunes consacraient une année de leur vie à la solidarité ?, Marie Trellu, Anne-Claire Pache et Lisbeth Sheperd, 2005.

Des mêmes auteurs, chez le même éditeur :

L'Entreprise verte – le développement durable change l'entreprise pour changer le monde, É. Laville, 2002 (revu et enrichi en 2004).

Des mêmes auteurs, chez d'autres éditeurs :

Achetons responsable ! Mieux consommer dans le respect des hommes et de la nature, É. Laville et M. Balmain, Seuil, 2006.

Pour être tenu au courant de nos publications : www.grainesdechangement.com.

Couverture : M. Badimon / Graines de Changement

Mise en pages : FAB, Orléans

ISBN : 978-2-7440-6305-3

« "Je ne veux pas perdre ma vie à la gagner", disions-nous dans ma jeunesse. Mais ne pas la gagner n'a jamais suffi à la sauver. Le vrai est qu'il faut vivre, et que telle est la première fonction d'un métier. La deuxième est d'être utile. La troisième, de progresser. Heureux ceux qui savent marier ces trois fonctions. Quant à la justice, elle relève moins des professionnels que des citoyens – moins du choix d'un métier que du choix d'une politique.

Il ne suffit pas d'espérer le bonheur ; il faut le vouloir, le bâtir, l'entretenir. Il ne suffit pas d'espérer la justice ; il faut agir pour elle. Ne perds pas ta vie à la rêver. »

André Comte-Sponville, philosophe

« La jeunesse se forge autour d'idéaux, de justice, de générosité, de partage, d'aventure, de protection de notre planète. Tout se passe comme si notre société et notre système éducatif s'efforçaient de nous faire abandonner ses idéaux au profit d'un principe de réalité, qui est en fait un principe de fatalité. Notre engagement, dans le milieu associatif, dans les associations non gouvernementales, dans l'économie solidaire, dans le développement, est là pour vous dire : ne vous laissez pas impressionner par tous ceux qui veulent vous détourner de vos idéaux à coup de "ce n'est pas possible", "ce n'est pas réaliste" ou "de toute façon, c'est comme cela". Le vrai principe de réalité n'est pas de tourner le dos aux difficultés de ce monde mais de les affronter, d'agir selon sa conscience, de prendre les risques qui valent la peine d'être vécus. Désapprenez à renoncer. »

Martin Hirsch, président d'Emmaüs France

TABLE DES MATIÈRES

DEUXIÈME PARTIE

Information, formation, premières expériences : comment s'y prendre ?

TROISIÈME PARTIE

Ressources pratiques (et exemples inspirants) pour ne pas perdre sa vie à la gagner

INTRODUCTION

Que vais-je faire de ma vie ? Puis-je trouver un métier en phase avec mes valeurs ? Est-il possible de travailler dans le commerce équitable, dans la protection de l'environnement, dans le développement durable, dans un domaine qui me passionne à titre personnel ? Mon travail peut-il à la fois me permettre de gagner ma vie mais aussi servir une cause qui m'est chère ? Ces questions, des milliers de jeunes diplômés en France se les posent chaque année et, avec eux, des milliers d'autres personnes qui envisagent de changer d'emploi pour mettre leur vie professionnelle en accord avec leurs engagements personnels de militants, de citoyens ou de consommateurs.

DE NOUVEAUX CRITÈRES

Nous sommes de plus en plus nombreux à intégrer des critères éthiques à notre comportement de consommateurs ou de citoyens. **44 % des Français disent tenir compte des engagements de « citoyenneté » des entreprises lorsqu'ils achètent des produits.** Et 61 % se déclarent même prêts à payer un supplément de prix de 5 % pour des produits qui présenteraient une garantie « éthique »[1]. Et il ne s'agit pas seulement de déclarations d'intention, comme l'atteste le succès du café équitable.

1. Patricia Croutte, Franck Delpal et Georges Hatchuel, « Représentations et pratiques de la consommation engagée : évolution 2002-2006 », *Cahier de Recherche du CRÉDOC*, n° 231, décembre 2006.

Auparavant réservé à quelques boutiques spécialisées qui touchaient peu de consommateurs, le café labellisé Max Havelaar, qui est acheté à des petits producteurs du Sud à un prix juste qui leur permet de rémunérer leur travail mais aussi de financer le développement local, est devenu la deuxième vente du rayon dès lors qu'il a été référencé chez Monoprix ! Aujourd'hui, 74 % des Français connaissent le commerce équitable et 48 % des consommateurs ont déjà acheté un produit qui en était issu[1], tandis que 26 % des personnes disent acheter un produit du commerce équitable au moins une fois par mois[2].

De la même façon, les **produits de l'agriculture biologique connaissent un succès croissant** : plus de 4 Français sur 10 consomment ainsi des produits bio au moins une fois par mois, 23 % au moins une fois par semaine[3] et **le marché progresse de 20 à 30 % par an selon les marchés considérés**. De plus en plus sensibles aux conditions sociales ou environnementales de fabrication des produits qu'ils achètent, les citoyens sont conscients de l'impact de leurs choix – que ce soit dans les rayons des supermarchés ou pour leurs activités de loisirs multipliées par la loi des 35 heures. Le tourisme vert connaît un succès croissant, et le jardinage a de nouveau le vent en poupe auprès des urbains chanceux qui disposent d'un coin de verdure (c'est désormais le passe-temps favori d'un ménage sur deux en France, avec 12,5 millions de jardins potagers ou d'agrément)[4].

Autre signe de changement : les Français sont de plus en plus soucieux de l'environnement dans leur vie quotidienne, puisqu'en 2005, environ 70 % des ménages disaient trier leurs piles usagées

1. *Baromètre les Français et le commerce équitable*, enquête IPSOS-Max Havelaar France, août 2006.
2. *Baromètre du commerce équitable*, enquête TNS-Sofres pour Malongo, avril 2006.
3. Baromètre Agence BIO / CSA, 2006.
4. http://www.diplomatie.gouv.fr/france/fr/societe/societe04.html.

(contre 30 % en 1998) et les vieux papiers, et près de 80 % le verre. La moitié des ménages disent également avoir des ampoules éco-efficaces chez eux, au moins sur une partie de leurs luminaires, tandis qu'un tiers environ dit prendre en compte le rendement énergétique lors de l'achat d'équipements électroménagers pour la maison et que 17 % disent faire attention lors de leurs achats à la quantité de déchets qu'ils généreront[1].

Le besoin d'engagement se traduit aussi par le rapide développement de ce que l'on appelait historiquement le « tiers-secteur », et qui est devenu l'économie sociale et solidaire : au total, 2 millions de salariés et 1 million de bénévoles travaillent aujourd'hui dans 20 000 coopératives, 3 000 mutuelles de santé, 1 300 fondations, 5 000 entreprises d'insertion et 800 000 associations[2].

Les jeunes, aspirant de plus à plus à faire changer le monde, ne sont pas en reste : ils sont 40 % à prendre en considération les aspects environnementaux ou sociaux dans leurs achats[3]. En France, ils viennent chaque jour grossir un peu plus les rangs des altermondialistes ou des tagueurs qui s'attaquent aux messages proconsommation des affiches publicitaires du métro parisien. Certes, le niveau d'activisme des campus américains – où les étudiants sont mobilisés depuis 1997 au sein de la Sweat-Free Campus Campaign pour demander aux marques qui fabriquent les vêtements à l'effigie de leur université de mieux respecter les droits des travailleurs – n'est pas encore atteint. Mais la conscience des jeunes progresse : ainsi le label Max Havelaar a longtemps trouvé ses bénévoles les plus actifs sur les bancs des universités et des grandes écoles françaises, comme en témoigne la mobilisation de quinze organisations étudiantes et de jeunesse

1. Enquête INSEE de janvier 2005 sur les « pratiques environnementales des ménages », en partenariat avec le ministère de l'Écologie et du Développement durable.
2. Annie Kahn, « Entrepreneurs sociaux : l'efficacité économique au service des démunis », *Le Monde*, 28 janvier 2007.
3. Étude PNUE, « Is the future yours ? », menée auprès des 18-25 ans dans 24 pays, 2001 (www.uneptie.org/pc/youth survey/index.htm).

autour de la Semaine étudiante du Commerce équitable organisée chaque année en mars depuis 2005[1]...

Mais qu'advient-il lorsque ces étudiants cherchent du travail ou que ces militants raccrochent leurs banderoles à la fin du week-end pour retourner travailler le lundi matin ? À en croire les extraits des lettres de motivation présentées ici, leurs choix professionnels sont de plus en plus guidés par leurs valeurs. Et cette tendance se généralise puisque, aujourd'hui, 70 % des étudiants, et la même proportion de personnes occupant un emploi, déclarent qu'ils intégreront des critères éthiques dans leur recherche d'emploi à venir ou éventuelle[2].

Ils veulent un métier qui fasse écho à leurs aspirations et à leurs engagements personnels. Ils veulent gagner leur vie sans perdre leur âme. Ils veulent faire quelque chose qui ait un sens, une utilité sociale, et qui contribue à rendre le monde un peu meilleur. Ils veulent pouvoir transmettre un enthousiasme réel et spontané dans leur lettre de motivation, plus inspirés par leurs convictions et leurs engagements que par des lettres types aussi peu originales que convaincantes. Et, après tout, ils ont sûrement raison car quitte à passer plus de la moitié de sa vie à travailler, autant que cela serve à quelque chose, pour soi et pour autrui !

Mais comment s'y prendre pour trouver l'entreprise, et l'emploi, qui leur permettront d'être actifs économiquement mais aussi sur le plan social et environnemental ? Où se trouvent les alternatives aux carrières « classiques » que proposent les grandes entreprises et les principaux acteurs de la mondialisation ? Existe-t-il réellement des métiers qui permettent d'avoir un impact positif sur le monde ? Peut-on dépasser l'idée reçue selon laquelle il n'y aurait que deux voies possibles : bien gagner sa vie en suivant une carrière traditionnelle ou se sacrifier financièrement pour un emploi qui va dans le sens de ses idées ?

---

1. Voir http://capasseparmoi.org.
2. Novethic-Ipsos, novembre 2001.

Extraits de lettres de motivation reçues par Utopies

« J'aimerais que mon travail serve une cause et le développement durable me semble dans cette logique l'activité qui réconcilie le mieux mes différentes aspirations : travailler dans la sphère économique dans un secteur qui "serve" l'homme. »

« Mon engagement dans cette voie, quelque peu différente de celles proposées par les écoles de commerce, provient notamment d'une volonté ferme de contribuer à une création de valeur dépassant le seul cadre économique. »

« Le thème du développement durable m'intéresse particulièrement. Il permet d'allier mes études et mon intérêt pour le monde de l'entreprise à certaines aspirations liées à mon "éthique" personnelle. Il est devenu un des éléments motivants dans mes choix d'orientation professionnelle. »

« Je souhaite aujourd'hui m'épanouir pleinement en employant utilement mes compétences pour défendre des valeurs auxquelles je crois. »

« Je suis à la recherche d'un domaine où mon caractère d'utopiste pragmatique serait un plus, et d'une société dont je pourrais partager les valeurs. »

« Pourquoi cette lettre ? D'abord parce que ma vie professionnelle actuelle ne satisfait que partiellement mes besoins d'accomplissement personnel. »

« Je cultive moi aussi ces valeurs et cette motivation de promouvoir un monde meilleur grâce à mon travail. »

« Je me sens tout à fait en accord avec les principes du développement durable et j'ai fait le choix de m'engager pour ces idées. J'ai la conviction que je saurai tirer parti de mes compétences en économie-management et de ma sensibilité à l'environnement pour contribuer à trouver les voies de l'économie du futur : une économie

toujours rentable et utile à la satisfaction des besoins des populations tout en étant plus attentive aux écosystèmes dans lesquels nous évoluons. »

« Diplômée en marketing et consom'actrice avisée, je souhaite, après plusieurs années d'études et de recherches sur les vertus d'un marketing éthique notamment, mettre mon projet professionnel au diapason de mes convictions profondes. »

UN GUIDE PRATIQUE

C'est pour commencer à répondre à ces questions que nous avons imaginé ce guide. Que vous soyez étudiant, jeune diplômé, demandeur d'emploi ou salarié à l'aube d'une réorientation professionnelle, l'idée est de vous accompagner dans vos recherches et de vous donner quelques pistes pour vous aider à mettre vos connaissances, vos compétences, votre talent, votre énergie et votre créativité au service de quelque chose qui compte pour vous.

Pour cela, nous avons voulu un guide qui sorte de l'ordinaire et vous accompagne dans une recherche d'emploi guidée par vos valeurs, par votre vision du monde et de ce qu'il pourrait devenir, plutôt que par vos compétences acquises, vos succès passés ou par un plan de carrière prédéterminé. Parce que nous sommes toujours plus efficaces dans l'exercice de nos talents quand nous sommes mus par nos valeurs et nos convictions !

Les métiers dont nous avons voulu vous parler sont, pour certains, très récents et liés à l'émergence du développement durable. Dans d'autres cas, ils n'existent pas encore. Il appartient aussi à chacun d'apporter sa pierre à cet édifice, en contribuant à créer des entreprises nouvelles, de nouveaux métiers ou de nouvelles façons de les exercer, plutôt que de se contenter de faire son choix dans un catalogue d'options préexistantes.

Au bout du compte, toutes ces réflexions changent aussi progressivement la définition même de la réussite professionnelle.

Les critères classiques (salaire et progression de carrière) s'enrichissent de l'attention portée à la créativité, au plaisir, à l'épanouissement personnel, à la conscience sociale et à la volonté de donner un sens au travail quotidien. Dans cet état d'esprit, le pouvoir de faire avancer les choses compte finalement plus que le pouvoir personnel lié à l'avancement dans la hiérarchie (intitulé du poste, nombre de personnes sous ses ordres ou montant du salaire). Ici, ce n'est plus l'entreprise qui choisit l'individu mais l'inverse, comme un consommateur cherche une marque dont il puisse partager les valeurs.

Et pour vous prouver que c'est possible, à condition bien entendu de penser en dehors du cadre rigide habituellement proposé pour penser la recherche d'emploi, nous avons intégré au fil de ce guide une trentaine de portraits d'individus qui ont franchi le pas pour trouver un emploi qui fasse écho à leurs valeurs. Que ce soit dans le développement durable, l'investissement éthique, le commerce équitable, les entreprises engagées ou dans des associations de défense de l'environnement ou des Droits de l'homme, ils ont choisi de suivre ce conseil jubilatoire de Janis Joplin : « Ne te gaspille pas, chéri. Tu es tout ce que tu as. »

PREMIÈRE PARTIE

Le développement durable change l'entreprise… et le travail

« "Un métier pour la planète et surtout pour moi" : il n'y a pas de meilleur titre pour exprimer ce que l'on vit lorsque l'on met au cœur de son travail des valeurs d'humanité et de solidarité. Je le ressens très fortement depuis que nous nous sommes lancés dans l'aventure de La Terre vue du Ciel, dont l'ambition est d'inviter chacun à réfléchir à l'évolution de la planète et au devenir de ses habitants. Après avoir volé pendant plus de dix ans pour trouver les images qui parleront aux gens, je me rends compte combien ce projet m'a transformé, combien il valorise mon quotidien et donne un nouveau sens à ma vie.

Nous vivons une période charnière : nous nous rendons compte que nous dépendons de la Terre plutôt que nous ne la dominons, nous réalisons que nous épuisons les ressources, polluons notre environnement et menaçons en retour notre propre vie. Nous ne pourrons échapper au développement durable. Comme l'idée de la démocratie, illusoire il y a quelques siècles et de plus en plus présente dans le monde actuel, le développement durable qui paraît une utopie aujourd'hui sera une réalité demain. C'est une force contre laquelle on ne peut aller. Œuvrer dans son métier pour un développement durable, c'est devancer les réalités et lois de demain. »

Yann Arthus Bertrand, photographe, auteur de *La Terre vue du ciel*

1

LE DÉVELOPPEMENT DURABLE CHANGE L'ENTREPRISE

« Nous vivons une période de changement décisif dans l'histoire économique et sociale et cela crée des opportunités incroyables (...) Le monde est désormais prêt à payer les entreprises qui seront capables de l'aider à survivre et à sanctionner celles dont les activités menacent cette survie. »

ROBERT SHAPIRO, MONSANTO

Le temps est désormais loin, où l'on croyait que la « citoyenneté » (dans les années 1980) ou la « responsabilité sociale » (dans les années 1990) ne serait qu'une « mode » de management de plus, une lubie sympathique portée par quelques nostalgiques de la période hippie soucieux de transformer le capitalisme, mais qui ne résisterait pas à l'épreuve des faits, ni à celle du temps.

Le courant alternatif devient progressivement *mainstream* comme disent les Anglo-Saxons : le petit ruisseau s'est mué en un fleuve puissant qui entraîne dans son courant les consommateurs, les investisseurs, les pouvoirs publics mais aussi les grandes entreprises qui se méfiaient hier encore de cette « mode ».

DE NOUVEAUX IMPÉRATIFS

Il faut dire que le contexte a changé : les entreprises doivent faire face, sur tous les fronts, à de nouveaux impératifs qui forcent la prise de conscience d'une nécessaire mutation et l'émergence de pratiques plus responsables.

L'environnement naturel en a besoin...

L'impact des activités humaines sur l'environnement naturel est de plus en plus visible. Nous consommons les ressources naturelles à un rythme beaucoup plus important que celui auquel elles se renouvellent. Par exemple, chaque jour, nous consommons, avec nos usines, nos voitures, nos maisons, nos centrales énergétiques ou nos exploitations agricoles, une quantité d'énergie que la planète a mis 10 000 jours à créer[1] !

Dans la plupart des cas, la Terre ne peut déjà plus faire face à ce que nous prenons, ni d'ailleurs à ce que nous rejetons. Notre consommation croissante de ressources naturelles conduit à un déclin général des écosystèmes planétaires, véritables « moteurs biologiques » de notre planète qui produisent les biens et les services (fourniture de nourriture et d'eau potable, stockage du gaz carbonique, maintien de la biodiversité, etc.) nécessaires à la survie des espèces... dont la nôtre.

En trente ans, nous avons ainsi consommé un tiers des richesses naturelles de la planète[2] : 50 % des forêts de la planète ont été rasées, 70 % des espèces marines sont menacées par la surpêche, une espèce de poisson d'eau douce sur cinq est en voie de disparition, et 60 % des grands fleuves voient leur fonctionnement

1. Paul Hawken, *L'Écologie de marché, ou l'économie quand tout le monde gagne*, Le Souffle d'Or, 1995.
2. Chiffre exact : 33 % des richesses naturelles consommées entre 1970 et 1999. Source : rapport *Planète Vivante*, WWF.

perturbé par des barrages, des canaux[1]... On estime aujourd'hui qu'il faudrait deux planètes supplémentaires pour faire face à nos besoins si tout le monde consommait comme un Français ou un Européen[2] !

Dans certains cas, cette pression s'exerce très directement sur les entreprises et les force à modifier leurs pratiques en conséquence. Ainsi, le géant agroalimentaire Unilever, premier acheteur et vendeur de poissons congelés au monde, est tout particulièrement concerné par la situation du cabillaud, qui arrive en tête des espèces consommées... et des espèces menacées, avec une baisse des quantités pêchées de 70 % depuis trente ans. Résultat : si rien ne change, l'extinction de l'espèce est prévisible à l'horizon 2020[3].

Le cabillaud, qui vit à la surface des océans, est menacé par l'industrialisation à outrance de la pêche. Pour contourner le problème, on utilise radars et autres technologies pour aller plus profond et pêcher d'autres espèces vivant entre 300 et 500 mètres de fond. Les magazines féminins se sont ainsi émerveillés de l'apparition, sur les étals des poissonniers, d'espèces nouvelles comme l'empereur..., le plus souvent vendues en filets car les poissons des profondeurs ont des airs de monstres préhistoriques !

Mais, hélas, les magazines oublient de signaler la réalité effrayante qui se cache derrière cette « pêche miraculeuse », à savoir que ces espèces se renouvellent bien plus lentement que celles vivant en surface (l'empereur vit jusqu'à 130 ans, contre 40 ans seulement pour le cabillaud... et pour ne rien arranger, dans certaines zones comme la mer du Nord, 90 % des spécimens pêchés en 2003 avaient moins de 2 ans[4]), ce qui signifie qu'elles risquent fort, au

1. *Guide to the World Resources 2000-2001 / People and Ecosystems-The Fraying Web of Life*, rapport élaboré conjointement, sur deux ans, par l'ONU et le World Resources Institute avec 175 scientifiques, et publié en septembre 2000. Voir www.wri.org.
2. WWF, empreinte écologique – voir www.wwf.fr/empreinteecologique.
3. Leo Hickman, A good life : the guide to ethical living, Guardian books, 2005.
4. *Ibid.*

rythme où elles sont pêchées, de disparaître elles aussi très rapidement ! L'empereur est donc une fausse solution à un vrai problème, qui est autant écologique que social et économique : 2,6 milliards d'humains dépendent en effet du poisson comme principale source de protéine animale[1] *tandis que la pêche et ses dérivés font vivre quelque 200 millions de personnes dans le monde*[2].

C'est pour résoudre ce double problème qu'Unilever s'est tourné, en 1996, vers la première association mondiale de protection de la nature, le WWF, en lui proposant d'unir leurs forces. Unilever fait face à un problème économique, le WWF à un problème écologique, aucune ne peut résoudre son problème sans l'autre ! Le premier label de pêche écologique, le MSC (Marine Stewardship Council), a ainsi vu le jour : il figure désormais sur des homards australiens, des saumons d'Alaska ou des harengs britanniques… À terme, cette démarche devrait se développer encore davantage. En effet, l'exemple d'Unilever, qui s'est engagé à ne plus acheter que des poissons issus de pêcheries certifiées à partir de 2005, a été suivi par d'autres entreprises comme les enseignes Migros en Suisse et Whole Foods Market aux États-Unis ou encore Carrefour, Ed, Monoprix, Iglo ou McCain en France[3].

Toujours sur le front environnemental, le sujet qui inquiète désormais toutes les entreprises, notamment industrielles, est celui du CO_2. Car depuis le film d'Al Gore (*Une vérité qui dérange*, sorti sur les écrans français fin 2006), le rapport de l'économiste anglais Nicholas Stern (paru au même moment), et les plus récents rapports du GIEC début 2007[4], le doute n'est plus permis : le changement climatique est bel et bien une réalité, de même que

1. FAO, chiffres 2002, cité par Julien Genin dans un article écrit pour Planète Urgence, le 19 février 2006, http://planete-urgence.org.
2. Rapport de Peter Wether, *Net loss : Fish, Jobs and the Marine Environment*, sur www.worldwatch.org.
3. Marie Balmain et Élisabeth Laville, *Achetons responsable ! Mieux consommer dans le respect des hommes et de la planète*, Seuil, 2006.
4. Groupe intergouvernemental d'experts sur le climat, voir www.ipcc.ch.

la relation de cause à effet avec l'activité humaine... En brûlant trop et trop vite les combustibles fossiles, notamment, nous surchargeons l'atmosphère en dioxyde de carbone (CO_2), l'un des plus redoutables gaz à effet de serre (GES). Nicholas Stern, conseiller de Tony Blair, a eu le mérite de clarifier le lien direct entre cette situation et l'économie : si l'on ne fait rien, les émissions de GES doubleront d'ici à 2050, avec pour conséquences des cataclysmes de toutes natures et une baisse annuelle du PIB de 5 à 20 %. À l'inverse, le coût de l'action nécessaire pour limiter le changement climatique (+ 2 °C « seulement » d'ici à la fin du 21e siècle) s'élève à 1 % du PIB mondial chaque année, un investissement qui permettrait de réduire les émissions de CO_2 de 75 % d'ici à 2050[1]. Autant dire qu'un raz-de-marée de contraintes nouvelles (par exemple, les permis d'émission) mais aussi d'opportunités (les technologies vertes, les énergies renouvelables, les solutions économes allant de l'isolation dans l'habitat à la vidéoconférence pour remplacer les voyages d'affaires en avion) risque fort de déferler sur les entreprises, et que celles-ci, dans tous les cas, s'en sortiront d'autant mieux qu'elles s'y sont préparées.

Les excès de la mondialisation l'imposent...

Et ce n'est pas tout : aux nouveaux impératifs environnementaux qui forcent l'émergence de nouvelles pratiques plus responsables dans les entreprises s'ajoutent de nouveaux impératifs humains et sociaux.

Au cours des trente dernières années, la différence entre les plus pauvres et les plus riches a doublé : les 20 % les plus riches à la surface du globe consomment désormais 86 % des ressources, alors que les 20 % les plus pauvres ont à leur disposition 1 % seulement de ces mêmes ressources. Au total, près de deux milliards de personnes vivent avec moins de deux dollars par jour[2] et, là encore, les entreprises sont mises en cause.

---

1. Voir notamment le dossier « Croissance verte – le changement climatique, une chance pour l'économie », *Enjeux Les Échos*, n° 234, avril 2007.
2. Rapport mondial sur le développement humain 1999, PNUD.

En 1994, on comptait 37 000 entreprises multinationales, soit cinq fois plus que vingt ans plus tôt. Et le volume des échanges commerciaux internationaux est aujourd'hui quatorze fois supérieur à ce qu'il était en 1950[1]. Or, une part non négligeable de la pauvreté, en particulier dans les pays du Sud, prend sa source dans les fondements mêmes du commerce mondial qui concerne uniquement les pays occidentaux. Et c'est sans compter les problèmes de travail des enfants, de travail forcé et globalement de non-respect des droits des travailleurs dans les pays en développement où les multinationales ont délocalisé leur production à la recherche de coûts plus bas et de compétitivité.

Des secteurs entiers, notamment dans l'industrie agroalimentaire, sont ainsi accusés d'avoir mis en place des systèmes qui contribuent à dégrader la situation locale dans les pays du Sud. Ainsi, les petits producteurs de café (70 % des producteurs ont une exploitation inférieure à 10 hectares) sont dépendants d'intermédiaires locaux, eux-mêmes sans emprise sur les cours mondiaux. À la merci du moindre accident climatique (une inondation ou une sécheresse), biologique (maladie des plantes ou des hommes causée par des conditions sanitaires médiocres), économique (mévente des produits ou fluctuation à la baisse) voire politique (les guerres civiles sont fréquentes dans ces pays), ils sont souvent contraints de se tourner vers des cultures plus rentables (comme la coca en Bolivie et au Pérou) ou de s'exiler vers les bidonvilles[2].

L'industrie du chocolat est ainsi montrée du doigt. En effet, selon l'Unicef, dans des pays comme la Côte-d'Ivoire, plusieurs dizaines de milliers d'enfants immigrés et non payés travailleraient dans les plantations[3]. Cependant, les pays producteurs, de leur côté, accusent les multinationales de les avoir encouragés à cultiver du cacao, entraînant la chute des cours et la ruine des producteurs...

1. www.maxhavelaarfrance.org.
2. *Ibid.*
3. *Financial Times*, 21 avril 2001.

Là encore, des solutions se dessinent et ouvrent des champs entiers de nouvelles pratiques plus responsables dans les entreprises : ainsi, l'enseigne française Carrefour a travaillé depuis 1998 avec la FIDH (Fédération internationale des ligues des Droits de l'homme) pour élaborer un code de conduite à l'attention de ses fournisseurs et de ses sous-traitants des pays du Sud ; elle a aussi mis en place, toujours avec l'ONG, une formation destinée aux auditeurs en charge de vérifier l'application de ce code ainsi que des audits de contrôle réalisés par la FIDH dans les pays et secteurs jugés risqués, comme le textile produit au Bangladesh ou les jouets fabriqués en Chine. Aujourd'hui, ces codes de conduite destinés aux fournisseurs sont courants dans les grands groupes et les programmes d'audits sociaux se multiplient.

Plus ambitieux encore est le modèle du commerce équitable, imaginé dans les années 1970 : il ne se contente pas d'assurer des standards sociaux minimaux mais entend utiliser les échanges économiques avec les populations pauvres des pays du Sud comme levier de développement, pour leur permettre de prendre en main leur développement et de retrouver leur dignité.

Aujourd'hui, le label le plus connu du commerce équitable, Max Havelaar, est apposé sur des paquets de café mais aussi sur du miel, des bananes, du cacao, du thé ou encore du sucre dans une quinzaine de pays d'Europe. En Suisse, il représente désormais 6 % du marché du café, 47 % du marché de la banane, 28 % du marché de fleurs et 6 % du marché du riz[1].

En France, la démarche a progressivement gagné l'intérêt des consommateurs et une quinzaine du commerce équitable est désormais organisée début mai dans tout le pays. Enfin, les petites entreprises qui ont fait avant les autres le pari du commerce équitable ont aussi fait école : la marque de café Malongo, qui y vit à

1. Association Max Havelaar France, www.maxhavelaar.fr.

juste titre une façon d'affirmer ses valeurs et sa différence, a insensiblement grignoté des parts de marché par rapport à ses gros concurrents bénéficiant de budgets publicitaires colossaux au point de les entraîner dans son sillage, puisque des géants comme Kraft Foods se sont lancés également dans le commerce équitable. De même, l'enseigne Monoprix a été la première à afficher le label Max Havelaar sur les paquets de café de sa marque Monoprix bio. Ce café est d'ailleurs rapidement devenu, sans publicité, la deuxième vente du rayon.

L'opinion publique le réclame...

Un nouvel impératif vient progressivement pousser les entreprises au changement : désormais informée en temps réel, ou presque, de ce qui se passe à l'autre bout du monde, l'opinion publique exerce une influence croissante sur les entreprises.

Au cœur de ce phénomène se trouvent les organisations non gouvernementales qui, s'exprimant au nom de millions de consommateurs et de citoyens, mobilisent l'opinion publique, demandent des comptes aux entreprises, participent à l'élaboration des lois qui dessinent le contexte dans lequel les entreprises évolueront demain.

Il n'y a pas si longtemps, les conflits entre les entreprises et leurs opposants se déroulaient dans les rues, lors de manifestations. Désormais, ils se jouent dans les supermarchés, où les consommateurs peuvent choisir de boycotter ou, au contraire, de privilégier certaines marques, mais aussi sur Internet, avec lequel les ONG ont trouvé un moyen de communication privilégié, puissant et très peu cher, pour faire entendre une autre voix que celle des grandes entreprises.

Fortes du relais des médias et du soutien de l'opinion publique, les associations vont désormais plus loin que la simple critique, peu constructive : elles demandent publiquement des comptes aux entreprises et les invitent à s'engager sur la mise en œuvre de solutions.

Lors des jeux Olympiques « verts » de Sydney en 2000, la branche australienne de Greenpeace (qui avait participé à l'élaboration du cahier des charges environnemental de la manifestation et se voulait le garant de son application) s'en est publiquement pris à Coca-Cola, l'un des deux sponsors historiques des Jeux. Il faut dire que de la collecte des déchets aux emballages des produits commercialisés sur le site, des transports en commun à la distribution des journaux ou à l'hôtellerie, l'engagement de tous les partenaires commerciaux des JO avait été sollicité. Pourtant, Coca-Cola continuait d'utiliser sur le site des systèmes réfrigérants à base de HFC (hydrofluorocarbones), des gaz à fort effet de serre, ce qui était en contradiction avec le cahier des charges olympique.

Greenpeace a donc publiquement mis en cause Coca-Cola, dès le mois de mai 2000, notamment à travers la création d'un site Internet alternatif, www.cokespotlight.org, dénonçant la contribution de Coca-Cola au changement climatique par de fausses pubs montrant les ours blancs, symboles de la marque, amaigris, sur une banquise partiellement fondue du fait du réchauffement planétaire. Le slogan publicitaire de Coca-Cola (« Enjoy Coke ») y était remplacé par un slogan imaginé par Greenpeace : « Enjoy Climate Change » (appréciez le changement climatique). Résultat : la marque de soft drinks a fini par s'engager sur une politique mondiale de transition vers des systèmes de réfrigération alternatifs « Greenfreeze » recommandés par Greenpeace, ainsi que sur un objectif de « zéro HFC » pour les Jeux d'Athènes en 2004.

Aucun secteur n'est plus à l'abri de telles campagnes : la grande distribution a été la cible de l'association Robin des Bois, en 2002, concernant son offre de mobilier de jardin en teck, un bois exotique dont l'exploitation est lourde de conséquences environnementales et sociales. Résultat : le leader Carrefour a proposé, dès 2003, une première gamme de meubles de jardin fabriquée en roble, une autre essence issue de forêts gérées selon les principes du développement durable et portant le label FSC (Forest Stewarship Council), avant de bannir définitivement le teck en 2006. Une initiative qui vaut au géant de la distribution d'être cité en exemple par une autre ONG, Les Amis de la Terre, dans sa campagne de mobilisation des consommateurs sur le teck[1].

Le secteur bancaire a, lui aussi, été la cible, en Grande-Bretagne, de l'association écologiste Friends of the Earth : c'est d'abord Morgan Stanley qui a été accusée de cofinancer le barrage des Trois Gorges, en Chine, sans imposer de critères sociaux et environnementaux minimaux ; puis, ce fut le tour de Barclays Bank, accusée de financer, avec d'autres, l'entreprise papetière indonésienne Asian Pulp & Paper, sans tenter d'en influencer les pratiques d'exploitation forestière pourtant controversées. Une campagne réussie qui a inspiré la branche française de l'ONG : les Amis de la Terre mènent ainsi dans l'Hexagone, depuis deux ans, une action similaire, avec la publication de rapports évaluant la performance (peu satisfaisante, semble-t-il) des banques françaises et même, début 2007, la diffusion d'un guide, *Environnement : comment choisir ma banque ?*, pour mobiliser les consommateurs sur la question[2].

Prêtes à tout pour faire passer leur message, les ONG mobilisent le grand public (en juin 2006, au moment même où Greenpeace lançait en France sa campagne de sensibilisation sur la disparition des poissons les plus consommés intitulée « Et ta mer, t'y penses ? », l'enseigne française Auchan annonçait justement un engagement sur cette question) et développent des outils nouveaux comme l'activisme actionnarial : aux États-Unis notamment, elles achètent des actions de leurs entreprises cibles puis, alliées à des investisseurs éthiques, utilisent leur droit de vote pour interpeller les dirigeants, sensibiliser les actionnaires et proposer des orientations responsables lors des assemblées générales annuelles.

Coca-Cola et son concurrent PepsiCo ont ainsi dû faire face, en 2001, à une résolution (déposée par la fondation californienne As You Sow et quelques fonds éthiques), les incitant à mettre en place

1. Voir détails et brochure dans le cadre de la campagne « Forêts », sur www.amisdelaterre.org.
2. Voir la campagne « Responsabilité des acteurs financiers », sur www.amisdelaterre.org.

une politique environnementale ambitieuse pour le recyclage des millions de bouteilles en plastique que ces marques mettent sur le marché chaque jour.

Quant au pétrolier BP, il a été la cible, la même année, d'une campagne d'activisme actionnarial initiée par Free Tibet, une coalition d'associations de protection de l'environnement et de défense des Droits de l'homme qui lui demandait de cesser ses investissements dans PetroChina – un consortium dans lequel BP a une participation de 2 % et où l'on trouve également Exxon Mobil et Royal Dutch / Shell.

Enfin, dans un tout autre secteur, plusieurs résolutions ont ainsi été proposées par des actionnaires en 2006, pour demander à deux grandes entreprises du secteur cosmétique, Avon et Johnson & Johnson, de prendre des mesures (notamment de transparence) sur la toxicité potentielle des substances composant leurs produits[1].

Les chefs d'entreprises tremblent : **en 2000, la première menace perçue par les dirigeants européens n'était pas la panique financière (39 %), la menace judiciaire (31 %) ni même les grèves (25 %), mais les mouvements d'opinion** (54 %, soit une hausse de 12 points par rapport à 1998)[2].

Les entreprises savent désormais que leur marge de manœuvre et leur avenir dépendent plus que jamais du niveau de confiance que leur accorde le public : la réputation d'une entreprise représente jusqu'à 45 % de sa valeur en Bourse[3]. Et pour conserver ou regagner la confiance du public, les entreprises ont fort à faire : l'entreprise arrive en queue de peloton des acteurs auxquels les Français font confiance pour protéger l'environnement, avec 5 % seulement des suffrages contre 54 % pour les

1. www.proxyinformation.com/avon/avonres.html et http://asyousow.org/health_safety/cosmetics.shtml.
2. Sofres / TopCom, janvier 2000.
3. Charles J. Fombrun, « Reputation Institute », et interview dans « Réputation = millions », *L'Expansion*, 30 août 2001.

associations de défense de l'environnement, qui arrivent logiquement en tête[1].

Les consommateurs l'attendent...

Le mouvement est irréversible car les consommateurs, de mieux en mieux informés, sont toujours plus exigeants. En France, par exemple, selon une étude[2], 44 % des consommateurs disent tenir compte des engagements de « citoyenneté » des entreprises lorsqu'ils achètent des produits (contre 38 % en 2002).

La cause qui mobilise le plus les Français est le refus du travail des enfants (50 % des suffrages), devant la fabrication du produit en France (37 %), l'absence de pollution dans le processus de fabrication (26 %) et le respect des conditions de travail des salariés (25 %).

61 % des consommateurs (contre 52 % en 2002) se déclarent même prêts à payer un supplément de prix de 5 % pour des produits éthiques. Les consommateurs ont pris conscience que, derrière les marques et les produits qui occupent le devant de la scène au quotidien, se trouvent des entreprises avec un management, des employés, des fournisseurs, des usines... Et ils demandent de plus en plus à connaître l'histoire détaillée du produit qu'ils achètent, quitte à changer leurs habitudes d'achat si on ne les satisfait pas : **44 % des consommateurs français disent qu'ils sont prêts à changer de marque pour des raisons liées à la responsabilité sociale des entreprises** (et 72 % des consommateurs ayant fait des études supérieures et affichant un bon niveau de vie)[3].

D'après certaines recherches[4], une frange croissante de la population serait même à l'avant-garde de ce mouvement : baptisés les « créatifs culturels » par ceux qui les ont étudiés, ces individus

---

1. « Enjeux du quotidien : les Français et l'environnement », étude TNS-Sofres, 2006.
2. Credoc, 2007.
3. *Can Sustainability Sell ?*, Rapport PNUE, 2002.
4. P.H. Ray et S.R. Anderson, *Les créatifs culturels*, Éditions Yves Michel, 2007.

représentent un quart de la population aux États-Unis, et se caractérisent par une conscience sociale et environnementale positive qui débouche sur des comportements de consommation nouveaux. Ainsi, le créatif culturel lit les étiquettes des produits et aime avoir une information globale (il veut connaître l'histoire des produits qu'il achète) ; il est particulièrement sensible aux offres innovantes en matière d'équipement de la maison ou de voiture (écologie mais aussi économie ou sécurité) ; et il s'intéresse plus que la moyenne à certains champs de la consommation (nourriture, voyages...).

Ce phénomène a-t-il son équivalent en France ? Une étude récente sur les créatifs culturels en France les estime à 17 % de la population française[1], des résultats qui rejoignent ceux d'autres enquêtes faisant apparaître que 15 % à 25 % des Français seraient ce qu'on appelle des « alterconsommateurs », au profil assez proche des créatifs culturels : appartenant à des catégories socioprofessionnelles supérieures, à fort pouvoir d'achat, ils veulent changer le système afin de le rendre plus durable et plus acceptable à leurs yeux. Pour s'affranchir de la consommation de masse, ils arbitrent leurs achats en fonction de critères éthiques et du respect de l'environnement et affichent une prise de distance par rapport aux marques et à la publicité, qui échouent à leur parler.

Conscientes de ces changements, les entreprises intègrent donc désormais la nécessité de mériter la confiance de ces publics exigeants, d'autant plus qu'elles se retrouvent de plus en plus prises en tenaille entre les attentes nouvelles des consommateurs et celles, plus inattendues, des investisseurs, qui se mettent également à leur demander des comptes sur les aspects sociaux et environnementaux de leur activité.

Les investisseurs s'y intéressent...

Loin des origines de l'investissement éthique du début du 20e siècle, quand les congrégations religieuses américaines refusaient

---

1. *Ibid.*

d'investir dans les « actions du péché » (alcool, tabac, jeu, armes à feu, pornographie...) contraires à leurs valeurs, les investisseurs ont professionnalisé leur approche : non contents de boycotter les entreprises dont les pratiques sont jugées inacceptables selon leurs critères, ils utilisent désormais plus positivement leur pouvoir en accordant la préférence, dans le choix des titres, aux entreprises les plus responsables.

Ce mouvement, qui restait réservé à des investisseurs militants au 20e siècle, est sorti de l'ornière alternative en 1999, année où la très classique firme Dow Jones a conçu un indice boursier, le Dow Jones Sustainability Global Index (DJSGI), destiné à coter les actions des entreprises en faveur du développement durable. Jusque-là, l'idée tenace que les investisseurs éthiques, un peu militants ou idéalistes, sacrifiaient la rentabilité de leur placement sur l'autel de leurs valeurs prédominait. Depuis l'arrivée de Dow Jones, c'est une autre histoire : la firme financière emploie peu de « hippies » et a apporté une certaine crédibilité à l'investissement responsable. Si Dow Jones s'engage dans cette voie, c'est bien que ses dirigeants postulent l'existence d'un lien entre la responsabilité sociale et environnementale de l'entreprise et sa performance financière !

Le mouvement a donc pris de l'ampleur. Des agences de notation de la performance sociale et environnementale des entreprises sont apparues. La plus connue en France est Vigeo, créée par l'ancienne dirigeante de la CFDT Nicole Notat en 2003. Elles envoient aux entreprises des questionnaires très précis dans lesquels celles-ci doivent détailler leurs pratiques sociales et environnementales. Cela donne lieu à une notation qui est ensuite exploitée par les investisseurs pour choisir les entreprises.

Dans certains cas, les banques ou les gestionnaires de fonds développent eux-mêmes des départements spécialisés dans l'évaluation de la performance en développement durable des entreprises. Et les fonds éthiques, ou responsables, qui s'adressent davantage aux investisseurs institutionnels qu'aux particuliers, se développent lentement mais sûrement : ils représentent ainsi près de **13 % des investissements aux États-Unis, 5 % en Angleterre et 1 % en France**.

Signe des temps : le premier fonds de pension américain, CalPERS (California Public Employees' Retirement System), qui gère près de 177 milliards de dollars pour le compte des fonctionnaires californiens, a ainsi retiré, à la fin de l'année 2000, les fonds qu'il avait investis dans l'industrie du tabac (soit 525 millions de dollars !), puis a annoncé qu'il n'investirait plus, dans les pays émergents, que dans des entreprises adhérant aux conventions internationales de respect des Droits de l'homme. Le plus intéressant est que CalPERS a systématiquement expliqué ses décisions, non par des motivations éthiques mais en évoquant les risques financiers liés aux pratiques irresponsables des entreprises ou des secteurs visés.

Et les attentes des investisseurs, désormais, ne portent plus seulement sur la nécessité de prévenir les crises sociales ou environnementales possibles mais aussi sur la capacité des entreprises à saisir les nouvelles opportunités de marché liées au développement durable : de bons exemples de telles stratégies payantes sont ainsi fournis par le pétrolier BP, engagé à devenir le premier fournisseur mondial d'énergie solaire et renouvelable, par le géant américain General Electric, dont le programme stratégique Ecomagination est tout entier focalisé sur le développement des technologies « vertes », ou encore par le constructeur automobile Toyota, qui a été le premier à parier de manière ambitieuse sur les véhicules hybrides, et a vu la valeur financière de sa marque augmenter de 47 % en cinq ans depuis les débuts de la Prius aux États-Unis[1].

1. Interbrand, cité dans *Business Week* du 29 janvier 2007.

Les réglementations l'exigent !

Enfin, dernier impératif, et pas le moindre, qui pousse les entreprises sur la voie du développement durable : les autorités nationales et internationales se sont également mises en tête de les inciter à se comporter de manière plus responsable. De ce point de vue, la proposition du secrétaire général des Nations Unies Kofi Annan, lors du Forum économique mondial de Davos en janvier 1999, d'un code de conduite volontaire à l'attention des entreprises multinationales désireuses d'initier une démarche de développement durable, marque un tournant important.

Le Global Compact (Pacte mondial, en français) reprend les principes issus de la Déclaration universelle des Droits de l'homme ou de textes fondamentaux publiés par l'Organisation internationale du travail. Signé par de grands groupes mondiaux, le Global Compact a bénéficié, en France, du soutien actif du président Jacques Chirac qui a mobilisé en 2003 les dirigeants français sur le sujet, de sorte que plus de 400 entreprises de l'Hexagone ont adhéré au code de conduite.

De la même façon, la Commission européenne a publié en 2001 un livre vert intitulé *Promouvoir un cadre européen pour la responsabilité sociale des entreprises*, qui faisait appel à l'engagement volontaire des entreprises. Le gouvernement français n'est pas en reste, puisqu'il compte un ministère de l'Écologie et du Développement durable depuis 2002 et s'est même doté d'une stratégie nationale sur la question, avec des objectifs ambitieux et précis. Une Semaine du développement durable a désormais lieu en juin, fédérant des actions pédagogiques ou concrètes menées par des entreprises ou des acteurs de la société civile sur l'ensemble du territoire.

La France a également décidé d'adosser une charte de l'environnement à sa Constitution, et Jacques Chirac, toujours lui, a fait une intervention remarquée au sommet de la Terre de Johannesburg en 2002, rappelant que si tous les habitants du monde vivaient comme les Français ou les Européens, il faudrait deux planètes supplémentaires, avant de conclure par cette petite phrase désormais célèbre : « La maison brûle et nous regardons ailleurs. » Enfin, avec le Pacte écologique de Nicolas Hulot, signé par tous les candidats à la présidentielle de 2007, les gouvernements français des années à venir devraient compter un vice-Premier ministre en charge du développement durable.

Progressivement, le développement durable est intégré aux textes réglementaires encadrant l'action des entreprises : la France a ainsi été le premier pays à faire passer, dans le cadre de la loi sur les nouvelles régulations économiques de 2001, un texte imposant à l'ensemble des entreprises cotées (soit plus de mille entreprises...) d'intégrer à leur rapport annuel des informations[1] indiquant « la manière dont la société prend en considération les conséquences sociales et environnementales de son activité ».

Dans le même esprit, le fonds de réserve des retraites créé en 2001 a pour obligation légale de communiquer, chaque année, sur « la manière dont les orientations générales de placement du fonds ont pris en compte des considérations sociales, environnementales et éthiques ».

Enfin, une Charte de l'environnement a été adoptée en février 2005 par le Parlement et est désormais adossée à la Constitution française.

L'ENJEU POUR LES ENTREPRISES

Autant dire que la marge de manœuvre des entreprises s'est considérablement restreinte : face à l'ensemble des impératifs nouveaux que nous venons d'évoquer, elles n'ont pas d'autre choix que de tenter d'anticiper les contraintes pour éviter d'avoir à les subir... et peut-être aussi pour les transformer en opportunités ! À terme, une entreprise qui n'anticiperait pas ces pressions pourrait bien ne pas s'en relever.

1. Fixées par décret publié au *Journal officiel* le 21 février 2002 (texte du décret téléchargeable sur www.utopies.com/devdurable/elaborer/contrainte.htm).

Défini par les Nations Unies, peu avant le sommet de la Terre de Rio en 1992, comme « un développement qui permet aux générations présentes de satisfaire leurs besoins sans empêcher les générations futures de faire de même », le développement durable offre aux entreprises un cadre conceptuel pour avancer dans cette voie. Il postule qu'il est possible de réconcilier la performance économique (conçue comme la capacité à créer de la valeur pour l'ensemble des publics de l'entreprise : actionnaires mais aussi clients, employés, fournisseurs, etc.) avec la viabilité environnementale et l'équité sociale.

Une triple performance économique, sociale et environnementale

Concrètement, il s'agit pour les entreprises de rendre des comptes sur un « triple bilan » couvrant l'intégralité de leurs pratiques : depuis le choix des matières premières utilisées et les relations avec leurs fournisseurs et leurs sous-traitants (y compris dans les pays du Sud), en passant par leurs pratiques de ressources humaines, l'utilité sociale et environnementale de leur offre, jusqu'à l'impact de leurs produits en fin de vie, lorsqu'ils deviennent des déchets dans la nature, dans une décharge ou dans un incinérateur…

L'objectif est ambitieux mais repose sur une idée toute simple : l'entreprise, à terme, ne vit bien que si elle apporte à l'ensemble de ses publics plus qu'elle ne leur prend, car c'est ainsi qu'elle gagne leur confiance et leur fidélité. Même si certaines sociétés, quand il ne s'agit pas de secteurs industriels entiers, rechignent encore, c'est l'ensemble des fonctions, dans l'ensemble des secteurs, qui est potentiellement concerné par le développement durable, dont on peut dire désormais qu'il est dans une phase de maturité au cours des années 2000, après deux époques distinctes de développement au cours des années 1980 puis 1990.

Le premier temps, « préhistorique », de la responsabilité sociale et environnementale des entreprises (que l'on appelait encore

« citoyenneté d'entreprise ») remonte en effet aux années 1980 : il aura été marqué par une approche plutôt mécénale, où les entreprises dites « citoyennes » ne changeaient rien à leur business model, à leur stratégie ou à leur offre, mais redistribuaient une partie de leurs profits à des causes charitables ou à des associations de protection de l'environnement, de défense des Droits de l'homme ou de lutte contre toutes les formes d'exclusion. Deux initiatives emblématiques de cette approche sont, par exemple, la création en 1986 par Claude Bébéar, patron d'AXA, de l'Institut du Mécénat humanitaire (aujourd'hui devenu l'Institut du Mécénat de solidarité, puis Entreprendre pour la Cité, avec un champ d'intervention élargi à la responsabilité sociale de l'entreprise) ou encore celle par 14 grandes entreprises françaises, aux côtés de Martine Aubry, de la Fondation FACE (Agir contre l'exclusion), en 1993. En termes d'emploi, cette époque s'est surtout traduite par l'apparition de quelques postes au sein des directions du mécénat ou directement pour gérer l'activité des fondations d'entreprises, sur l'environnement ou la solidarité, cependant que quelques postes opérationnels étaient amenés très ponctuellement à aborder le sujet (par exemple, un responsable marketing lançant une opération de type « produit-partage » dont une partie des ventes était reversée, temporairement, à une cause).

La seconde époque commence dans les années 1990 et se prolonge jusqu'à nos jours. Elle se caractérise par un enrichissement de la démarche précédente avec une approche plutôt défensive des entreprises, orientée sur la gestion des risques, et notamment des risques d'image. Concrètement, cela passe pour les entreprises par l'adhésion à des codes de conduite volontaires (le Pacte mondial des Nations Unies date de 1999), par la sensibilisation des salariés et le développement de « gestes citoyens » en interne (recyclage du papier, économies d'énergie, etc.), par la formalisation d'un plan d'action spécifique « développement durable », mais aussi par le lancement d'un ou deux produits « éthiques » et la publication d'un rapport développement durable (conformément, pour les entreprises cotées, à la réglementation sur les Nouvelles Régulations économiques, parue en 2002). Dans cette approche, l'entreprise est orientée sur la gestion des risques et la préservation de sa réputation : l'objectif est par exemple, si l'entreprise est cotée, de répondre aux questionnaires des agences de notation extrafinancière pour ne pas être exclue des indices existants en montrant qu'il existe une stratégie de développement durable... mais celle-ci reste séparée de la stratégie de business plus classique et les perspectives de marché liées aux produits plus responsables restent marginales. Du côté de l'emploi, cette démarche se traduit surtout par l'apparition de postes de responsables développement durable dans les entreprises, et notamment dans les grands groupes, pour faire face à la nécessité de coordonner les actions, de rassembler les informations pour répondre aux questionnaires des agences de notation extrafinancière, et de réaliser le rapport de développement durable (rendu plus ou moins obligatoire par la loi NRE). Mais les équipes, quand elles existent, restent réduites et les postes sont assez logiquement marginaux, comme on le verra, du fait même que le développement durable est marginal dans la stratégie et dans l'offre.

Le troisième temps, dans lequel quelques entreprises (encore trop rares, sans doute) sont entrées très récemment un peu partout dans le monde, correspond à une révolution qui ne fait encore qu'émerger mais pourrait avoir des conséquences importantes sur les perspectives d'emploi en lien avec le développement durable. Cette approche consiste en effet pour l'entreprise à aller au-delà de la simple gestion des risques pour considérer les opportunités d'innovation et de différenciation présentes dans le développement durable, à condition que celui-ci soit placé au cœur de la stratégie. Pour preuve, les plans stratégiques ambitieux annoncés, depuis quelques années, par plusieurs entreprises. BP, avec Beyond Petroleum, est engagé à devenir le premier producteur d'énergie solaire, à investir 8 milliards de dollars sur les énergies alternatives entre 2005 à 2015, à proposer à ses clients de compenser les émissions de CO_2 liées à leur consommation de carburants, etc. General Electric, avec Ecomagination, est engagé à doubler son budget R&D dédié aux technologies vertes de 700 millions de dollars à 1,4 milliard entre 2005 et 2010, mais aussi à doubler ses ventes de produits « verts » de 10 à 20 milliards de dollars. Marks & Spencer, et son « Plan A », annonce 100 engagements début 2007 pour 2012 – dont l'étiquetage carbone des produits alimentaires, du bois et du papier 100 % certifiés par le label Forest Stewardship Council (FSC), des volailles et des œufs élevés à 100 % en liberté, du coton, du thé et du café 100 % équitables, la multiplication par trois des ventes de produits bio... Bank of America est engagée à investir 20 milliards de dollars sur dix ans pour financer la lutte contre le changement climatique, avec notamment le financement prioritaire de projets immobiliers écologiques ou de l'efficacité énergétique, à proposer des prêts à taux préférentiels aux entreprises produisant des produits « verts », etc. Au cœur de cette nouvelle approche, on trouve, de manière systématique, le fait de placer de manière proactive le développement durable au cœur de la stratégie et du marketing, avec la volonté de faire de la résolution des problèmes sociaux et environnementaux une source nouvelle de business, en repensant le cœur d'activité et en inscrivant le développement de produits « éthiques » dans une stratégie formalisée d'évolution de l'offre. En termes d'emploi, c'est tout naturellement cette troisième vague qui devrait, au fur et à mesure qu'elle se diffuse, générer le plus d'opportunités de métiers et de postes comportant un volet « développement durable » : car de la stratégie au marketing et à la communication, en passant par les achats, la production, les ressources humaines, la logistique, le commercial, la finance et les relations avec les investisseurs, tous les métiers sont progressivement amenés, dans cette approche, à travailler sur l'intégration des critères du développement durable à leur activité quotidienne.

Organiser et sensibiliser

Concrètement, pour ces tout nouveaux « responsables du développement durable », il s'agit à la fois de mener un travail de sensibilisation de toutes les fonctions en interne mais aussi d'assurer la remontée et le partage, au sein même de l'entreprise, des bonnes pratiques (qui existent souvent localement, dans les régions ou les pays, mais sont peu connues du siège social), et, enfin, de mettre en place les systèmes de management et les indicateurs chiffrés qui permettront d'organiser et de suivre les progrès de la démarche.

Et cette approche ne concerne pas, loin s'en faut, que les grandes entreprises :

- Les entreprises pionnières du développement durable furent et restent des PME (de l'enseigne cosmétique The Body Shop, rachetée par L'Oréal en 2006, à la marque de vêtements de sport Patagonia en passant par le glacier américain Ben & Jerry's, racheté en 2000 par Unilever, ou encore par la chaîne française Nature & Découvertes).

- Cette démarche, qui ne coûte pas forcément plus cher, permet aux PME de se différencier sur des marchés souvent encombrés, et ainsi de mieux attirer clients et employés potentiels. Les exemples cités précédemment le prouvent : aucune de ces entreprises n'a jamais fait de publicité au sens strict du terme.
- Cette approche correspond aux spécificités des PME qui sont par nature plus proches de leur communauté, plus humaines dans les relations qu'elles ont avec leurs fournisseurs, et plus réactives.
- Les PME travaillent de toute façon pour les grands groupes qui commencent aujourd'hui à intégrer ces questions dans leurs achats et donc à demander à leurs fournisseurs de s'engager dans la même démarche.

« La vie au travail représente 75 % de la vie éveillée. Comment penser qu'un homme ou une femme en pleine énergie puisse perdre ce temps dans une opération n'ayant aucun sens au niveau de l'être ? S'il est facile de manipuler, d'analyser, de disséquer l'avoir, il est beaucoup plus difficile de respecter l'être. Mais c'est la seule chose qui justifie une existence humaine. Nous avons tous besoin que ceux qui entrent en activité soient de vrais révolutionnaires et poussent toutes les institutions à aller vers de véritables missions. Que ce soit sur un plan technologique, sur le plan de la recherche, sur le plan des relations entre les peuples, sur le plan de la lutte contre la pauvreté ou sur celui de la protection de la rareté et de la biodiversité, il vous appartient de libérer votre énergie pour réenchanter le monde... plutôt que de le faire revenir à l'état de morceau de charbon. »

Daniel Richard, président du WWF France,
ancien P-DG des Trois Suisses et de Séphora

2

LE DÉVELOPPEMENT DURABLE CHANGE LE TRAVAIL

« Le problème dans une course de rats est que même si vous arrivez en tête, vous n'en êtes pas moins un rat. »

Lily Tomlin

DE NOUVEAUX MÉTIERS ?

Même si le développement durable se répand rapidement, il n'est pas certain qu'il crée un grand nombre de nouveaux métiers dans les entreprises ou les organisations « classiques ». Certes, **70 % des 250 premières entreprises françaises cotées déclarent aujourd'hui avoir entamé une démarche en faveur du développement durable**[1], à l'initiative de leur direction générale pour un tiers d'entre elles. Mais toutes n'en sont évidemment pas au même état d'avancement : 30 % des entreprises estiment ainsi en être encore au stade de la réflexion et de l'élaboration de leur stratégie de développement durable.

1. Enquête réalisée par Mazars, pour le compte du *Figaro Économie*, mars 2004 (voir http://management.journaldunet.com/0403/040329dev.shtml).

Les différents secteurs

L'engagement varie selon les secteurs : **l'industrie fait figure de premier de la classe avec 96 % des entreprises qui se disent engagées dans une démarche de développement durable**, suivie par les secteurs de la finance (83 %) et des services (75 %). La bonne nouvelle est que cette démarche se traduit le plus souvent par la création d'un poste de responsable ou directeur du développement durable (une fonction qui s'est développée dans les grands groupes après la loi NRE en 2002, pour répondre notamment à l'obligation de publier des informations sociales et environnementales) : un peu plus de 58 % des entreprises du SBF 250 avaient ainsi déjà nommé un responsable attitré en 2004, et 5,6 % envisageaient de le faire dans les prochains mois. Une création de poste motivée avant tout, aux dires des entreprises elles-mêmes, par la volonté des dirigeants à 54 %, devant les obligations réglementaires à 27 % et la nécessité de gérer le risque de réputation à 20 %[1].

Fait intéressant, il semble que les équipes chargées du développement durable soient de plus en plus nombreuses au sein d'une entreprise que la démarche elle-même est ancienne, de sorte qu'en moyenne les directeurs du développement durable sont aujourd'hui à la tête d'une équipe de 3,6 salariés[2]. Et précisons aussi qu'ils s'appuient souvent sur un réseau de correspondants volontaires et issus de fonctions variées dans l'entreprise (plus de 70 personnes, par exemple, au Crédit Agricole), ce qui donne à encore plus de personnes l'opportunité d'intégrer le développement durable à leur activité quotidienne… Autre point important : ce poste est le plus souvent pourvu en interne puisque 73 % des directeurs du développement durable du SBF 120 sont recrutés au sein même de l'entreprise[3] où ils occupaient souvent déjà une autre fonction transversale (par exemple, à l'environnement, à la qualité, à la stratégie, à la communication, aux ressources humaines ou au mécénat). En

1. Étude sur « la fonction développement durable au sein du SBF 120 », menée par Adecco avec l'ESA Paris-XII, Marne-la-Vallée, janvier 2007.
2. *Ibid.*
3. *Ibid.*

effet, leur bonne connaissance de l'organisation et du fonctionnement de l'entreprise est un atout dans leurs nouvelles fonctions : elle les aide à savoir qui aller voir pour faire avancer les choses et comment s'y prendre pour obtenir les informations souhaitées !

« Je pense qu'il faut bien connaître l'entreprise et avoir vécu la réalité du terrain pour savoir sélectionner les vrais enjeux et être capable de les communiquer », souligne ainsi Serge Martin[1], un ex-opérationnel qui a occupé plusieurs années le poste de directeur du développement durable chez Sanofi Synthélabo. Un propos confirmé par Thérèse Martinet, déléguée au développement durable chez PSA Peugeot Citroën[2] : « Cette fonction est transversale, elle exige de connaître l'entreprise et ses métiers, de percevoir les problématiques de chacun et de se faire comprendre pour faire émerger de nouvelles actions concrètes. » Même son de cloche chez Hélène Roques, directrice du développement durable chez Accor[3] : « Il faut comprendre les contraintes des opérationnels, définir des actions compatibles, expliquer leur intérêt pour l'entreprise. Et puis se rendre utile lors de la mise en place. » La connaissance de l'entreprise est aussi une condition de légitimité, à en croire Marc Tentillier, qui a occupé plusieurs fonctions dans le contrôle de gestion et le marketing au sein de BNP Paribas Assurance avant d'en devenir directeur du développement durable : « Ce sont ensuite mes expériences dans l'entreprise qui m'ont donné une bonne visibilité sur ses métiers, son organisation, ses modes de fonctionnement... Autant d'éléments qui me sont aujourd'hui indispensables pour faire passer le message de manière pertinente ! » Des propos que confirme Thomas Busuttil, qui a occupé trois fois ce poste en venant de l'externe chez Vinci, PPR et aujourd'hui chez SFR : « C'est un avantage de venir de l'interne car sinon, l'une des premières tâches est de se constituer un réseau en interne, et cela prend environ six mois. À l'inverse, un directeur du développement durable qui vient de l'extérieur de l'entreprise arrive

1. Cité dans « Le développement durable, un métier pour longtemps », *Le Figaro Entreprises*, 25 août 2003.
2. *Ithos Magazine*, n° 3, juin 2004.
3. *Ibid.*

avec un regard neuf, sans idées préconçues, et du coup il est davantage en position d'impulser le changement de culture et de comportements qui est nécessaire... » Et de conclure : « Finalement, l'origine du directeur du développement durable qui est nommé est assez révélatrice de l'ambition de l'entreprise : si c'est quelqu'un de l'interne, qui est reconnu comme compétent mais pas forcément comme un haut potentiel dans l'entreprise, cela peut suggérer que l'entreprise sacrifie à une mode mais qu'elle n'en fait pas un sujet stratégique ; à l'inverse, si l'entreprise va chercher une compétence externe et positionne le poste assez haut dans la hiérarchie, cela envoie un message clair sur le fait qu'elle veut vraiment, à l'avenir, intégrer une dimension nouvelle dans ses pratiques. »

Autant dire que tous les postes de directeurs de développement durable ne se valent pas encore : dans certaines entreprises très exposées ou engagées, plus de dix personnes travaillent dans le département développement durable, et un membre du comité de direction est officiellement en charge de la démarche, alors que dans d'autres entreprises, il est courant de ne trouver qu'un « responsable » ou un « chargé de mission » développement durable, qui n'a pas le titre de « directeur », n'est pas toujours à plein temps sur cette fonction, n'est pas directement rattaché à la direction générale et ne bénéficie donc pas toujours des appuis suffisants, ni d'ailleurs des moyens nécessaires. « Pour sensibiliser, il faut une vraie organisation, précise Hélène Roques, mais ce qui prime, c'est la volonté du président. Le poste devrait être à temps plein et rattaché au directoire. » Une vision des choses partagée par Thomas Busuttil : « Il faut que le directeur du développement durable ait un positionnement hiérarchique élevé et qu'il rapporte directement au P-DG... ou sinon à un membre influent du Comex qui a l'oreille du patron – la solution qui consiste à rattacher le poste à la direction de la communication, par exemple, peut être choisie lors de la création de la fonction mais elle doit rester transitoire... » Mais aujourd'hui, les directeurs du développement durable ne sont rattachés à la direction générale que dans moins de la moitié des cas (40 %), les autres dépendant plutôt des RH (20 %), de la communication (16 %), du secrétaire général (12 %), de la direction de la stratégie (9 %), ou encore de la direction de la qualité (2 %).

Il est intéressant de noter aussi que, dans certains des cas, la fonction de directeur du développement durable est encore couplée à une fonction plus traditionnelle comme les relations extérieures chez Monoprix, le lobbying et les affaires publiques chez Lafarge, le mécénat et la fondation chez Schneider Electric, la qualité sécurité environnement chez Carrefour, voire à une fonction opérationnelle comme la conception du catalogue trekking-randonnée chez Nouvelles Frontières.

Autant dire que la fonction est encore récente et en phase de conquête de sa légitimité, dans les premières phases permettant à une activité de devenir une profession – d'après les travaux du sociologue américain Harold Wilensky (l'apparition de formations spécifiques, qui a commencé en 2000 et s'est accélérée depuis 2003, marquant selon ces travaux le début effectif de la professionnalisation). Pour l'heure, d'après l'étude menée par Adecco en 2007, peu de responsables du développement durable ont une fiche de poste décrivant leurs fonctions, et le périmètre de travail sur lequel ils interviennent est large, variant encore beaucoup selon les cas – de missions plus stratégiques (élaboration de plans d'actions, travail sur le contexte, accompagnement des différents services internes, travail de veille et d'analyse...) à des contributions plus opérationnelles (représentation, analyse, réalisation des supports de communication...). La même étude constate la coexistence de deux approches dans les entreprises : l'une, issue d'une logique d'engagement et d'innovation sur ce thème de la part de l'entreprise, se traduit généralement par l'embauche d'une personne externe, historiquement mobilisée sur des thèmes liés au développement durable ; et l'autre, davantage issue de la logique de conformité réglementaire en réaction aux pressions nouvelles qui a encore cours dans beaucoup d'entreprises, semble plutôt déboucher sur la nomination d'un responsable interne, ayant récemment découvert le développement durable[1].

---

1. Adecco avec l'ESA Paris-XII, Marne-la-Vallée, janvier 2007.

Comment une activité devient une profession en cinq étapes, selon Harold Wilensky

Étape 1. Cette activité est d'abord exercée à plein temps par quelques personnes.

Étape 2. Un apprentissage se structure dans les écoles, les universités. Des parcours scolaires et professionnels émergent avec l'apparition de professeurs qui ne pratiquent pas le métier en question, mais se spécialisent dans la transmission du savoir et des normes, augmentant de ce fait le coût et les standards de formation.

Étape 3. Des associations professionnelles se forment et participent à la différenciation progressive entre professionnels et profanes : changement de nom, d'appellation, redéfinition des tâches essentielles. Un conflit peut apparaître entre les professionnels nouvellement formés et les « anciens », de même qu'avec les personnes externes qui voient leur activité transformée et redéfinie par cette professionnalisation. Ces associations se lient avec les écoles pour adapter les formations avec leurs standards.

Étape 4. Revendications politiques pour voir la fonction reconnue et protéger « le territoire et les standards de la profession ».

Étape 5. Des règles internes sont produites pour éliminer les non-qualifiés et ceux qui n'ont pas de scrupules en trahissant les intérêts des clients. Ces règles contribuent aussi à réduire la concurrence interne entre professionnels. Un code éthique formalise l'ensemble de ces règles.

Marc Tentillier, 38 ans

Responsable du développement durable chez BNP Paribas Assurance

BNP Paribas Assurance est le 4e assureur français : c'est une filiale du Groupe BNP Paribas avec 5 000 collaborateurs et une présence dans 36 pays. Mon poste y a été créé il y a environ un an, avec un défi majeur : maîtriser l'ensemble des enjeux de la RSE (responsabilité sociale et environnementale de l'entreprise), qui sont très variés (de la non-discrimination à l'aide au développement économique dans les pays où nous sommes implantés, en passant par nos impacts environnementaux directs ou via nos produits, l'investissement socialement responsable, etc.), pour définir une stratégie cohérente et transversale. Bien sûr, pour chaque sujet, je m'appuie sur les métiers et les professionnels concernés dans l'entreprise…

Après une formation d'ingénieur des Ponts et Chaussées, je suis rentré chez Cardif (l'ancien nom de l'entreprise) il y a 12 ans et j'y ai occupé plusieurs postes dans le contrôle de gestion et le marketing. Suite à une prise de conscience personnelle et grâce à mes lectures (dont la première édition d'Un métier pour la planète…, qui a joué un rôle déterminant pour moi; et le livre d'Élisabeth Laville L'entreprise verte), je suis arrivé à la conclusion que le management des entreprises devait évoluer afin de donner un sens plus humain au travail de leurs collaborateurs : toute cette énergie et cette intelligence déployées dans le seul but de gagner encore et toujours plus d'argent, c'était trop de gâchis ! Le monde des entreprises représente un potentiel énorme pour faire avancer les choses, surtout dans le secteur de la finance… et c'est à ce changement que je voulais me consacrer. Plutôt que de chercher en externe, j'ai cherché dans ce groupe que je connais bien et où j'étais reconnu : c'était déjà un virage professionnel important et comme je n'avais pas de forte légitimité sur les sujets du développement durable, je voulais au moins capitaliser sur ma connaissance des métiers, de l'organisation et des modes de fonctionnement de l'entreprise… J'ai donc fait savoir que je m'intéressais à ces questions : j'en ai parlé aux ressources humaines, j'ai regardé dans le groupe tous les métiers qui pouvaient toucher de près ou de loin au développement durable, j'ai rencontré le responsable développement durable du groupe, le responsable de l'investissement socialement responsable dans la branche Asset Management, etc. Et après un an de recherches infructueuses, quand le P-DG de BNP Paribas Assurance a voulu créer un poste consacré à ces questions, il en a parlé à la DG et à la DRH… qui ont pensé à moi. Après un peu plus d'un an, les premiers résultats sont là, et donc les premières grandes satisfactions. Ça n'a l'air de rien, mais voir arriver du papier recyclé sur les bureaux, voir changer des comportements au sein de l'entreprise, cela fait quelque chose ! Et puis, les petits messages de remerciement ou d'encouragement de la part des collègues au détour d'un couloir, c'est très satisfaisant ! Évidemment, il me faut encore convaincre et expliquer, encore et toujours, que le développement durable n'est pas une contrainte qui s'ajoute à une liste déjà longue, mais bien une source d'opportunités. Mobiliser les énergies, sur des sujets dont la rentabilité à court terme n'est pas toujours évidente…

Mes messages clés

Tout d'abord : croire en sa bonne étoile. C'est à cette condition que l'on est capable d'entreprendre des démarches qui, même si elles peuvent paraître vouées à l'échec au départ, finiront peut-être par forcer la chance. En ce qui me concerne, c'est bien parce que j'ai exposé en interne ma vision du développement durable à un moment où cela n'était pas d'actualité que ce poste m'a ensuite été « tout naturellement » proposé.

Ensuite, développer autant que possible son réseau, participer à des colloques ou conférences (comme le FEDERE – Forum européen pour le développement durable et une entreprise responsable –, organisé tous les ans en mars par Les Échos, qui permet d'avoir un éclairage sur d'autres expériences en entreprise ou en collectivités locales) et rencontrer le maximum de gens. Le monde de la RSE est finalement assez petit et les parcours finissent souvent par se croiser…

Enfin, ne pas trop se leurrer pour autant : les places sont très chères et, bien souvent, réservées à des personnes ayant une bonne expérience de l'entreprise. Un jeune diplômé avec son mastère Développement durable en poche aura bien du mal à trouver le poste de ses rêves (j'en ai, cela dit, engagé un dans mon équipe !). Il faut donc aussi savoir parfois revoir ses ambitions : commencer par un poste

« d'observation » qui permettra de bien connaître l'entreprise et de faire son trou, par exemple. Et puis, on peut agir pour le développement durable dans tous les métiers et tous les secteurs, sans pour autant avoir un poste « étiqueté DD », donc ne pas hésiter à prendre des initiatives, chacun dans son domaine.

Du côté des ONG

Dans les ONG les plus disposées à établir des partenariats avec les entreprises, des postes nouveaux sont également apparus pour gérer ce nouveau mode de collaboration avec les entreprises, qui consiste à la fois en un sponsoring financier de l'entreprise mais aussi en un travail commun sur un sujet de fond.

Quelques exemples de partenariats : le respect des Droits de l'homme chez les fournisseurs de Carrefour dans le cadre du partenariat avec la FIDH (Fédération internationale des ligues des Droits de l'homme), les actions de prévention du sida menées par Lafarge auprès de ses employés et de leurs familles en Afrique dans le cadre du partenariat avec l'ONG de développement CARE (qui compte aussi à son actif des accords avec EDF, Sanofi Aventis ou Thomas Cook) ou encore la politique environnementale de ce même groupe dans le cadre de son partenariat avec l'ONG de protection de la nature WWF, laquelle ONG a également conclu des partenariats avec les Caisses d'Épargne, avec Pierre & Vacances ou avec Carrefour.

Pour Thierry Thouvenot, qui s'est occupé pendant plusieurs années, chez WWF, du partenariat avec Lafarge : « Cela représente vraiment un nouveau métier dans les ONG, où il y avait traditionnellement deux pôles de compétence traditionnels : d'une part les programmes sur le terrain, visant, chez WWF par exemple, à mener des actions de préservation de l'environnement, et d'autre part les actions de levée de fonds ou de marketing, visant à assurer le financement et la notoriété de l'association. Ces deux métiers sont complémentaires mais ils se parlaient assez peu historiquement : les scientifiques ne voulaient pas faire de marketing, et *vice versa*. C'est donc nouveau, et important, d'avoir des personnes chargées de faire l'interface entre ces deux pôles, de remettre de la cohérence entre les deux types d'actions. »

Les partenariats avec les entreprises sont une bonne façon pour les ONG de respecter cette cohérence : dans cette logique, l'ONG ne se contente plus, en effet, d'accepter l'argent d'une entreprise pour financer des programmes de terrain, quitte à fermer les yeux sur les incohérences éventuelles entre l'objet même de ces programmes et les impacts de l'activité de l'entreprise ; elle utilise ses contacts avec l'entreprise pour sensibiliser ses dirigeants aux enjeux sociaux ou environnementaux dont elle s'occupe, et les aider à progresser dans le bon sens.

Une approche qui est aussi celle de François Jung, qui a été responsable du développement chez CARE, en charge notamment des partenariats avec le cimentier Lafarge et le tour-opérateur Thomas Cook :

« Cela commence en général quand l'entreprise nous consulte sur une question précise, en préparant son rapport de développement durable, par exemple. Nous concevons alors des projets précis pour répondre à un problème donné qu'elle rencontre sur le terrain et, quand nous nous connaissons mieux, cela évolue vers un partenariat stratégique visant à établir une politique plus globale et à la déployer sur le terrain. Mon rôle est de faire l'interface avec le réseau CARE pour trouver la bonne info ou le bon conseil en fonction de la problématique de l'entreprise, et aussi avec les autres acteurs locaux pour monter des programmes concrets sur le terrain. Finalement, mon poste bouleverse l'organisation interne de l'ONG car je joue un rôle "sur le terrain" (il s'agit quand même de résoudre des problèmes concrets, avec une compétence identique à celle des chargés de programmes) tout en permettant les levées de fonds (j'ai un lien avec le secteur privé, qui demande une compétence plus marketing). Traditionnellement, ces deux fonctions étaient séparées dans les ONG et, d'ailleurs, mon salaire est aujourd'hui affecté à moitié sur le marketing et à moitié sur les programmes. »

Julien Grouillet, 28 ans

Chargé des partenariats RSE chez CARE France

Des partenariats entre ONG et entreprises : voilà une association de mots qui peut encore en surprendre quelques-uns car le temps n'est pas si loin où les quolibets fusaient de part et d'autre – « gauchiste » contre « grand capital », « salauds de riches » contre « salauds de pauvres », « amateurs » contre « affameurs »... Si le dialogue est toujours vif aujourd'hui, ces deux univers du non-profit *et du* for-profit *ne sont plus étanches désormais, et les postures de dénonciation réciproque se prolongent parfois dans la proposition et l'action conjointe. C'est le sens de mon travail auprès des entreprises chez CARE : « Et maintenant, qu'est-ce qu'on fait ? ».*

Rendre le monde un peu meilleur, lutter contre l'extrême pauvreté sur tous les fronts, c'est le mandat de CARE. Délirant ? Sûrement pas. Ambitieux ? Sans aucun doute, mais celui qui ne se fixe pas d'objectifs n'a aucune chance de les atteindre. La pauvreté est un phénomène complexe et multidimensionnel. Par ailleurs, les moyens et les ressources dédiés à l'aide au développement sont sans commune mesure avec les besoins. Pire : l'écart se creuse. La partie est loin d'être gagnée. Il nous faut donc jouer sur l'ensemble des leviers à notre disposition et le secteur privé en est un, jusqu'ici largement inexploité.

Faire en sorte que les entreprises fassent désormais partie de la solution plutôt que du problème, comme diraient nos collègues anglo-saxons, qu'elles optimisent leur contribution au développement, voilà le défi qui est posé, voilà le pari que nous prenons.

Quelles études m'ont amené jusqu'ici ? J'ai fait Sciences-po Lyon puis Sciences-po Bordeaux, deux formations généralistes orientées vers l'international. Mes expériences initiatrices, comme la plupart des étudiants, je les ai vécues à l'étranger : en Inde, au Cambodge puis au Japon. Quelques « ailleurs » extrêmes pour moi qui m'ont fait prendre conscience de l'îlot précaire de richesse sur lequel nous vivons, et de la nécessité de replacer l'homme au centre du développement durable. Le réchauffement climatique par exemple, n'est pas un problème météorologique, mais avant tout la chronique d'une catastrophe humanitaire annoncée. Au retour de ces voyages, difficile de faire comme si de rien n'était...

Ma première vraie expérience professionnelle s'est faite chez Lafarge, numéro un mondial des matériaux de construction. Au menu : plâtre, ciment et granulats. Loin du glamour des baroudeurs en pataugas. Pourtant, Lafarge a développé depuis cinq ans un programme passionnant et innovant de lutte contre le sida pour ses salariés et leurs familles dans une dizaine de pays d'Afrique subsaharienne. Ce projet dont j'ai eu la chance d'assurer la coordination est un bel exemple de solution gagnant-gagnant entre performance économique et bénéfice social. C'est exactement ce type de modèles pragmatiques et efficaces que je souhaite développer chez CARE avec nos partenaires du privé. D'autres grands groupes, producteurs de services essentiels, nous ont rejoints : nous travaillons par exemple à l'heure actuelle avec EDF et Sanofi-Aventis sur des projets de responsabilité sociale des entreprises (RSE) en Afrique du Sud et au Cameroun.

Quand je suis arrivé chez CARE, mon futur directeur général m'a dit, en consolation je pense, du salaire de subsistance qui est de rigueur dans le secteur : « tu verras le monde et on ne te volera pas les résultats de ton travail ». Deux ans après, je pense que CARE a tenu ses promesses. J'ai eu l'occasion d'effectuer des missions régulières à l'étranger et de voir au passage le travail incroyable que font les équipes sur le terrain. Les sujets sur lesquels je travaille avec nos partenaires sont variés et passionnants (lutte contre le paludisme et le VIH, dialogue avec les parties prenantes, ancrage de l'entreprise dans les pays du Sud, etc.) – allant du conseil aux entreprises à la facilitation de partenariats avec les filiales sur le terrain.

Comme ailleurs, il y a parfois des pics d'activité mais rien qui n'ait été une menace pour ma vie privée ou qui m'ait contraint à des arbitrages inhumains. Toute organisation qui s'interroge sur le développement durable devrait d'ailleurs comprendre que son efficacité sur le long terme sera portée par des employés qui dorment plus de quatre heures par nuit et qui ont encore un peu de sang dans leur caféine !

Mes messages clés

Dans la plupart des cas, pour un jeune diplômé, je ne suis pas certain qu'entrer directement dans une ONG à la sortie de l'école soit une bonne stratégie (un discours que m'avaient tenus trois directeurs de l'association pendant mes entretiens d'embauche !). Sauf révélation ou prédestination, un parcours pur ONG peut s'avérer enfermant. Entre le mythe de la grande gueule incontrôlable et celui du dilettante, les préjugés sont tenaces. Résultat : l'entreprise valorise encore peu les expériences associatives. La réciproque n'est pas vraie, les ONG sont très favorables aux candidats du secteur privé, surtout lorsqu'il s'agit de professionnels expérimentés (RH, communicants, cadres, acheteurs, ingénieurs, etc.) désireux d'ajouter une dimension humaine à leur pratique.

J'ai passé pas mal de temps dans les bouquins sur les bancs de la fac. Mais au risque de démolir mon « Karma carbone », je dirais qu'il faut parfois mettre son livre dans son sac à dos et prendre un billet d'avion pour aller voir le terrain !

Progressivement, d'autres ONG militantes, non nécessairement ouvertes aux partenariats avec les entreprises, ont, elles aussi, créé des postes de chargés de campagne, non moins spécialisés et intéressants. Ainsi des associations comme Les Amis de la Terre ou Greenpeace ont-elles, en France, des postes consacrés à temps plein à leurs campagnes ciblant spécifiquement certains secteurs ou thèmes, comme les banques[1] et l'habitat pour la première, les produits de la forêt (bois et papier) ou les produits cosmétiques pour la seconde. Ces postes nouveaux consistent principalement à constituer une expertise sur les impacts sociaux et environnementaux du secteur en question, puis à organiser les campagnes en choisissant les entreprises « cibles » que l'ONG veut pousser au changement, mais aussi les partenaires, les moyens de communication, la recherche de financement... et en menant le dialogue avec les entreprises qui le souhaitent. Au bout du compte, il est frappant de constater que ces responsables de campagne sont souvent plus au fait des enjeux liés au développement durable que leurs interlocuteurs dans les entreprises visées, de sorte que ces postes d'experts dans les ONG attirent des profils d'ingénieurs ou de commerciaux que le monde de l'entreprise ne séduit pas ou plus...

1. Voir le portrait de Sébastien Godinot, coordinateur de la campagne « Responsabilité des acteurs financiers » aux Amis de la Terre.

De nouvelles compétences

Dans d'autres organisations qui accompagnent le développement des entreprises de manière plus traditionnelle, le développement durable appelle aussi de nouvelles compétences :

- Les cabinets d'audit sont ainsi de plus en plus souvent amenés à vérifier l'application d'un code de conduite visant à respecter les droits de travailleurs dans les pays du Sud ou à conduire la certification environnementale ISO 14001 d'un site industriel.
- Les cabinets de conseil sont régulièrement consultés par leurs clients sur l'intégration des aspects sociaux et environnementaux à la stratégie globale de leur entreprise.
- Les agences de publicité ou de relations publiques sont elles aussi mises à contribution dans le cadre de publications spécifiques (par exemple, un rapport de développement durable en complément du rapport annuel ou une campagne de communication globale sur les valeurs de l'entreprise).
- Les organisations professionnelles (du Medef aux associations sectorielles) sont peu à peu contraintes de développer des activités de pédagogie et d'accompagnement des entreprises membres et certaines sont même spécialisées dans le développement durable, comme le Comité 21, l'ORSE, Orée ou Entreprises pour l'environnement en France.
- Même les analystes financiers sont parfois contraints d'intégrer les aspects sociaux ou environnementaux à l'analyse des risques qu'ils réalisent en amont du financement d'un projet industriel...

Mais la logique du déploiement progressif des stratégies de développement durable dans les entreprises voudrait théoriquement qu'à terme, au lieu de multiplier les nouveaux postes spécialisés, on transforme plutôt chaque métier en profondeur. Ainsi, de manière croissante :

- Un acheteur doit savoir intégrer des critères éthiques, sociaux et environnementaux aux cahiers des charges donnés à ses fournisseurs.

- Un responsable des relations avec les actionnaires doit savoir convaincre les agences de notation sociale et environnementale et les investisseurs éthiques de la bonne maîtrise des risques sociaux ou environnementaux et de la performance extrafinancière de l'entreprise.
- Un directeur d'usine doit savoir respecter, voire anticiper, les réglementations nouvelles en matière de prévention des pollutions ou de protection de la santé des employés.
- Un chef de produit ou un responsable marketing doit savoir prendre en compte des critères sociaux ou environnementaux dans la conception de nouveaux produits et packagings.
- Un responsable des ressources humaines doit penser à intégrer le développement durable aux formations proposées au personnel mais aussi à concevoir des politiques sociales responsables vis-à-vis des équipes internes sur des sujets comme l'équité des rémunérations, la non-discrimination, la santé et la sécurité des salariés, la promotion interne, etc.

LA RELATION AU TRAVAIL

En amont même de la façon dont il risque de transformer les métiers, le développement durable transforme déjà le travail et sa signification pour l'entreprise comme pour le salarié. En effet, le développement durable pousse les entreprises à créer les conditions d'une démarche gagnant / gagnant avec chacun de leurs publics… y compris les salariés !

Concrètement, cela revient, selon Bertrand Martin, ancien P-DG de New Sulzer Diesel, à passer du management « social » d'hier, principalement fondé sur l'argent et le salaire, dans un esprit de partage et d'équité, à un management « humain », avant tout fondé sur la confiance et l'écoute, avec un objectif d'épanouissement et de développement personnel. Cela implique de dépasser une vision strictement économique, où ce que l'entreprise apporte à ses salariés se limite aux flux financiers (le salaire), pour s'intéresser aux attentes de ces derniers.

L'essentiel du travail, au bout du compte, n'est pas dans le salaire, comme l'a montré le psychologue américain Abraham Maslow avec sa pyramide hiérarchisant les besoins humains : il est certes nécessaire de couvrir d'abord les besoins de base (besoins physiologiques – respirer, manger, boire, dormir, se vêtir, se loger – et besoins de sécurité – stabilité, ordre, liberté, protection), avant de satisfaire progressivement des besoins de moins en moins matériels et de plus en plus spirituels :

- besoins d'amour (aimer et être aimé) et d'appartenance à un groupe ;
- besoins de respect, d'estime de soi et des autres, de confiance, de compétence ;
- besoins d'accomplissement personnel : connaissance et compréhension, réalisation de ses potentialités, maîtrise de son environnement, créativité (niveau le plus élevé dans la hiérarchie des besoins, qui n'est pas lié au manque de quelque chose d'extérieur mais à un besoin de croissance intérieure).

Autant dire que la relation entre les entreprises et leurs salariés change en profondeur.

Finis les jeunes loups aux dents longues et les cadres surmotivés : soumis à trop de pression, animés par trop peu de passion, **les salariés sont de moins en moins impliqués dans leur travail** ; selon l'Apec[1], **46 % des managers avouent aujourd'hui prendre de la distance par rapport à leur entreprise**. Et si les salariés français sont au-dessus de la moyenne européenne en termes de bien-être au travail[2] (40 % d'entre eux disent être « souvent heureux au travail »), ils se disent aussi plus mécontents de leur rémunération, de leurs onditions de travail et de leurs relations avec la hiérarchie que leurs voisins européens (c'est encore plus vrai chez les cadres) : les salariés sont ainsi 39 % à examiner avec attention toute opportunité de quitter leur entreprise, contre 33 % en moyenne en Europe. Signe

1. Étude de novembre 2003 publiée par *Management Le Journal du Net* du 4 février 2004.
2. Voir « Des Français heureux au travail mais pas dans leur entreprise », 22 février 2006, sur http://management.journaldunet.com.

des temps : le succès inattendu en 2004 d'un petit opuscule écrit par une salariée EDF, *Bonjour paresse* (éloquemment sous-titré « De l'art et de la nécessité d'en faire le moins possible en entreprise »[1]), qui s'est vendu à plus de 200 000 exemplaires dans les six mois qui ont suivi sa parution, avec des traductions dans 23 pays. Un succès facile à interpréter selon les experts : « ce livre a touché tous ceux qui souffrent au travail, ceux qui ont le sentiment d'être manipulés ou frustrés », affirme ainsi Éric Albert, psychiatre, consultant et fondateur de l'Institut français d'Action sur le stress[2].

Que s'est-il passé ? Les scandales éthiques du type Enron, Arthur Andersen ou Parmalat, mais aussi le cynisme affiché par certains dirigeants, comme Patrick Le Lay affirmant que « TF1 vend du temps de cerveau disponible à Coca-Cola », ont sérieusement miné la confiance que le grand public place spontanément dans les grands groupes. À cela s'ajoute « une rancœur accumulée après les plans de licenciement et l'effondrement des stock-options, estime Marc Pagezy, président du cabinet de recrutement Eurosearch[3]. Les cadres sont devenus très lucides, ils ont pris du recul. Ils attendent de la part des entreprises des avantages immédiats et très concrets, pas des beaux discours ou des promesses. »

Les avantages escomptés concernent désormais, au-delà du salaire, tous les aspects de la vie : le nombre de jours de congés payés, les cadeaux offerts à Noël aux enfants des salariés, le nombre de jours de RTT, les activités de loisirs proposées par le comité d'entreprise... Bref, la recherche de la qualité de vie est omniprésente pour les nouveaux salariés. Si le travail ne peut procurer un enrichissement rapide, il doit offrir un environnement agréable avec, en prime, un intérêt intellectuel et des valeurs cohérentes avec celle du salarié.

1. Corinne Maier, *Bonjour paresse*, Éditions Yves Michalon, 2004.
2. Cité dans l'article « *Bonjour Paresse*, le phénomène. L'envers d'un succès » du 24 novembre 2004, sur www.journaldunet.com/management.
3. Interview dans *Management Le Journal du Net* du 4 février 2004.

« Tout comme une marque met en avant sa promesse produit, une entreprise doit instaurer une promesse salarié, en adéquation avec ce qui se passe réellement en interne, confirme Éric Piétrac, DRH du cabinet de conseil en stratégie Deloitte France[1]. Les consommateurs sont de plus en plus exigeants sur la promesse produit : il n'y a aucune raison pour que les salariés de demain se comportent différemment avec l'entreprise. La relation entreprises-salariés ressemble de plus en plus à la relation marques-consommateurs. »

Résultat : de même que les marques doivent affronter la pression des citoyens-consommateurs de plus en plus exigeants, informés et critiques, qui privilégient le développement durable, les entreprises doivent affronter des citoyens-salariés qui sont de plus en plus nombreux à privilégier le développement durable... et le développement personnel !

LES SALARIÉS ÉPANOUIS FONT LES ENTREPRISES QUI MARCHENT !

Dans les faits, les entreprises ne pourront plus considérer les ressources humaines comme d'autres ressources – une tonne de charbon par exemple. Elles vont devoir être capables d'appréhender la personne qui se situe derrière chaque salarié. Pour cela, elle aura intérêt à les écouter, à comprendre leurs attentes pour savoir mériter leur confiance et leur fidélité. Comme le disait E.F. Schumacher : « La vraie tâche consiste désormais à adapter le travail aux besoins du travailleur plutôt que de demander au travailleur de s'adapter aux besoins du travail. »

---

1. *Ibid.* Éric Piétrac est également auteur, avec Serge Perez, P-DG de l'agence de communication Mediasystem, d'un livre sur ce sujet : *Entreprises-salariés : une autre idée de la relation* (Jacques-Marie Laffont, 2003). Voir aussi sur Internet : www.uneautreideedelarelation.com.

Les « bonnes pratiques »

Dans les démarches de développement durable, l'engagement des entreprises à évaluer régulièrement la satisfaction de leurs salariés, cadres ou non-cadres, fait d'ailleurs partie des « bonnes pratiques ». Une enseigne pionnière du développement durable comme The Body Shop mène ainsi depuis des années des enquêtes très approfondies sur la satisfaction des équipes, ainsi que sur leur perception des valeurs et des pratiques de l'entreprise.

De même, la banque anglaise The Co-operative Bank, menant depuis 1992 une « politique éthique » par laquelle elle refuse d'investir l'argent de ses clients dans des entreprises qui ne respectent pas l'environnement ou les Droits de l'homme, évalue chaque année la satisfaction de ses employés (sur des aspects allant du salaire à l'équilibre vie professionnelle / vie privée, en passant par les avantages sociaux, les opportunités de progresser, la formation ou encore la compréhension des valeurs et de la mission de la banque). Ces approches sont de plus en plus courantes et se développent même dans des entreprises non alternatives.

Ainsi, l'enseigne d'hypermarchés Carrefour mène en France, depuis 1989, les « écoutes du personnel », une enquête « maison » qui concerne chaque année la moitié de ses effectifs et intègre des indicateurs révélateurs de la satisfaction des équipes : par exemple, celles-ci sont-elles disposées à recommander Carrefour à un ami pour y faire ses courses mais aussi pour y travailler ?

Ces études sont même parfois menées en externe, par des organismes indépendants qui en fournissent ensuite, dans la presse, les résultats afin de permettre aux jeunes diplômés ou aux personnes en recherche d'emploi de choisir leur futur employeur... en connaissance de cause !

Le Californien Robert Levering, fondateur du Great Place to Work Institute, publie ainsi chaque année depuis 1987, dans *Fortune Magazine*, la liste des 100 entreprises américaines dans lesquelles il fait bon travailler. Peu à peu, cette démarche s'est répandue et des enquêtes similaires existent désormais au Brésil, en Asie et dans certains pays d'Europe (Suisse, Portugal, Grande-Bretagne, France, notamment). Les pratiques sociales des entreprises y sont évaluées selon plusieurs aspects permettant d'évaluer :

- l'atmosphère de confiance qui y règne ;
- la crédibilité et la compétence du management ;
- le niveau de transparence de la communication interne ;
- le respect de la contribution et de la valeur de chacun ;
- la répartition équitable des opportunités (rémunération, formation, etc.) ;
- mais aussi la fierté (la valeur que chacun attache à son travail, à la tâche commune et au fait d'être associé à l'entreprise) ;
- l'esprit de camaraderie ou d'amitié ;
- et le sentiment d'appartenance à une communauté sur le lieu de travail.

Finalement, il n'est pas surprenant de constater que les entreprises qui arrivent en tête du classement, au fil des ans, sont aussi celles qui proposent à leurs équipes le plus d'avantages liés à la qualité de vie globale, dans l'entreprise et en dehors.

Le leader mondial des progiciels SAS Institute, qui emploie un peu moins de 6 000 personnes et arrive régulièrement dans le peloton de tête, est l'une des rares entreprises aux États-Unis à proposer une semaine de 35 heures, une semaine de congés payés supplémentaire à Noël et à offrir à tous ses employés une assurance maladie gratuite.

L'entreprise propose, en outre, sur son siège social américain, dans le désordre : un piano en libre-service à la cafétéria, des sodas, du café, du thé et du jus de fruit à volonté dans tous les bureaux ainsi que des confiseries M&M's (22,5 tonnes consommées par an !). Un gymnase est mis gracieusement à la disposition des employés, de leur famille et de leurs amis (avec des tables de ping-pong, deux terrains de basket, une salle de musculation, des cours de yoga et un pressing gratuit pour les affaires de sport...). Des massages relaxants sont également dispensés plusieurs fois par semaine. Deux crèches sur le site et une troisième à proximité de l'entreprise accueillent les enfants des employés... Résultat :

SAS affiche un taux de *turnover* dérisoire (3,7 %) comparé à celui de son industrie (22 %) !

Le leader mondial des systèmes informatiques de traitement d'images Silicon Graphics, créé en 1982, qui emploie désormais près de 10 000 personnes dans le monde (et plus de 6 000 sur son « campus » américain), a opté pour une politique similaire :

- L'entreprise offre à tous les salariés (travaillant à temps plein), après quatre ans de présence, un congé sabbatique (et payé) de six semaines.
- Le restaurant d'entreprise est ouvert en permanence (du petit-déjeuner au dîner) aux employés et à leur famille. Ils ont également accès à plusieurs terrains de sport ainsi qu'à des cours de karaté et de yoga.
- L'entreprise subventionne une crèche voisine pour les enfants du personnel ainsi qu'un programme de garde à domicile d'enfants et de personnes âgées, et un service d'assistance aux employés (et à leur famille) pour tout problème personnel (le service est géré par un organisme extérieur, en toute confidentialité).
- L'entreprise finance, partiellement ou intégralement, différents avantages sociaux comme l'assurance maladie, l'assurance vie, les congés payés, etc.

Résultat : à nouveau, un taux de *turnover* particulièrement bas (10 %), trois fois inférieur à celui des entreprises de même activité de la Silicon Valley.

Parmi les entreprises qui arrivent régulièrement en tête du classement, on trouve aussi le fabricant californien de vêtements *outdoor*, Patagonia, très soucieux de l'environnement, qui propose notamment à ses salariés une crèche sur le siège social de Ventura ou encore la possibilité de prendre un congé sabbatique de trois mois, payé par l'entreprise, au service d'une association de protection de l'environnement.

De même, la marque de chaussures et d'équipements de sport Timberland a mis en place en 1992, aux États-Unis mais aussi dans d'autres pays où l'entreprise a des filiales (dont la France), un programme de bénévolat des employés, permettant à chacun, s'il le souhaite, de donner 40 heures de son temps par an, payées par l'entreprise, au service d'une association de son choix. Ainsi, en 2000, plus de 200 000 heures ont été données par Timberland à plus de 200 associations dans 18 pays, et les employés de Timberland qui le souhaitent peuvent eux aussi bénéficier d'un congé sabbatique de 6 mois au service d'une ONG.

Pour le P-DG de l'entreprise, Jeffrey Swartz, cette politique correspond à la volonté de Timberland « d'être au service de ses clients, de ses actionnaires, de ses employés et des communautés locales en créant de la valeur économique mais aussi de la valeur sociale ». Un engagement social qui permet aussi au groupe de fédérer ses équipes, plus profondément que ne le feraient des stages de *team building*, tout en contribuant à créer une ambiance de travail qui attire les meilleurs talents.

En France

En France, Axa a créé, en 1991, l'association Atout Cœur qui fédère les actions bénévoles de ses employés et de ses agents, et a fondé l'Institut du mécénat de solidarité qui aide d'autres entreprises françaises, de toutes tailles et de tous secteurs, à agir dans le même sens.

Petit à petit, ces pratiques se développent dans l'Hexagone : si quelques rares entreprises, parmi lesquelles le Crédit Lyonnais, Aventis ou encore *Libération*, proposent depuis longtemps des crèches à leurs employés, la réforme du plan crèche, approuvée en février 2004, a mis en place des incitations fiscales qui ont accéléré le mouvement.

Sans attendre cette réforme, la Cogema avait déjà créé, en février 2002, la crèche *Les Lucioles* sur son site de Vélizy. Plusieurs jeunes entreprises, comme les Petits Chaperons Rouges, Tout Petit Monde ou Crèche Attitude, accompagnent désormais les grands groupes (Aéroports de Paris, Abbott...) dans la création et la gestion de leur crèche mais aussi des entreprises plus modestes qui joignent leurs efforts pour créer une crèche interentreprises sur une même zone d'activité (voir, par exemple, la crèche créée sur la zone aéroportuaire de Roissy pour huit entreprises et administrations partenaires : ADP, Air France, Sodexi, Acna, Alyzia, SSP, Servair et la DGAC).

Comme le rappelle J.-E. Rodocanachi, directeur général des Petits Chaperons Rouges, « les avantages sont nombreux, tant pour l'entreprise, qui fidélise et motive son personnel, encourage la reprise du travail après le congé maternité et se positionne en entreprise socialement responsable, que pour les parents qui concilient mieux vie professionnelle et vie familiale et, enfin, pour les communes, qui bénéficient à moindre coût, au titre de la mixité sociale obligatoire, de places au sein de la crèche. » Un point de vue confirmé par les chiffres, puisque 86 % des employées disent qu'elles accéléreraient leur retour au travail après leur congé de maternité si leur entreprise leur proposait un mode de garde, et que 85 % des parents disent qu'une crèche d'entreprise les inciterait à rester fidèles à leur employeur[1].

Au-delà des crèches, les services aux salariés essaiment en France : comme Andersen Consulting sur son siège de Neuilly-sur-Seine, l'usine alsacienne de Lilly France[2], filiale du groupe pharmaceutique américain, propose depuis 2002, suite à une enquête réalisée auprès de ses 2 000 salariés, toute une palette de services visant à améliorer la qualité de vie au travail et la qualité du temps libre ! Cela va du repassage et de la retouche de vêtements au pressing, en passant par la livraison de fruits et de légumes bio, la cordonnerie, la vente de timbres... Une permanence de la caisse primaire d'assurance maladie a même été mise en place pour les formalités de Sécurité sociale !

Qu'on ne s'y trompe pas : à terme, cette tendance n'est pas seulement sympathique et humaniste puisqu'elle répond aussi à un intérêt mutuel bien compris. En effet, il est désormais prouvé que la satisfaction et l'épanouissement des salariés fondent le succès durable de l'entreprise !

---

1. Étude menée par Tout Petit Monde.
2. « Le pari du bien-être au travail », dossier *Liaisons Sociales*, n° 52, mai 2004.

Concrètement, les entreprises les plus responsables vis-à-vis de leurs salariés :

- attirent plus de candidatures et peuvent donc choisir les employés les plus qualifiés et motivés ;
- ont jusqu'à deux fois moins de *turnover*[1] et donc moins de frais de recrutement et de formation pour remplacer les personnes quittant l'entreprise ;
- affichent une meilleure productivité[2] (un meilleur environnement de travail, avec moins de stress, diminue les absences pour maladie ainsi que la fréquence des conflits au sein du personnel) ;
- offrent des produits ou des services de meilleure qualité, ainsi que, de manière générale, une plus grande capacité d'innovation, du fait d'une atmosphère de confiance et d'une attitude générale plus positive et plus ouverte.

1. Great Place to Work Institute.
2. D'après le Great Place to Work Institute, la rentabilité des entreprises affichant les meilleures pratiques vis-à-vis de leurs salariés est deux fois plus importante que la moyenne des entreprises, sur dix ans.

3

UN PLAN D'ACTION EN DIX POINTS

« Choisissez un travail que vous aimez et vous n'aurez pas à travailler un seul jour de votre vie. »

CONFUCIUS

Si le développement durable, on l'a vu, change l'entreprise et le travail, il modifie aussi de plus en plus les attentes des jeunes diplômés et des personnes en quête d'un nouvel emploi. Ils sont de plus en plus nombreux à vouloir trouver une voie professionnelle en phase avec leurs engagements personnels.

Comme nous l'avons vu précédemment, **70 % des étudiants déclarent vouloir intégrer des critères éthiques dans leur recherche d'emploi[1], en mettant également en avant, à ce sujet, la politique de l'entreprise à l'égard des salariés et le respect de l'environnement. Ces résultats se retrouvent chez les salariés. 56 % se disent[2] prêts à démissionner si leur entreprise est à l'origine d'une pollution grave ou use de pratiques discriminatoires**, et 70 %, déjà en poste, déclarent qu'ils intégreraient des

1. Baromètre Novethic-Ipsos auprès d'étudiants de niveau maîtrise ou troisième cycle (disciplines : économie, droit, gestion, sociologie, ingénierie, commerce), 2002.
2. Baromètre Novethic-Ipsos, 2002.

critères éthiques s'ils devaient chercher un nouvel emploi. Un cadre sur dix serait même prêt à quitter son emploi pour rejoindre une entreprise plus éthique[1].

De la même façon, aux États-Unis, « les étudiants sont de plus en plus intéressés par la réflexion sur le rôle social des entreprises et disent vouloir faire mieux sur ce plan que la génération précédente », affirme Nancy McGaw, directrice du programme « Business & Society » de l'Aspen Institute. Elle s'intéresse au sujet depuis plusieurs années, au point de produire chaque année, avec l'ONG environnementale World Resources Institute, une étude mondiale[2] sur les attentes des étudiants et la façon dont les écoles de commerce ou les universités y répondent.

Une poignée de jeunes diplômés de Harvard (environ 10 % de la promotion), depuis quelques années, arborent même fièrement des rubans verts[3] sur leurs toges universitaires le jour de la cérémonie de remise des diplômes, affichant ainsi leur volonté de prendre en compte les aspects sociaux et environnementaux dans le choix de leurs futurs emplois.

Un mouvement qui gagne progressivement l'Europe : 50 % des diplômés de la promotion 2003 de l'Insead de Fontainebleau (un des MBA les plus cotés) ont signé un « pacte éthique » par lequel ils s'engagent à tenter d'améliorer les performances sociales et environnementales de leurs futurs employeurs. Que vous soyez étudiant ou à l'aube d'une nouvelle vie professionnelle, si vous faites partie de ceux qui souhaitent concilier leurs compétences avec leurs valeurs et leurs engagements personnels, vous devez commencer par penser à votre carrière de manière un peu différente.

Prêt ? Voici un plan d'action en dix points pour vous aider à trouver un travail qui contribue à changer le monde !

---

1. Étude Ipsos citée par « Créez le job dont vous rêvez », dossier *Management*, n° 110, juin 2004.
2. *Beyond Grey Pinstripes*, rapport disponible sur le site du World Resources Institute (www.wri.org).
3. http://www.fas.harvard.edu/pbh/gradpledge.

1. Remettez en cause vos idées reçues

« J'adore Dilbert. Il a raison. Il est drôle. Mais j'ai horreur du cynisme, sauf comme sonnette d'alarme. C'est de ma vie qu'il s'agit et je refuse de la passer à remuer du vent dans une boîte minable. Pas vous ? »

Tom Peters

Pourquoi se lever le matin ? Pourquoi « perdre sa vie à la gagner », comme le chantait Brassens ? Trop de gens sont enfermés dans un travail qui leur semble bêtement en décalage avec ce qu'ils sont profondément.

80 % des Américains trouvent ainsi que ce qu'ils font « n'a pas de sens »[1] tandis qu'en France, 30 % des cadres trentenaires sont déçus par l'intérêt de leur travail, 27 % par leur niveau de responsabilité et 25 % par leur domaine d'activité[2].

Parfois, au-delà du manque d'intérêt pour le domaine d'activité ou le métier, c'est le conflit plus direct entre la vocation ou les pratiques de l'entreprise et les convictions individuelles qui crée le malaise. Ainsi, ce cadre commercial dans une société de crédit à la consommation qui « sait qu'il encourage des gens qui sont déjà dans une situation précaire à s'endetter » mais qui « doit bien payer son loyer ».

Ou cette responsable d'un laboratoire pharmaceutique qui « supporte mal de voir son staff se réjouir à chaque nouvelle épidémie ». Ou enfin cette directrice marketing d'un fabricant de tabac qui a elle-même arrêté de fumer et ne sait que répondre à ses enfants qui la questionnent candidement sur les contradictions entre ce qu'elle dit de son métier (vendre des cigarettes) et les messages diffusés par les publicités télévisées (« la cigarette tue »).

1. « Good Work », *Utne Reader Magazine*, janvier-février 1999.
2. Sondage Louis Harris, mai 2003, cité dans « Pourquoi nous n'aimons pas travailler », *Psychologies Magazine*, octobre 2003.

Ces cas ne sont pas rares : selon une étude réalisée en 2007 par le CSA[1], les deux tiers des cadres reconnaissent que leur éthique personnelle se trouve, souvent (22 %) ou de temps en temps (42 %), en contradiction avec les choix et pratiques de leur entreprise.

Un malaise que les psychologues du travail ont baptisé « conflit de rôle » puisqu'il y a de fait « un conflit entre le rôle que fait jouer l'entreprise au salarié et ses convictions personnelles »[2]. De l'ennui au malaise, les conséquences de ce conflit sont connues, il suffit de regarder autour de nous : stress, maladies psychosomatiques, tristesse voire dépression... et, le plus souvent, une réussite moyenne, à terme, dans le poste en question. Aujourd'hui, plus de 45 millions d'Américains prennent régulièrement des médicaments comme le Prozac pour traiter l'anxiété et les effets du stress, et la France est le pays le plus consommateur de Lexomil.

Pour remonter à la source de tous ces maux liés au travail, il suffit de s'intéresser un peu aux mots utilisés pour décrire le travail. Ils révèlent la vision dominante aujourd'hui, selon laquelle le travail est davantage une cause de souffrance qu'une cause d'épanouissement personnel. « Travaillez, prenez de la peine », disait La Fontaine. Une vision peu engageante qui explique que la réduction du temps de travail soit devenue une préoccupation majeure !

Souvenons-nous d'abord que dans la Bible, le travail est la punition infligée à Adam et Ève, chassés du paradis terrestre. Et, de fait, le mot « travail », en français, vient directement du latin *trepalium*, qui ne désigne ni plus ni moins qu'un instrument de torture qui écartèle sa victime entre des pieux !

Ceci se retrouve aussi dans la langue anglaise où le terme « job », le plus employé pour désigner un travail, renvoie historiquement à

---

1. *Baromètre Réalités cadres*, 2007, réalisé par l'institut CSA à la demande de l'Union générale des ingénieurs, cadres, techniciens CGT.
2. Éric Albert, psychiatre et directeur de l'Institut français contre l'anxiété et le stress, cité dans l'article de Benoît Helme, « Quand notre travail s'oppose à nos valeurs », *ELLE*, 23 septembre 2002.

une action criminelle[1]. Et puisque les mots façonnent notre pensée, on notera avec intérêt que les termes les plus employés dans le domaine du travail dans les entreprises sont ceux de « carrière » (qui évoque avant tout la pénibilité de la tâche : casser des cailloux !), d'« emploi » (qui renvoie à l'idée que le travail n'est pas une fin en soi puisque l'employé est, par définition, un moyen au service d'une fin... qui lui échappe) ou encore de « salarié » (qui renvoie étymologiquement à la ration de sel donnée aux soldats à titre d'indemnité pour leur participation au combat).

On gagnerait pourtant à revaloriser des mots plus rarement utilisés comme celui de « vocation », qui évoque une voix, un appel lié aux valeurs ou aux convictions de l'individu... mais qui reste peu utilisé en dehors des contextes religieux et artistique. Ou encore celui de « profession », qui exprime littéralement ce que le travail peut, ou devrait, être : une déclaration publique sur ce que nous sommes et sur ce en quoi nous croyons, une profession de foi... et de soi. La vision classique du travail n'est pourtant pas une fatalité : au cours de l'histoire, les façons de travailler ont évolué. Dans de nombreuses cultures traditionnelles, il n'existe même pas de terme précis pour définir le « travail »[2].

Évidemment, il est hors de question de détrôner Dilbert[3], ce personnage de bande dessinée créé par l'Américain Scott Adams (ancien ingénieur, licencié de Pacific Bell), qui est devenu le héros des cadres du monde entier parce qu'il dit et dénonce ce que tous pensent et vivent depuis des années. Dilbert est ingénieur diplômé en électricité du célèbre MIT et travaille dans une grande entreprise comme on peut en trouver à San Francisco ou à La Défense : on y parle d'excellence mais la médiocrité y est devenue la règle ; les managers y sont incompétents et se prennent dramatiquement au sérieux ; les salariés, humiliés, y sont désespérément dociles par peur de perdre leur

1. « Good Work », *Utne Reader Magazine*, janvier-février 1999.
2. *Ibid.*
3. Voir www.dilbert.com.

emploi et, surtout, leur salaire ; les business plans sont sans ambition, et les réunions sans fin ; le seul moment où les employés rivalisent de créativité est lorsqu'il s'agit de faire semblant de travailler ; les licenciements sont évidemment abusifs et anonymes ; enfin, les discours quasi quotidiens sur l'esprit d'équipe ou la conduite du changement sonnent creux... Qui oserait se risquer à désavouer Dilbert ? Personne évidemment, même s'il est temps de dire, haut et fort, que le travail peut aussi être autre chose : une source d'épanouissement et de changement positif.

De toute façon, le temps moyen que nous passons au travail dans une vie justifie bien qu'on tente de le réinventer.

2. LIBÉREZ-VOUS DE L'OBSESSION DU SALAIRE !

> *« L'argent favorise l'embonpoint, le gaspillage, la suffisance. Il est l'ennemi de la débrouillardise, du cran et de la volonté d'avancer. À l'inverse, la faim est le moteur de l'excellence. »*
>
> TOM PETERS

Réinventer le travail, c'est aussi décider aujourd'hui qu'il ne se limite pas à un salaire, aussi élevé soit-il. « Il faut manger pour vivre, et non pas vivre pour manger », dit la sagesse populaire, histoire de nous rappeler que si le gain d'un salaire est notre seule motivation pour venir travailler le matin, la vie vaut un peu moins la peine d'être vécue ! Les jeunes le savent. Pour eux, aujourd'hui, réussir sa vie, c'est avant tout « avoir un métier qui me plaît » (80 %) et non « gagner beaucoup d'argent » (37 %)[1].

1. Sondage CSA – La Vie – La Joc sur les 15-24 ans, 1er mai 2003.

D'ailleurs, notre besoin d'argent est relatif : aux États-Unis, le mouvement pour la simplicité volontaire incite, depuis le début des années 1980, à travailler moins, à gagner moins, et à dépenser peu… pour mieux vivre ! Ses promoteurs ont même publié un best-seller intitulé *Your money or your life* (votre argent ou votre vie) qui est un guide pratique pour réduire sa dépendance à l'argent ! Tout cela, à partir de l'idée simple et quasi métaphysique de « l'énergie vitale » lancée par l'économiste du MIT, Lester Thurow. En résumé, chaque chose que vous achetez représente du temps et du travail, autant dire de l'énergie vitale, qui n'est pas inépuisable et s'appauvrit à chaque dépense ! Voilà de quoi reconsidérer le cercle vicieux du salaire et du niveau de vie…

Une autre idée intéressante et incongrue dans la vision classique du travail où, justement, le salaire justifie la sueur, est que pour trouver l'emploi de ses rêves, ou même pour le créer, il faut commencer par manquer d'argent ! Pourquoi ? Parce qu'à en croire les entrepreneurs les plus audacieux et les gourous d'une nouvelle relation à l'entreprise et au travail, le besoin d'argent est une chance.

Anita Roddick, fondatrice de l'enseigne cosmétique The Body Shop, affirme ainsi que « vous pouvez enseigner les "principes" de l'esprit d'entreprise, mais vous ne pourrez pas apprendre à quelqu'un qui n'a jamais connu le besoin tout ce qu'il est possible de faire lorsqu'on est le dos au mur, ni ce que c'est que de vouloir s'affranchir des systèmes et des contraintes ». Alors, si vous n'avez pas d'argent, rassurez-vous : l'histoire est de votre côté. Après tout, comme cela a été le cas en informatique, avec Apple et Microsoft, bon nombre de révolutions récentes dans le monde de l'entreprise sont nées dans des caves et des garages avec trois francs six sous.

À propos d'argent, enfin, on parle assez peu, dans les grandes écoles ou les universités, de la nécessité de limiter le surendettement des étudiants : ces derniers sont une cible de choix pour le marketing des banques, mais curieusement, peu de chiffres sont disponibles en France sur ce sujet bien documenté dans des pays comme le Canada ou l'Angleterre (une étude récente a ainsi estimé l'endettement moyen d'un étudiant anglais arrivant à la maîtrise à

15 000 euros). Pourtant, on voit de nombreux étudiants contraints de rechercher après leur diplôme, non pas le premier emploi qui leur correspond le mieux, mais celui qui paye le plus, afin de rembourser plus vite l'emprunt contracté pour financer leurs études. Mais comment éviter de s'endetter face au coût parfois exorbitant des études ? Une solution est d'intégrer ce dernier dans les critères de choix des formations, dès le départ, en gardant en tête ce paradoxe : les meilleures formations, qui sont souvent les plus chères, sont aussi celles que l'on choisit parce qu'elles offrent un plus large choix de carrières, mais si l'étudiant doit s'endetter pour y avoir accès, il se retrouve, *in fine*, moins libre dans ses choix professionnels.

3. OSEZ ÊTRE VOUS-MÊME !

> *« Faites attention à ce que vous voulez, car vous l'aurez. »*
>
> PROVERBE CHINOIS

« Pourquoi les parents demandent-ils sans cesse à leurs enfants ce qu'ils feront quand ils seront grands ? Parce qu'ils cherchent des idées pour eux-mêmes, pardi ! » Cette blague, citée par Tom Peters, illustre bien l'enjeu dont il est question ici : il est impossible aujourd'hui, à la veille d'un choix professionnel, de ne pas se poser la question de ce que je veux devenir, incarner, apporter, etc.

Est-il vraiment nécessaire, pour faire le point sur ses envies, d'attendre que les choses aillent mal (besoin de changement), de rêver de quelque chose de meilleur (désir de changement) ou de craindre de voir la situation actuelle se détériorer (peur du changement) ? Les attentes des jeunes diplômés montrent qu'ils hésitent de plus en plus à entamer une carrière « vide de sens » (avec son cortège d'ennui, de stress, de maladies psychosomatiques, etc.) dans des grands groupes à qui ils ne font plus confiance (Enron et Andersen sont passés par là).

Choisir d'entrée de jeu une carrière parce qu'elle est facile, sans risques et sécurisante – même si l'on sait que l'on pourrait faire mieux – les tente de moins en moins. Au fond, ces situations où l'on renonce avant même d'avoir essayé, par peur d'échouer ou de sortir du rang, sont bien peu satisfaisantes pour une génération dont les marques cultes, Nike ou No Fear, affichent comme slogans « *Just do it* » (lancez-vous) ou « *You miss 100 % of the shots you don't take* » (les seuls tirs qu'on est sûr de rater à 100 % sont ceux qu'on ne tente pas).

Il ne s'agit pas uniquement de se lancer : il faut aussi viser grand, en suivant ce conseil de Francis Scott Fitzgerald : « La sagesse suprême est d'avoir des rêves assez grands pour ne pas les perdre de vue pendant qu'on les poursuit. » Après tout, Martin Luther King n'a pas dit « j'ai un plan de carrière » mais « j'ai un rêve ». Cela a déterminé tout ce qu'il a fait par la suite. La vie est courte et il est hors de question de la perdre à la gagner : « Fais de ta vie un rêve, et d'un rêve, une réalité », disait Saint-Exupéry.

Chacun d'entre nous est infiniment plus qu'un poste ou qu'un ensemble de tâches : nous sommes les projets sur lesquels nous travaillons, comme le disaient les existentialistes. Il peut donc être utile de commencer par se poser certaines questions :

- Le projet sur lequel vous travaillez en ce moment, ou celui sur lequel vous vous apprêtez à travailler, en vaut-il le coup ?
- Qu'est-ce qui compte, au fond, pour vous, là-dedans ?
- Est-ce que cela apporte quelque chose d'utile aux autres ?
- Est-ce que cela contribue à rendre le monde un peu meilleur ?
- Si ce n'est pas le cas, quelle est votre vision d'un travail qui vaudrait la peine d'être vécu ?

Renoncez dès maintenant aux compromis. Écoutez-vous et allez au bout de vous-même, faites un travail qui compte. Pour vous ET pour les autres. Suivez ce mot d'ordre de Jacques Attali[1] : « Chacun doit comprendre qu'il est unique et porte en lui un génie particulier. Il doit tout faire pour être pleinement lui-même, découvrir ce qu'il peut apporter d'unique au monde, et le réaliser. »

---

1. « Réussir sa vie », *Le Point*, 11 octobre 2002.

4. CONSACREZ VOTRE TEMPS À CE QUI EN VAUT LA PEINE

> *« Il faut avoir une très haute idée, non pas de ce que l'on fait, mais de ce que l'on pourrait faire un jour. Sans quoi, ce n'est pas la peine de travailler. »*
>
> EDGAR DEGAS

Certes, l'optimisme a du plomb dans l'aile : **la moitié des Français pensent que la société est en déclin et se disent pessimistes sur les dix années à venir, tandis que près des trois quarts estiment jouer un rôle insuffisant dans la vie sociale**[1]. Mais, dans un sursaut citoyen, tel un réflexe de survie, de plus en plus de personnes se disent désormais prêtes à se mobiliser dans leur vie quotidienne et veulent se sentir plus utiles, conscientes comme Voltaire que « c'est n'être bon à rien de n'être bon qu'à soi ».

Elles recherchent un emploi utile, à la fois économiquement (la création de richesses) mais aussi socialement (le partage des richesses), voire philosophiquement (le sens de la vie) et spirituellement (la fraternité). Au passage, elles redécouvrent, comme le dit le proverbe, que « ce qui est utile à l'abeille (l'individu) est utile à la ruche (la collectivité) ».

Pour certains, cette recherche de sens et d'utilité dans la vie professionnelle est indissociable de la montée du développement durable. À ce sujet, dans son livre *People / Planet*, paru en 1979, Theodore Roszak[2] écrivait déjà que de plus en plus de personnes vont inéluctablement choisir leur emploi en fonction de son utilité pour la société et l'environnement. Selon lui, c'est indispensable pour réorienter dans le bon sens les ressources humaines et financières.

---

1. Étude Métroscopie 2004 pour le quotidien *Métro*, auprès de 1 304 personnes dont 60 % ont entre 15 et 34 ans et 40 %, plus de 35 ans.
2. *Person/Planet : the creative dis-integration of industrial society*, 1979.

La transition de la société industrielle vers la nouvelle économie se caractérise précisément par un décalage de plus en plus visible entre les métiers qui apportent une valeur ajoutée sociale ou environnementale, et ceux dont les finalités sont plus ambiguës et préoccupantes (évitement des risques ou fausses solutions permettant juste de profiter de la situation actuelle ou de composer avec ses désagréments). Parmi les emplois appartenant à cette dernière catégorie, on trouve notamment, selon Roszak :

- la publicité et les métiers qui consistent fondamentalement à imaginer ou à vendre de plus en plus cher des produits pas forcément utiles ;
- le traitement des données informatiques et les métiers qui visent à trier, classer et numériser des quantités astronomiques de données statistiques ou de notes ;
- les emplois administratifs consistant à coordonner, à superviser et souvent à perpétuer des hiérarchies bureaucratiques ;
- les métiers financiers fondés sur la spéculation à court terme ;
- les métiers du divertissement, notamment dans les médias et les loisirs, qui ont pour but principal de permettre aux masses d'éviter d'affronter les frustrations que génère notamment une vie professionnelle vide de sens ;
- les métiers visant à garantir, coûte que coûte, la sécurité, et à utiliser la force pour lutter contre la violence ;
- les emplois qui consistent à maintenir les laissés-pour-compte du système dominant dans l'assistanat pour atténuer leurs souffrances et éviter l'explosion de leur insatisfaction.

Il ne s'agit pas pour autant, dans l'esprit de Roszak, de stigmatiser ces emplois (après tout, chaque métier peut avoir pour but de rendre service aux autres) mais d'attirer l'attention sur l'importance éthique des choix professionnels[1].

---

1. Melissa Everett, *Making a living while making a difference – the expanded guide to creating careers with a conscience*, New Society Publishers, 1999, p. 15.

Dans le même esprit, Maslow a bien montré que la quête de sens est aussi une quête d'épanouissement personnel.

Un propos que l'on retrouve aussi chez l'économiste et philosophe Scott Nearing qui, peu avant sa disparition, à l'âge de 100 ans, écrivait encore[1] : « Mon objectif est de vivre la vie qui apporte le plus de choses à vous, à moi, à notre environnement immédiat et aux autres parties de l'univers qui se trouvent bien au-delà de ce que nous voyons. Nous devons changer notre mode de vie. J'aimerais que les gens s'habituent à vivre, de manière que, lorsqu'ils quitteront cette Terre, ils la laissent en meilleur état qu'ils ne l'ont trouvée... Le repos et le confort ne sont pas envisageables. Bougez-vous. Allez de l'avant. Tout le temps. Je voudrais sortir et planter des pommes de terre. Ou couper du bois. Ou faire n'importe quoi de constructif. Je voudrais vivre aussi longtemps que je serai utile. »

Souvenons-nous aussi de l'histoire de cet homme qui voyage sur une route et rencontre d'abord un maçon au travail, à l'air un peu triste : « J'empile des briques », répond-il sans enthousiasme à l'homme qui lui demande ce qu'il fait. Un peu plus loin, l'homme croise un autre maçon, qui travaille sur un projet absolument similaire avec un air beaucoup plus réjoui : « Je construis un mur », répond celui-ci à la même question. L'homme croise un troisième maçon qui travaille, pour sa part, en sifflotant, l'air parfaitement heureux. « Que fais-tu et pourquoi as-tu l'air si content de travailler alors que tu ne fais qu'empiler des briques ? », demande le voyageur. Le maçon répond alors : « Je bâtis une cathédrale. »

Tout ça pour dire qu'il est plus facile de s'épanouir dans un métier si l'on en comprend la finalité et, surtout, si l'on en voit l'utilité sociale. C'est aussi la morale de l'histoire de Stéphane Delaunay, un trentenaire qui fut responsable de la communication dans

1. *Ibid.*, p. 20.

une entreprise de jouets dont le patron se montrait aussi peu conciliant avec ses fournisseurs que regardant sur les conditions de fabrication en Asie. Tourmenté par la mauvaise conscience, il a fini par répondre à une annonce de l'Institut national pour la prévention et l'éducation à la santé. Il mène aujourd'hui pour l'Institut des campagnes de prévention contre les accidents ménagers ou le sida. « Pour la première fois de ma vie, je suis content de me lever le matin : mes compétences en communication servent enfin à quelque chose ! », raconte-t-il[1].

5. PARIEZ SUR L'OPTIMISME, LA CONFIANCE ET LE « FUN »

> *« Demander la permission, c'est demander qu'on vous dise non. »*
>
> BOB KNOWLING (ANCIEN DIRIGEANT D'US WEST)

Celui ou celle qui veut trouver un métier en phase avec ses valeurs et qui s'oppose à la vision dominante du travail comme *trepalium* ne manquera pas d'entendre, dans son entourage, mille et une raisons de renoncer à cette folie. Ces mises en garde sont avant tout des peurs. Peur de ceux qui vous aiment et craignent de vous voir engagé sur une voie de garage aussi peu prometteuse que lucrative (notre culture est marquée par le catholicisme où l'on ne peut faire du bien et de l'argent en même temps), peur aussi de ceux qui n'ont pas osé faire ce choix par conformisme social et, dans certains cas, jalousie de ceux qui se sont piégés tout seuls dans un « plan de carrière » où la pression sociale et salariale est telle qu'ils n'osent aujourd'hui tout lâcher.

---

1. « Créez le job dont vous rêvez », dossier *Management*, n° 110, juin 2004, p. 44.

Le conformisme est d'ailleurs, selon les études, la première raison qui peut conduire un individu à agir contre ses convictions : « Cela s'explique principalement par un manque de confiance en soi face à un groupe majoritaire ou encore par la peur d'être rejeté », souligne Alain Anquetil, chercheur à l'École polytechnique[1].

Pour certains, le plus difficile est sans doute de se défaire de la pression des parents qui, souvent, ont orienté leurs choix professionnels, puis financé leurs études et tout fait pour qu'ils aient une « meilleure » position sociale qu'eux, c'est-à-dire un meilleur salaire. Les parents ont besoin de savoir que leurs enfants seront à l'abri du besoin et du chômage. Ils craignent que ces derniers ne regrettent leur choix, qu'ils ne puissent plus « rattraper » le retard pris sur leurs camarades d'études, et que, au bout du compte, ils aient fait toutes ces études « pour rien ».

Olivier Kayser, ancien *partner* chez McKinsey qui a développé la branche française de l'association Ashoka, raconte qu'à sa sortie d'HEC, alors qu'il avait décidé, avec sa jeune épouse, de partir dans les Caraïbes une année pour faire de l'import-export de fruits et légumes, son beau-père a tenté de les en dissuader avec cet argument sans appel : « Quand vous reviendrez, toutes les places seront prises. »

Quand on demande à Olivier quels conseils il donnerait à quiconque veut trouver un emploi en phase avec ses valeurs, il répond sans hésiter : « Mon premier conseil, c'est de bien choisir son conjoint, parce qu'au sein du couple, il est important de soutenir les choix de l'autre. » Les chercheurs lui donnent raison : selon une étude réalisée entre 1980 et 1992 auprès de 12 000 demandeurs d'emplois[2], **l'entourage immédiat est dans 99 % des cas un facteur déterminant de la réussite ou de l'échec** d'un projet professionnel.

---

1. Cité dans l'article de Benoît Helme, « Quand notre travail s'oppose à nos valeurs », *ELLE*, 23 septembre 2002.
2. Étude de Dominique Clavier citée par M.-P. Nogués-Ledru et A. Claret-Tournier, *Changer de Vie*, Village Mondial, 2002, p. 38.

Pour faire face aux discussions qui ne manqueront pas de survenir lorsque vous annoncerez votre choix, et surtout pour ne pas émousser votre bel enthousiasme sur la pierre froide des proches qui tenteront de stigmatiser cette décision « irrationnelle », cherchez des alliés dans votre entourage et, quoi qu'il arrive, faites-vous confiance. Oser déplaire, c'est choisir d'être fidèle à soi-même avant de l'être aux autres. Dites-vous que vous méritez ce qu'il y a de mieux.

Évidemment, la meilleure façon de rassurer ou de ne pas exaspérer votre entourage serait d'aller dans le sens du courant. Mais souvenez-vous qu'il n'y a pas de bonnes décisions : il n'y a que des décisions que l'on rend bonnes. Il est grand temps d'envoyer valser le conformisme et le pessimisme ambiants, en quatre temps comme il se doit :

- **Prenez conscience que l'optimisme est aussi une compétence clé**, recherchée par les entreprises, puisqu'il permet, comme le disait Churchill, de voir une opportunité dans chaque difficulté, là où un pessimiste voit la difficulté dans chaque opportunité.
- **Décidez de trouver un travail dont vous avez envie et qui vous fera plaisir**, un peu comme les fondateurs des crèmes glacées Ben & Jerry's qui avaient choisi pour mot d'ordre de leur entreprise : « Si ce n'est pas amusant à faire, pourquoi le faire ? »
- **N'oubliez pas non plus votre sens de l'humour** et votre capacité à rire de ce qui arrive, pour prendre du recul et être capable de renverser une situation en la lisant autrement, comme dans le film *La vie est belle*, de Roberto Benigni[1].
- **Choisissez d'écouter votre intuition plutôt que les peurs de votre entourage** : gardez en tête que, selon le psychologue Richard Wiseman[2], 80 % des personnes qui se considèrent

1. La capacité à rêver et le sens de l'humour sont deux des qualités caractéristiques de la « résilience » que l'on retrouve, selon le psychiatre Boris Cyrulnik, chez les personnes qui, confrontées à d'énormes problèmes, en ont tiré des capacités étonnantes à « rebondir » pour mener des existences hors du commun. Voir à ce sujet le psychanalyste Willy Pasini, *Le Courage de changer*, Odile Jacob, 2003, p. 78-79.
2. Richard Wiseman, *The Luck Factor*, Century, 2002.

comme « chanceuses » déclarent agir de façon spontanée, en se fiant à leur instinct et à leur boussole, sans avoir peur du hasard ni tenter de rationaliser tout ce qu'elles font ; c'est pour cela que la vie leur apporte ce qu'elles souhaitent, y compris sur le plan professionnel !

Arnaud Mourot, 33 ans

Directeur d'Ashoka France

Ashoka est une association internationale créée en 1980 dont la mission est de promouvoir le progrès social en pariant sur la capacité d'innovation des individus. Nous soutenons dans leur initiative des entrepreneurs sociaux, des gens capables de prendre l'initiative et de lancer des projets innovants qui, à terme, apportent de nouvelles solutions, à grande échelle, à des problèmes sociaux et environnementaux. À travers le développement d'Ashoka, mon rôle est de participer à l'évolution du secteur associatif en France et de créer une passerelle entre les notions d'entrepreneuriat et d'utilité sociale, en convaincant des investisseurs privés de soutenir des porteurs de projets. Je suis arrivé chez Ashoka il y a 2 ans : aujourd'hui nous sommes trois à y travailler à temps plein, aidés de deux personnes à mi-temps.

D'un côté, je collecte des fonds et, de l'autre, je coordonne les actions d'Ashoka en France qui portent principalement sur l'identification, le financement et l'accompagnement des entrepreneurs sociaux – ainsi que leur mise en réseau. Nous avons récemment lancé deux nouveaux programmes : le premier est un concours de business plans à vocation sociale qui vise à changer les modes de fonctionnement des acteurs de l'économie sociale – c'est en fait un prétexte pour les accompagner dans la recherche de nouveaux modèles de développement et d'une diversification des modes de financement afin d'assurer leur pérennité et d'accroître leur impact. Le deuxième vise à promouvoir l'entrepreneuriat social auprès des jeunes (de 12 à 25 ans). On s'aperçoit en effet que la plupart des entrepreneurs sociaux sont des personnes qui ont commencé à monter des projets dès le plus jeune âge et qui ont multiplié les expériences. Or, aujourd'hui, la notion d'entrepreneuriat est très connotée business pour les jeunes et cela nuit à son développement. Il faut démystifier cela et faire comprendre que l'entrepreneuriat est d'abord un état d'esprit.

Mon métier, c'est en fait du capital-risque philanthropique, c'est-à-dire l'adaptation d'une activité qui existe depuis des années dans le monde des affaires : celle des investisseurs qui, en décidant d'investir dans des secteurs émergents, ont contribué à leur croissance. La seule différence avec les capital-risqueurs classiques, c'est qu'au lieu de chercher à maximiser les profits, nous cherchons à maximiser le retour social des projets que nous finançons. Par ailleurs, Ashoka contribue à l'émergence d'une nouvelle profession, celle des entrepreneurs sociaux, et permet de donner un horizon plus ambitieux à un certain nombre de projets qui, sans nous, n'auraient eu un impact que local. Ashoka a un effet de levier qui les aide à changer d'échelle.

J'ai un parcours plutôt associatif. Pendant mes études à l'ESCP, j'étais sportif de haut niveau (en lutte) et je m'occupais d'une association de réinsertion par le sport en région Île-de-France. Pendant ma dernière année de mastère Innover et entreprendre en 1999, alors que tout le monde travaillait sur des projets de start-up, mon projet portait sur la création d'une ONG et c'est ainsi qu'a commencé Sport Sans Frontières, que j'ai ensuite développé pendant six ans avant de rejoindre Ashoka.

Si les écoles de commerce forment des chefs de projet, des managers, elles ne créent pas des entrepreneurs. Outre la gestion de projets, la principale chose que je leur dois, c'est d'avoir appris à créer et à développer un réseau. En effet, le premier risque pour un entrepreneur est de se renfermer seul sur son projet. Or, il est essentiel de partager et de profiter de l'expérience d'un maximum de personnes lorsqu'on débute dans son projet. Au fond, c'est ce que permet Ashoka. En donnant un nom à un secteur éclaté, composé de responsables associatifs et de travailleurs sociaux, l'association a contribué à la création d'une identité commune et donc d'un réseau naturel de gens qui ne cherchaient pas forcément à travailler ensemble.

Depuis le début de ma carrière, mon principal défi est de dépasser le scepticisme du secteur associatif. Au début de Sport Sans Frontières, on me riait au nez quand je disais que le sport pouvait participer à l'insertion des femmes en Afghanistan ou à aider des enfants rescapés de la guerre. Pour la plupart des personnes travaillant dans l'humanitaire, le sport était la dernière chose dont ces populations avaient besoin. La culture humanitaire française est assez hermétique aux nouvelles façons de faire et il a fallu pendant longtemps se battre contre les idées reçues. J'ai retrouvé ce scepticisme en arrivant chez Ashoka. Comme son siège est aux USA, nous avons été perçus comme des Américains qui débarquaient et venaient manger une part du gâteau qui ne grandirait jamais. Nous avons dû montrer que nous étions une association internationale, présente dans 70 pays, et que nous avions une approche complémentaire avec des synergies, des croisements possibles. Le dernier niveau de scepticisme est celui de la société vis-à-vis de la notion d'entrepreneuriat. Beaucoup de gens ayant rejoint le monde de l'entreprise par défaut, il nous faut mobiliser les énergies de créativité et d'innovations qui sont éteintes. Le jour où il y aura autant d'Ashoka que de fonds d'investissement ou de business angels, les réponses aux problèmes de société seront complètement différentes...

Mon métier me passionne et je me demande même ce que je pourrais trouver de plus passionnant après... Mes satisfactions ? Être en phase avec ses valeurs, avoir de la liberté d'action et de décision, voir l'impact de ses actions, amener les gens à réfléchir différemment sur leurs projets en les écoutant et en prenant du recul, ou pour les investisseurs, en leur ouvrant les yeux et en les intéressant à des choses nouvelles.

Mes messages clés

Écoutez votre instinct : on ne va dans ce secteur que si on en a envie et il n'y a rien de pire que de refouler cette pulsion. Même s'il est difficile de s'affranchir du regard des autres, n'écoutez que vous-même et lancez-vous car plus on sera, mieux on sera !

Comme le dit François Jung-Rozenfarb, responsable du développement de la branche française de l'ONG de développement CARE : « Il est essentiel, vraiment, d'écouter ses rêves. Ce que je fais aujourd'hui, je l'ai rêvé, mais je crois aussi que si je le fais, c'est parce que je l'ai rêvé. Finalement, le plus difficile, ce n'est pas de suivre ses rêves mais d'arriver à les entendre. Nous vivons dans une société qui raisonne trop, qui nous sensibilise trop aux risques, de sorte que les gens n'arrivent même plus à savoir ce qu'ils veulent faire de leur vie professionnelle. »

Un propos qui fait écho à celui de Francis Picabia : « Les hommes gagnent des diplômes et perdent leur instinct. » Ils ne savent plus s'écouter, ou alors n'écoutent plus que leurs peurs ! Les seules limites à l'esprit humain sont celles auxquelles nous croyons, souvent parce qu'on nous a habitués à y croire : prenez donc exemple sur Erik Weihenmayer[1], un « optimiste irréaliste », selon ses propres termes, qui a perdu la vue quand il était enfant. Cela ne l'a pas empêché, en 2001, de devenir, à 34 ans, le premier alpiniste non-voyant à atteindre le sommet de l'Everest puis, en 2002, l'un des cent alpinistes au monde à avoir accompli l'ascension des sept montagnes les plus hautes sur chacun des sept continents.

Erik Weihenmayer fait chaque année de nombreuses interventions devant des dirigeants d'entreprises pour parler des vertus de l'optimisme : « On dit souvent qu'il faut le voir pour le croire, mais je crois plutôt à l'inverse : c'est parce qu'on croit très fort à sa vision qu'elle devient réalité. »

6. Décidez qu'un autre monde est possible

> *« Nous devons être le changement que nous voulons voir dans le monde. »*
>
> Gandhi

Vous vous sentez frustré, malheureux, insatisfait ? Profitez-en et canalisez l'énergie que vous employez à vous plaindre pour commencer à changer les choses ! Évitez de succomber à la tentation

1. Son autobiographie best-seller, *Touch the Top of the World : A Blind Man's Journey to Climb Farther than the Eye Can See* [littéralement : « Toucher le sommet du monde – l'histoire d'un homme aveugle qui voulait grimper au-delà de ce que l'œil peut voir »], a été publiée en 2001 aux éditions Penguin Putnam.

du cynisme et du pessimisme, en blâmant tour à tour vos parents, les entreprises, les autres ou la société. Au contraire, **cherchez en vous-même les solutions** qui vous permettront de transformer les situations et, comme dit le proverbe chinois, d'allumer une bougie plutôt que de continuer à maudire les ténèbres. Quand vous travaillez, quand vous consommez, quand vous votez..., vous avez le pouvoir de faire changer les choses, alors utilisez-le !

De toute façon, nous l'avons vu précédemment, le changement vers un monde davantage mené par les valeurs est inéluctable : « Mieux vaut prendre le changement par la main avant qu'il ne nous prenne par la gorge », disait Churchill. **Soyez à l'écoute** de tout ce qui vous agace, de tout ce qui vous révolte, de tout ce que vous voudriez changer...

Suivez l'exemple des deux entrepreneurs visionnaires que sont Richard Branson, le P-DG de Virgin, et Anita Roddick, fondatrice de l'enseigne cosmétique engagée, The Body Shop.

Branson, qui affiche avec succès son anticonformisme dans les disques, le cola ou les transports aériens, nie absolument avoir le moindre talent stratégique et ne se fie qu'à ses propres frustrations : « Au fond, je n'ai rien fait d'autre que créer des choses qui m'intéressent. Quand j'étais jeune, je m'intéressais à l'édition, alors j'ai créé un journal d'étudiants... Quand j'ai commencé à écouter des disques, je ne trouvais pas la musique que j'aimais, alors j'ai créé un label... Je voyage beaucoup et je n'étais pas content des prestations que je trouvais : j'ai donc créé une compagnie aérienne... En vieillissant, j'imagine que je serai concerné par les maisons de retraite ou les pompes funèbres ! C'est essentiel de ne travailler que dans des domaines qui vous intéressent et où vous pouvez par conséquent apporter quelque chose, une expertise. »

Anita Roddick ne dit pas autre chose : « Les gens ont tendance à ne pas se fier à leurs instincts, en particulier aux choses qui les irritent. Pourtant, c'est un fait, si quelque chose vous agace, il y a de fortes chances pour que cela en agace bien d'autres. L'irritation est une fabuleuse source d'énergie et de créativité. Ma seule motivation pour créer une entreprise cosmétique fut l'insatisfaction. J'étais agacée par le fait que l'on ne pouvait jamais acheter en petites quantités les produits cosmétiques quotidiens et je m'en voulais d'être trop intimidée pour retourner et échanger un produit qui ne me plaisait pas. De plus, je savais qu'une bonne partie du prix que je payais finançait directement un emballage dont je ne voulais pas... Je trouvais absolument immoral que l'industrie cosmétique génère des besoins illusoires et des peurs inutiles quand elle savait pertinemment que ses produits ne pourraient jamais faire autre chose que nettoyer, lustrer et protéger la peau ou les cheveux... Enfin, je savais que les produits étaient testés sur des animaux et cette pratique me répugnait. Voilà pourquoi j'ai ouvert une petite boutique où l'on vendait une petite gamme de produits cosmétiques simples fabriqués à partir d'ingrédients naturels et présentés dans cinq tailles différentes d'emballages en plastique aussi bon marché que possible. »

7. Trouvez des alliés, des héros, des modèles inspirants

> *« Ne doutez jamais qu'un petit groupe d'individus conscients et engagés puisse changer le monde. C'est même de cette façon que cela s'est toujours produit. »*
>
> Margaret Mead

Recueillir de l'information, mieux connaître le « milieu », commencer à se constituer un réseau mais, surtout, trouver des exemples, des modèles qui prouvent que ce que vous voulez faire est possible : voilà l'objectif principal de cette étape.

Multipliez les contacts, par exemple en utilisant la dernière partie de ce livre et les ressources qui vous y sont données : trouvez ceux qui font le métier que vous souhaitez faire et évoluent dans l'univers où vous voulez travailler, consultez leurs sites web et leurs livres éventuels, lisez tout ce que vous trouvez à leur sujet, découpez leurs articles ou leurs interviews, assistez aux tables rondes et aux salons auxquels ils participent, rencontrez-les, confrontez vos envies à la réalité de leur expérience, parlez-leur de votre projet, demandez-leur conseil.

Et si votre entourage ne parvient pas totalement à vous encourager dans vos choix, cela vous permettra aussi de constituer une communauté d'appartenance dont le soutien est 100 % positif ! Souvenez-vous que les études confirment l'existence d'une frange importante de la population, les créatifs culturels, qui représente environ une personne sur quatre et s'intéresse plus que la moyenne à l'écologie, aux cultures du monde, à la consommation responsable et au développement durable.

Ces individus, dont vous êtes sans doute, peuvent avoir l'impression (fausse) d'être isolés car, toujours d'après les études, ils ne forment pas encore comme une communauté à proprement parler, manquant en effet de lieux de rassemblement, réels ou virtuels (salons, conférences, magazines, radios, etc.).

Commerce équitable, investissement éthique, conseil en développement durable ou encore architecture écologique, quel que soit le sujet sur lequel vous souhaitez travailler, **lancez-vous !** Ceux qui s'y consacrent déjà sont passionnés, tout autant que vous, et s'ils ne sont pas trop sollicités, ils seront ravis de vous aider et de guider vos premiers pas dans leur domaine.

Et quand vous aurez affiné votre projet, n'ayez pas peur d'aller voir les meilleurs. Ils sont souvent difficiles à contacter, parfois difficiles tout court : ils sont engagés et exigeants, refusent le compromis. Mais ne vous laissez pas intimider car si vous leur montrez la détermination et la sincérité avec lesquelles vous comptez mener à bien votre projet, ils vous accueilleront de manière positive. C'est ce qu'ils font aussi !

8. CHANGEZ LES RÈGLES DU JEU, PRENEZ DES RISQUES

> *« Aucun problème ne peut être résolu sans changer l'état d'esprit qui l'a engendré. »*
>
> ALBERT EINSTEIN

On ne parlera jamais assez, ni assez bien, des vertus de la prise de risques et de l'échec. « Échouez, échouez encore. Échouez mieux », recommandait Samuel Beckett. N'ayons pas peur du paradoxe : l'échec et l'erreur sont de formidables facteurs de succès. Un nouveau monde, de nouveaux métiers, de nouvelles pratiques, de nouvelles habitudes sont à inventer : impossible de le faire sans prendre des risques, sans changer totalement les règles du jeu. Impossible de prendre le bateau en gardant un pied sur le quai ! **Cultivez l'anticonformisme**, n'hésitez pas à être iconoclaste, soyez prêt à faire des erreurs et à apprendre d'elles.

Comme le dit fort à propos le publicitaire américain Paul Arden[1] : « On a tort d'avoir raison, et on a raison d'avoir tort. » Car on n'est sûr d'avoir raison que lorsqu'on peut le prouver par la connaissance et l'expérience. Or la connaissance et l'expérience viennent du passé : elles se fondent sur un ensemble de solutions qui ont marché dans certaines situations et sur des problèmes anciens.

Mais nous vivons actuellement une période de changement majeur : les situations d'hier ne sont pas celles d'aujourd'hui, et les solutions d'hier ne s'adaptent qu'au chausse-pied aux problèmes d'aujourd'hui (qu'elles résolvent mal). Elles sont connues mais dépassées. Utiliser son expérience et sa connaissance est le contraire de la créativité qui est indispensable pour aborder le changement. Accessoirement, savoir que l'on a raison est mortellement ennuyeux : l'esprit qui sait qu'il a raison se ferme aux idées nouvelles (elles pourraient lui donner tort) et devient arrogant.

À l'inverse, dès que l'on accepte d'avoir tort, tout devient possible : on est dans l'inconnu, on n'a plus rien à protéger, on n'essaie plus d'être infaillible, et on a finalement plus de chance d'être étonné. C'est risqué car, dans le doute, on a toujours peur de ce que les autres vont penser si l'on est à contre-courant. Le changement est à ce prix : il faut oser avoir tort, ne serait-ce que quelque temps, aux yeux de quelques-uns. La capacité à prendre des risques et à changer les règles du jeu est une qualité personnelle et professionnelle reconnue...

---

1. Dans son best-seller, *It's not how good you are, it's how good you want to be*, Phaidon, 2003.

Mais jusqu'où est-ce possible dans une grande entreprise où les règles de la promotion reposent souvent, au contraire, sur la capacité à jouer le jeu et à préserver le *statu quo* ? Tout l'enjeu, dans ces entreprises, est de devenir un « agent du changement », par exemple en préférant un poste qui permette de bousculer un peu l'ordre établi (non sans avoir vérifié auparavant que la culture de l'entreprise permet vraiment de le faire).

N'oublions pas que le développement durable consiste, fondamentalement, en une démarche de progrès dont l'objectif est de réduire le décalage (inévitable) entre ce que l'entreprise voudrait faire et ce qu'elle fait encore peu ou mal, entre ce qu'elle voudrait être et ce qu'elle est, entre les succès dont elle rêve pour demain et les échecs qu'elle doit affronter aujourd'hui, etc. C'est dire combien il est vital d'accepter les erreurs pour s'engager dans cette voie ! Un vrai défi, souvent, pour les dirigeants de nos entreprises, peu habitués à l'échec puisqu'ils sont issus des écoles de l'élite où l'on traque la perfection…

9. TRANSFORMEZ LES IMPRÉVUS EN OPPORTUNITÉS

> *« On devrait plus souvent remercier Dieu pour les vœux qu'il n'exauce pas. »*
>
> SAINTE THÉRÈSE D'AVILA

Garder la liberté de prendre des risques et continuer d'apprendre de ses erreurs, c'est aussi accepter les contretemps comme autant d'opportunités. Pour le psychanalyste Willy Pasini[1], c'est le seul moyen d'ouvrir la porte aux événements surprenants qui peuvent changer le cours de notre vie, la seule façon de laisser l'imprévu nous offrir des possibilités nouvelles. Après tout, Christophe Colomb

1. Willy Pasini, *Le Courage de changer*, Odile Jacob, 2003.

n'aurait jamais découvert le Nouveau Monde s'il n'avait pas osé se tromper – puisqu'il était parti traverser l'océan Atlantique en 1492 pensant rejoindre les Indes !

C'est ce qui se passe dans le film britannique Pile et Face, qui raconte l'enchevêtrement de deux existences différentes et possibles de l'héroïne incarnée par Gwyneth Paltrow, selon qu'elle réussit ou non, au début du film, à attraper au vol son métro – un détail qui semble ne tenir à rien et qui, pourtant, va tout changer. Ce qui peut sembler un contretemps, sur le coup, peut ainsi s'avérer être, a posteriori, un déclencheur décisif.

Même un licenciement, selon Paul Arden[1], peut être un coup de pouce positif et une réelle opportunité dans une carrière : après tout, il est souvent la conséquence d'un décalage entre l'individu et l'entreprise qui l'emploie, autant dire le signe que ce n'était pas le bon emploi pour cette personne.

« Ce qui ne nous tue pas nous rend plus fort », entend-on régulièrement. Commettre une erreur et l'assumer n'en reste pas moins une épreuve que chacun cherche à éviter. Car nous voyons dans l'échec la preuve de nos manques, de nos faiblesses – une blessure narcissique où se mêlent culpabilité, crainte du regard des autres et peur de l'après. Mais rebondir après l'échec et en sortir plus fort, cela s'apprend : tout dépend de la façon dont nous choisissons de voir la situation et de réagir. Le psychologue Richard Wiseman[2] insiste ainsi sur la nécessité, pour créer la vie que l'on souhaite, de savoir tirer le maximum des occasions fortuites et sur la capacité à voir le côté positif des événements, même s'ils semblent négatifs. Il se réfère même au « paradoxe des médaillés de bronze » pour argumenter son propos : une étude menée auprès des champions olympiques a ainsi montré que ceux-ci sont bien

1. *It's not how good you are, it's how good you want to be*, Phaidon, 2003.
2. Richard Wiseman, *The Luck Factor*, Century, 2002.

plus heureux, épanouis et contents de leur sort que les médaillés d'argent... tout simplement parce que les deuxièmes se disent qu'ils ont raté la première place alors que les troisièmes se disent qu'ils ont failli ne pas monter du tout sur le podium !

10. PASSEZ À L'ACTION !

> *« Ils ne savaient pas que c'était impossible, alors ils l'ont fait. »*
>
> MARK TWAIN

Voici la dernière étape de ce plan d'action, qui a surtout pour but de vous gonfler à bloc pour que vous ne renonciez pas, avant même d'avoir essayé, à trouver un emploi en phase avec vos convictions et vos valeurs. Passez à l'action ! Il en va de la recherche d'emploi orientée développement durable comme du Loto : « 100 % des gagnants ont tenté leur chance. »

Ne choisissez pas de vous morfondre dans un job « alimentaire » en attendant de tomber sur l'annonce miraculeuse : prenez les choses en main, allez chercher ce que vous voulez. Vous avez tout à gagner, et rien à perdre. Gardez en tête cette phrase de Henry Ford : « Que vous vous pensiez capable de faire quelque chose, ou que vous vous en pensiez incapable, vous avez absolument raison. » Et ne perdez pas de vue que l'enjeu est énorme : c'est de votre vie qu'il est question !

DEUXIÈME PARTIE

Information, formation, premières expériences : comment s'y prendre ?

« Je reçois beaucoup de courriers de gens qui veulent contribuer à changer le monde, et je leur rappelle toujours ce conseil de Gandhi : "à chaque fois que vous êtes dans le doute, faites le test suivant : souvenez-vous de la personne la plus pauvre et la plus faible que vous ayez rencontrée dans votre vie et demandez-vous si ce que vous vous apprêtez à faire lui sera d'une quelconque utilité." En ce qui me concerne, je ne pourrais pas travailler dans une entreprise qui ne ferait pas face, par tous les moyens possibles, à ses responsabilités envers la société et l'environnement – c'est ma principale motivation et celle de la plupart des gens chez The Body Shop. Il y a quelques années, j'ai soutenu le réseau étudiant People & Planet lors du lancement d'Ethical Careers Service (www.ethicalcareers.org), le premier centre d'information et d'orientation pour aider les personnes qui souhaitent mener une carrière en phase avec leurs valeurs. Faire le choix d'une carrière éthique ne vous oblige pas nécessairement à sacrifier votre pouvoir d'achat. De nombreuses possibilités s'offrent à ceux qui veulent gagner leur vie sans perdre leur âme, que

ce soit au sein d'une entreprise qui recycle ses déchets et se soucie du bien-être de ses salariés, ou encore dans une autre qui s'engage sur des pratiques socialement responsables pour donner aux communautés qui la font vivre plus que ce qu'elle ne leur prend.

Ce qui compte vraiment, au fond, c'est que vous trouviez une entreprise dans laquelle vous aurez vraiment envie de travailler : pour cela, écoutez-vous et suivez votre intuition ! »

ANITA RODDICK, FONDATRICE DE THE BODY SHOP ET D'ANITA RODDICK PUBLICATIONS

Ça y est. Que vous soyez encore étudiant ou que vous ayez envie de changer de job, vous avez décidé de mettre votre énergie, vos compétences, votre talent au service de quelque chose qui compte pour vous. Vous êtes convaincu, impatient. D'une façon ou d'une autre, c'est sûr : vous travaillerez dans le développement durable.

Mais par où commencer ? Où aller ? Comment s'y prendre pour passer du « rêve » à la réalité ? Où s'informer ? Faut-il faire une formation spécifique ? Comment acquérir une première expérience ? Comment trouver le secteur ou le métier du développement durable qui vous intéresse ?

Il vous manque encore une sorte de « guide de voyage », quelques conseils simples et pratiques pour vous lancer dans l'aventure, pour vous aider à préciser vos envies et à préparer le mieux possible votre entrée dans le monde de la vraie « nouvelle économie », celle qui n'a rien de virtuel mais qui est concrètement en train de transformer le monde.

Les deuxième et troisième parties de cet ouvrage ont été conçues pour cela : il ne s'agit aucunement d'un inventaire exhaustif de tout ce qu'il vous faudra savoir ou faire, ni d'une série d'astuces toutes prêtes, censées marcher à tous les coups. L'idée est plutôt de vous donner quelques repères qui vous permettront de construire votre route professionnelle puisque, comme le disait Sartre, « chaque homme doit inventer son chemin. »

1

LES DÉMARCHES À ENTREPRENDRE

« Le fruit mûr tombe, mais il ne tombe pas dans la bouche. »

PROVERBE CHINOIS

Ce morceau de sagesse orientale illustre bien le propos de ce premier chapitre. Ce que vous faites avant de trouver un métier idéal n'est pas du temps perdu : c'est au contraire du temps nécessaire pour préparer le terrain, c'est-à-dire pour réfléchir à ce que vous voulez faire de votre vie professionnelle.

Une année, le groupe anglo-néerlandais Shell avait utilisé en couverture de son rapport de développement durable la métaphore pertinente de la vague et du surfeur. Pertinente, car si le développement durable est une lame de fond, une révolution inéluctable, il s'agit en effet pour ceux (entreprises ou individus) qui entendent ne pas la rater de se comporter comme le surfeur face à la vague.

D'abord, il faut bien observer l'océan depuis la plage, se renseigner, connaître le mieux possible l'environnement, les fonds marins, et la vague elle-même, pour savoir où elle se forme puis comment elle déferle. Ensuite, il faut remonter à la nage jusqu'à la vague, se positionner au bon endroit et anticiper son mouvement, ramer jusqu'à atteindre la même vitesse que la vague. Enfin, quand vous sentez que la vague vous emporte, se lever d'un coup, sans regarder l'eau, les yeux fixés sur l'horizon, sur la plage et, debout, utiliser l'énergie de la vague pour aller où vous le souhaitez...

Le développement durable est un domaine émergent, bouillonnant, innovant, passionnant, dont la compréhension et la connaissance progressent sans cesse. Information, formations, stages, expériences associatives, bénévolat, voyages d'études : tout est bon à prendre, on ne le dira jamais assez, pour préciser vos envies, explorer le domaine qui vous intéresse, rencontrer des gens qui exercent déjà le métier que vous voulez faire... et vous préparer à prendre la vague !

OÙ S'INFORMER ?

L'information vous permettra de préciser vos envies, de passer du rêve un peu fou à l'opportunité d'exercer un métier, qui est déjà une réalité pour d'autres.

Pour trouver l'information

- **Épluchez** la presse généraliste qui multiplie les articles sur le développement durable maintenant que le sujet est « à la mode » (de *Nova Magazine* à *Enjeux Les Échos* en passant par *Le Monde diplomatique, Libération, ELLE, Télérama,* la revue *Canopée* éditée chaque année par Nature & Découvertes ou des magazines internationaux comme *TIME*...).
- **Abonnez-vous** à quelques magazines récents qui sont consacrés au sujet (comme *Ekwo, Le Nouveau Consommateur, La Revue durable, Ithos* ou, plus technique, *Environnement Magazine*).

- **Lisez** (en bibliothèque si vous ne voulez pas les acheter) les livres clés parus en français sur le développement durable en général et sur les thèmes particuliers qui ont votre préférence (pour plus d'informations, reportez-vous à la bibliographie) ; explorez sans limites les sites sélectionnés par le « Cercle Web du développement durable » ou « Sustainable Development Webring » (www.sdgateway.net/webring), un portail international sur le développement durable, disponible en français, qui propose aussi une banque pour l'emploi renvoyant à plusieurs sites spécialisés. Repérez, au fil de vos lectures, les acteurs incontournables des domaines qui vous intéressent, puis surfez sur leurs sites web et abonnez-vous aux newsletters électroniques gratuites qui traitent du développement durable. Par exemple, rendez-vous sur les sites d'information spécialisés comme novethic.fr, grainesdechangement.com ou rsenews.com (sites en français), mais aussi sustainablebusiness.com, csrwire.com, environmentalleader.com, Environmental News Network (www.enn.com), Ethical Corporation (www.ethicalcorp.com), greenbiz.com (sites en anglais). N'hésitez pas à visiter des sites plus alternatifs, qu'ils soient généralistes comme celui du magazine américain *Utne Reader*, une sorte de *Reader's Digest* de la presse alternative (www.utne.com) ou, au contraire, plus pointus sur les sujets qui vous intéressent, comme le site de la *Social Innovation Review* (www.ssireview.com), une revue trimestrielle lancée par la prestigieuse université de Stanford sur les stratégies de changement social, le management des ONG, la responsabilité sociale des entreprises, les entrepreneurs sociaux et la philanthropie.
- **Ne ratez pas** les conférences, les expositions et les salons consacrés à ces questions, ainsi que les manifestations organisées, un peu partout, au moment de la quinzaine du commerce équitable ou de la Semaine du développement durable. Dites-vous que tout peut devenir prétexte à vous informer et à vous cultiver sur le sujet ; surprenez-vous à analyser d'un œil nouveau les publicités que vous voyez dans la presse ou dans la rue, transformez vos séances de shopping au supermarché en un repérage de ce qui bouge dans les linéaires en termes de responsabilité sociale ou environnementale (les « produits partage » pour réconcilier courses et solidarité, les produits bio ou

équitables qui apparaissent dans de nouveaux rayons comme le textile, etc.). En un mot, prenez votre culture « développement durable » en main : nourrissez votre enthousiasme sans oublier d'affûter votre sens critique. En effet, dans des salons de type « Vivez nature ! », le meilleur du développement durable – des stands sur l'architecture écologique, le commerce équitable, l'alimentation biologique – côtoie des stands plus *new age* sur le pouvoir des cristaux ou la thérapie par les couleurs !

Le réseau

Que vous soyez un étudiant à la recherche d'un emploi ou un salarié en quête d'un meilleur poste, pensez aussi à construire et à activer chaque jour un peu plus votre réseau « développement durable », au fil de vos lectures, de vos rencontres et de votre accumulation d'informations. Le réseau joue un rôle primordial dans toute recherche d'emploi.

En effet, on estime généralement que **70 à 80 % des emplois sont ainsi attribués sans avoir fait l'objet d'une annonce**[1], et tout particulièrement dans le domaine du développement durable : il s'agit encore d'une petite communauté, où beaucoup de gens travaillant dans des secteurs en apparence éloignés se connaissent, à la fois parce qu'ils sont souvent invités aux mêmes tables rondes ou aux mêmes émissions et parce que ces « entrepreneurs du meilleur » ont conscience d'œuvrer dans le même sens, de partager une même approche et des valeurs communes.

Le réseau vous permet à la fois de rester au fait de ce qui se passe dans le petit monde du développement durable, de vous construire quelques repères pour vous orienter dans cet univers, mais aussi de faire état de votre disponibilité ou de vos aspirations professionnelles auprès d'un auditoire réceptif qui sera toujours au courant des opportunités avant vous !

1. www.monster.fr.

Communiquez sur votre projet !

N'hésitez jamais non plus, pour les mêmes raisons, à parler de votre intérêt pour le développement durable et de votre projet professionnel autour de vous, à votre famille, à vos amis, à vos connaissances, dans les dîners : vous serez surpris des échanges, souvent positifs et toujours animés, que cela amène... et du nombre de fois où l'on vous parlera de telle entreprise, dans laquelle travaille l'un des convives, qui mène une politique dans ce domaine ou de quelqu'un d'autre « qui, justement, travaille sur ces questions ». Dans ce cas, pensez à demander à votre interlocuteur s'il peut vous en dire plus sur la politique de son entreprise, ou si vous pouvez contacter cette autre personne de sa part, pour en savoir plus sur son métier, son domaine d'activité, etc.

Au fur et à mesure de vos rencontres, sur les stands des salons, à la fin des conférences, lors de dîners ou de rendez-vous, **entraînez-vous à parler de votre projet professionnel**, demandez des conseils sur votre démarche et des pistes dans le domaine qui vous intéresse. C'est ainsi que vous vous préparerez, comme le surfeur, à prendre la vague en sachant parfaitement comment elle apparaît, où et comment elle déroule, etc.

Si vous êtes étudiant, pensez aussi à profiter de tout ce qui vous est proposé ou imposé dans le cadre de vos études pour approfondir les thèmes qui vous attirent : stages, évidemment, mais aussi cours optionnels (par exemple, certaines écoles comme HEC proposent en option aux élèves de première ou de seconde année des cours thématiques comme « management et solidarité » ou « entreprise et développement durable »), études de cas ou rédaction de mémoires (après tout, rien ne vous empêche de travailler sur « les critères de l'investissement responsable » dans le cadre d'un cours de finance, sur « l'émergence de la publicité responsable » dans le cadre d'un cours de communication, ou encore sur « les nouvelles attentes des consom'acteurs » dans le cadre d'un cours d'études de marché !).

FAUT-IL UNE FORMATION SPÉCIFIQUE ?

« Les formations se développent plus vite que les emplois. » Ce constat dressé par Étienne Ruth, anciennement chargé du pôle entreprises au Comité 21 et actuel responsable du développement durable chez Nature & Découvertes, est sans appel. En même temps, tout le monde s'accorde, dans la lignée de la stratégie nationale de développement durable, de l'article 8 de la Charte de l'environnement qui met l'accent sur l'éducation et la formation à l'environnement, et de la Décennie de l'Éducation au développement durable décidée par les Nations Unies (2005-2014), à reconnaître la nécessité de rendre le concept compréhensible par tous en développant les formations générales et professionnelles.

Cela commence dans les écoles, collèges et lycées : le ministère de l'Écologie et du Développement durable a d'abord testé sa stratégie en 2003 avec, dans dix académies pilotes (Aix-Marseille, Orléans, Paris, Bordeaux...), 70 établissements chargés de mettre en place des projets d'enseignement ayant trait au développement durable. Un Observatoire de l'éducation au développement durable a ensuite été créé début 2004 et l'éducation à l'environnement est normalement effective à l'Éducation nationale depuis la rentrée 2004. En théorie, l'objectif est de garantir un minimum de 60 heures d'éducation au développement durable dans l'ensemble des classes du primaire et du secondaire, grâce notamment à la mise en place de stages de formation des professeurs. Signalons, par ailleurs, que plusieurs expérimentations, visant à mettre en place un plan d'action sur le développement durable dans des établissements scolaires et à renforcer l'éducation au développement durable, sont accompagnées par le Comité 21[1] : il s'agit par exemple du lycée et collège Bergson à Paris 19e, du lycée Modeste Leroy à Évreux, du lycée Guy de Maupassant de Fécamp (pôle technologique sur les énergies

1. Ces expérimentations sont menées dans le cadre du programme « Agenda 21 scolaires ». Voir détails dans la rubrique du même nom sur www.comite21.org.

renouvelables), du lycée Dupuy de Lôme à Lorient, du collège Olivier De Serres de Viry-Châtillon, de l'école primaire Quinet-Rollin à Lille, etc. Le lycée et collège Bergson à Paris a ainsi choisi d'utiliser l'environnement immédiat des élèves comme support de l'éducation au développement durable : l'établissement, le parc des buttes Chaumont, la piscine classée monument historique située en face de l'établissement et actuellement en rénovation (réflexion possible sur le patrimoine, le sol autour de la piscine était très pollué par des métaux lourds), le quartier, le tissu social et éducatif, les entreprises, etc. Une autre piste de la démarche, entamée courant 2005, est d'apprendre des gestes responsables aux élèves en utilisant l'exemple de l'établissement... Des projets sur les déchets, le papier mais aussi la non-discrimination ont ainsi été conçus pour impliquer les élèves, tant dans le diagnostic initial que dans la mise en œuvre des solutions[1].

Les grandes écoles et les universités n'ont pas manqué, elles non plus, de surfer sur la popularisation du concept et ont lancé plusieurs offres de formation estampillées « développement durable ». Ces formations, des DESS ou des mastères, sur lesquelles nous reviendrons plus loin dans cet ouvrage, permettent généralement d'acquérir une bonne culture générale sur le sujet, ce qui est indispensable.

Mais les postes intégralement consacrés au développement durable restent rares dans les entreprises et ne sont généralement pas attribués aux personnes qui ont suivi une formation spécifique. Les critères requis sont le plus souvent une expérience concrète du sujet dans une autre structure, la maîtrise d'autres compétences précises et opérationnelles correspondant au poste (par exemple, marketing ou juridique), la connaissance du secteur d'activité et de ses enjeux sociaux ou environnementaux, sans oublier, bien sûr, une antériorité dans l'entreprise et la connaissance de ses « rouages ».

1. Voir la fiche « L'agenda 21 scolaires du collège lycée Bergson », à télécharger sur la rubrique « Agenda 21 scolaires » du site www.comite21.org.

Autant dire que les formations spécialisées sont surtout à recommander à des cadres qui ont déjà acquis une expérience opérationnelle et souhaitent compléter leurs connaissances sur le développement durable avant d'envisager un changement ou une évolution de poste, ou alors à des étudiants déjà titulaires d'un diplôme attestant de compétences techniques.

Ainsi, la première promotion du mastère Management du développement durable à HEC, en 2004, était pour moitié composée d'ingénieurs (spécialisés en environnement, agronomie, océanographie, architecture, etc.), avant tout soucieux d'acquérir une meilleure connaissance de l'entreprise et une formation complémentaire en management.

L'enseignement du développement durable

Quel est, dans ce contexte, l'état actuel de l'enseignement et de l'offre de formations spécifiques sur le développement durable ? L'idée n'est pas ici de donner une liste exhaustive de ces formations (ce qui serait difficile, puisque de nouvelles formations sur le sujet apparaissent chaque jour) mais plutôt de dresser un panorama de ce nouveau marché, en signalant celles qui nous semblent sortir du lot.

Selon une étude menée en 2003 sur ce sujet[1], **25 % des écoles d'ingénieurs et 18 % des écoles de commerce proposaient alors un enseignement sur un thème relevant partiellement de la responsabilité sociale et environnementale de l'entreprise** (RSE), même s'il est rarement désigné ainsi. Le thème le plus abordé

1. Étude sur l'enseignement actuel de la RSE en France, réalisée par trois étudiants du DESS Audit social et sociétal (Paris-XII), Laetitia Culetto, François Donny et Mathilde Valingot, entre janvier et mai 2003, à la demande de l'ADERSE (Association pour le développement de l'enseignement et de la recherche sur la responsabilité sociale de l'entreprise) – citée sur novethic.fr : Sylvie Touboul, « Un enseignement qui se cherche », octobre 2003.

dans les écoles d'ingénieurs était l'environnement (50 %), tandis que l'éthique des affaires (59 %) revient le plus souvent dans les écoles de commerce. Précisons qu'il s'agit là d'enseignements qui ne correspondent pas à des filières spécialisées, avec un cycle complet sur trois ou quatre ans. En fait, ils représentent seulement 15 à 25 heures de cours. Dans les universités, on trouve aussi des déclinaisons par spécialité, avec un enseignement sur la déontologie en gestion, sur la qualité et le management environnemental en filière scientifique ou encore sur le rôle des ONG et la dimension sociétale des inégalités Nord / Sud en économie. Les auteurs de l'étude concluaient malgré tout, en 2003, que la RSE était « loin d'être une matière fondamentale dans l'enseignement des ingénieurs et des commerciaux formés en France aujourd'hui »...

Cela reste sans doute vrai encore aujourd'hui pour ce qui concerne l'intégration du développement durable à l'enseignement en dehors des filières spécialisées mais, par ailleurs, les choses évoluent, lentement. Ainsi, les grandes écoles et les universités cotées, qui doivent assurer leur marketing et soigner leur image sur un marché très concurrentiel, ont pour la plupart lancé des cursus spécifiques, notamment des diplômes de troisième cycle, avec un « pic » à la rentrée 2003. D'autres ont choisi de manifester publiquement leur intérêt pour le sujet en créant des chaires consacrées à la « Gouvernance d'entreprise » (EM Lyon) ou, plus explicitement, au « Développement durable » (Sciences Po, Euromed Marseille, Bordeaux EM). Cette formule, généralement financée par une ou plusieurs entreprises, permet à l'école de se positionner sur le sujet vis-à-vis des employeurs en constituant notamment un pôle de recherche et de publications, parfois accompagné d'enseignement.

À Polytechnique, une chaire d'enseignement et de recherche sur le thème du développement durable a ainsi été créée, au début de l'année 2003, en partenariat avec EDF. De son côté, l'ESSEC anime depuis 2002 la chaire Entrepreneuriat social, un centre d'enseignement et de recherche qui propose aux étudiants une spécialisation en troisième année sur les thématiques d'entrepreneuriat, stratégie et management des initiatives privées au service de l'intérêt collectif (www.essec-entrep-social.com/fr/index.html). Bordeaux École de management a également lancé en 2006 une chaire Management éthique et responsabilité globale, financée par la Caisse d'Épargne. Autre exemple : l'école de management Euromed Marseille a lancé, au printemps 2007, avec La Poste (moyennant un financement de 90 000 euros par an sur trois ans) une chaire de développement durable permettant à l'entreprise de profiter d'un « accès préférentiel aux travaux des chercheurs, enseignants et professeurs », et de formations pour ses personnels ; quant aux étudiants, ils se verront offrir des stages et des sujets d'études dans une entreprise qui offre de nombreux profils de métiers.

Il reste que la marge de progrès est encore grande. Même si les étudiants des universités et grandes écoles françaises sont quand même 60 % à avoir déjà entendu parler de responsabilité sociale des entreprises[1], la RSE est trop faiblement intégrée dans les enseignements, de manière inégale et souvent optionnelle, si l'on en croit l'étude menée en 2006 par l'association Alliances en comparant l'enseignement de la responsabilité sociale et environnementale des entreprises (RSE) proposé par les universités et grandes écoles françaises à leurs meilleures homologues étrangères[2]. Les motivations des établissements varient encore beaucoup, balançant entre convictions éthiques de quelques enseignants militants, stratégie de positionnement opportuniste sur le marché de la formation, et réponse à la demande des entreprises aux prises avec les nouvelles normes sociales et environnementales. Et si 44 % des établissements proposent un ou plusieurs cours spécialisés sur une thématique particulière, le sujet est souvent traité par

1. Étude menée en 2005 par CFDT Cadres et AUDENCIA École de management, voir notamment l'article « La responsabilité sociale vue par les étudiants et les jeunes diplômés », sur www.cadres-plus.net, 5 juillet 2005.
2. Étude réalisée en avril 2006 pour l'association Alliances, basée dans le Nord, par le CREE (Centre de recherche en éthique économique, université catholique de Lille) sur l'intégration de la RSE (responsabilité sociale de l'entreprise) dans les formations des universités et grandes écoles ; voir www.alliances-asso.org.

le biais de témoignages de représentants d'entreprises. Pour Dominique Greiner, directeur du Centre de recherches en éthique économique (CREE) qui a conduit l'étude, trois chantiers devraient être lancés de manière prioritaire : une meilleure intégration des enseignements de RSE aux matières fondamentales ; une mise en pratique de la responsabilité sociale dans la gestion des campus ; enfin, un renforcement de la recherche appliquée, fondée sur l'analyse des pratiques concrètes et l'interdisciplinarité.

Les principales formations en France

L'offre de formation en développement durable s'est étoffée récemment, notamment depuis 2003, plus particulièrement dans les grandes écoles et les écoles de commerce. Le développement durable semble un « créneau » sur lequel il fallait se positionner, par rapport à la concurrence et aux entreprises partenaires, demandeuses non pas tant de diplômés formés à ces questions que de recherche appliquée… et de stagiaires, pour débroussailler le terrain du développement durable. Notons au passage que la réforme européenne d'uniformisation LMD (licence, maîtrise, doctorat) a conduit beaucoup d'anciens DESS à se transformer en mastères – des changements qui ont permis d'ajouter le terme de « développement durable » au nom de la formation. Ces nouvelles formations sur la RSE ou le développement durable sont souvent présentées lors d'une conférence de presse qui se tient au moment de la Semaine du développement durable. Cela semble, aux yeux de certains observateurs, corroborer la thèse d'un « coup » marketing qui ne reflète pas toujours une réelle stratégie des établissements. En effet, le développement durable n'est que très rarement, comme on vient de le voir, intégré dans les cours généraux (finance, marketing, stratégie, droit, logistique, communication, ressources humaines, gestion ou management, etc.). Et il ne fait pas non plus l'objet d'une démarche visant à en faire vivre les principes dans l'ensemble des activités de l'établissement (enseignement mais aussi construction et hébergement, transport, déchets, énergie, restauration, impression, etc.) comme c'est le cas dans certaines universités américaines (pour plus de détails, reportez-vous au chapitre suivant).

Voici un tour d'horizon des principales formations de ce type proposées aujourd'hui sur le thème du développement durable ou de la RSE. Rappelons que les mastères et les formations équivalentes sont ouverts, selon les cas, aux candidats titulaires d'une maîtrise, d'une licence ou d'un diplôme équivalent (lettres, sciences humaines, sciences et techniques de l'ingénieur, école de commerce...) et/ou aux salariés en formation continue : ils comportent généralement au moins six mois de formation théorique (qui peuvent être concentrés ou répartis sur un an), suivis le plus souvent d'un stage pratique de quatre à six mois en milieu professionnel. Le coût est élevé, notamment pour un particulier qui ne peut le faire prendre en charge par son entreprise : il peut atteindre, voire dépasser, 10 000 euros.

En ce qui concerne les formations commerciales, l'accent est le plus souvent mis, sans surprise, sur les aspects liés au management et à la communication de la démarche :

- HEC a lancé en juin 2003, en plein milieu de la première Semaine du développement durable, le mastère spécialisé Management du développement durable (www.hec.fr/masteres), qui a attiré 60 candidats la première année (pour une sélection finale de 18 élèves).
- Le CERAM Sophia-Antipolis propose également un mastère spécialisé Management stratégique du développement durable (www.ceram.fr).
- L'université de Paris XII (Créteil Val-de-Marne) a créé en septembre 2004 un DESS Audit social et sociétal consacré au développement durable (www.univ-paris12.fr).
- Depuis l'année 2004, l'université Paris IX Dauphine propose aux cadres d'entreprises ayant quelques années d'expérience un diplôme universitaire de troisième cycle en « développement durable et organisation » (www.dep.dauphine.fr/pages/dev dur.htm).
- La faculté de philosophie de l'université Lyon III a lancé en septembre 2004 le mastère Éthique et développement durable (www.univ-lyon3.fr).
- L'université de Cergy-Pontoise propose un DESS Relations publiques de l'environnement (www.u-cergy.fr/article361.html),

un diplôme de troisième cycle qui a pour but de former des spécialistes en communication environnementale quel que soit leur secteur professionnel (plus de 600 diplômés en 19 ans).

- La faculté de droit et de sciences économiques de Limoges a créé, à l'attention des juristes, un DESS Droit du développement durable (www.fdse.unilim.fr).
- Enfin, l'université de Marne-la-Vallée (www.univ-mlv.fr) propose différents mastères plus pointus et plus « originaux », spécialisés en gestion des entreprises d'insertion, en éthique médicale et hospitalière, ou encore en développement urbain durable.

A contrario, dans les écoles d'ingénieurs et les établissements scientifiques, le développement durable est logiquement abordé d'abord sous l'angle de l'environnement :

- L'École des Mines de Nancy propose un mastère spécialisé Modernisation industrielle et développement durable (www. mines. u-nancy.fr/formations/mastere midrd.htm) qui est très axé sur la prévention des risques.
- L'ENSAM de Chambéry propose un mastère spécialisé Éco-conception et management environnemental (www.chambery. ensam.fr/mastere).
- L'université de technologie de Troyes se distingue avec un mastère Management environnement et développement durable (www.utt.fr/medd/) qui, s'appuyant sur le pôle d'expertise constitué à Troyes par Dominique Bourg, met l'accent sur l'écologie industrielle.
- L'université de Nice propose un DESS Gestion de la planète – environnement et développement durable (www-dessgp. unice.fr), qui a déjà formé 400 diplômés en 13 ans, avec une originalité qui est une garantie pour les étudiants : la formation a obtenu la dernière version de la certification qualité ISO 9001 !
- L'université Joseph Fourrier à Grenoble a conçu, avec différents partenaires, une offre large comprenant le DESS Ingénierie du développement sportif et touristique durable (www.ujf-grenoble.fr/ufraps), un DESS Développement durable et territoires

montagnards (www.univ-savoie.fr/ formations/dess/techno/dev dur.htm) et un troisième, Chimie de l'environnement et développement durable (www.univ-savoie.fr).

- La faculté des sciences de Perpignan a créé un DESS Environnement et développement durable (www.univ-perp.fr).

Comment s'orienter dans cette offre déjà pléthorique ? Le site d'information spécialisé Novethic.fr recense depuis 2005 dans un guide en ligne[1] une quarantaine de formations au développement durable et à la responsabilité sociale des entreprises, existant dans l'enseignement supérieur, à travers l'observation des cursus proposés par les grandes écoles, les universités, les écoles de commerce, les écoles d'ingénieurs... et même, en complément, les formations continues et les structures de recherche dédiées. À noter : seules les formations longues dont l'intitulé contient les mots développement durable, éthique ou responsabilité sont retenues (ainsi, le grand nombre de formations proposant une approche exclusivement environnementale n'y figurent pas puisqu'elles ne s'intéressent qu'à une dimension du concept). Lors du lancement de son guide des formations en 2005, Novethic avait calculé que les formations recensées dans son guide amenaient au minimum 600 personnes par an sur le marché de l'emploi, avec un CV faisant état de compétences sur le développement durable.

De la licence au mastère, en passant par le e-learning, cette liste n'est pas exhaustive mais est mise à jour régulièrement et donne un aperçu assez réaliste de ce que vous pouvez trouver comme formations longues si vous souhaitez acquérir des compétences sur le sujet.

La conclusion qui s'impose en consultant ce guide est d'ailleurs que le développement durable reste une spécialisation de haut niveau, majoritairement réservée aux bac + 4 ou 5 minimum, même si quelques licences ont été repérées. Tout cela confirme qu'il ne s'agit pas encore d'un concept intégré dans le processus éducatif, encore moins d'un élément transversal se fondant dans l'enseignement de toutes les matières... même si la majorité des

1. Voir www.novethic.fr, rubrique « Outils », puis « Guide des formations ».

enseignants s'accordent à reconnaître que le développement durable n'est pas une matière à part entière, mais une somme d'enjeux et une vision qui doit modifier la manière dont chaque métier participe à la stratégie globale d'une organisation.

D'autres listes complètes, sous forme de fiches synthétiques particulièrement bien conçues, sur les différentes formations à l'environnement et au développement durable sont disponibles sur le site de l'Observatoire de l'environnement et du développement durable en Aquitaine (www.idea-reseau.org, rubrique « Info-doc », puis « Formations »). Vous trouverez également des renseignements sur les formations relatives au développement des territoires, un thème plus pointu, sur le site de l'association Entreprises, territoires et développement (voir www.projetdeterritoire.com/formation_developpement_territorial). Naturellement, n'hésitez pas non plus à consulter les sites généralistes d'orientation comme www.studyrama.com.

Une double formation

Quoi qu'il en soit, avant de choisir une formation sur un sujet qui vous intéresse, souvenez-vous qu'il est préférable que le développement durable vienne en complément d'autres compétences plus techniques, ou que votre formation ait, intrinsèquement, cette double approche (par exemple, droit et développement durable, tourisme et développement durable).

Le second volet de votre formation vous servira, le cas échéant, de « parachute » si vous ne parvenez pas, dans un premier temps, à trouver le métier dont vous rêvez. Il rassurera aussi votre employeur potentiel sur le fait que vous savez faire quelque chose de « concret ». En effet, de nombreux responsables d'entreprises ont encore tendance à considérer que le développement durable, qu'ils connaissent souvent mal, est un sujet fumeux ou trop théorique – ils n'ont pas toujours tort, si l'on s'en tient à ce qu'on en lit dans certains articles... ou à ce qui est enseigné dans certaines formations !

Dans tous les cas, n'oubliez pas que vous êtes client des établissements de formation. La plupart de ces formations sont récentes, leur multiplication date de 2003. Il est donc encore un peu tôt pour afficher des statistiques et un suivi professionnel de ceux qui les ont suivies. **Soyez exigeant** et renseignez-vous auprès des entreprises et des organisations que vous avez réussi à intégrer à votre réseau de contacts ou encore directement auprès des responsables des formations :

- **Regardez** l'antériorité de la formation et le nombre de diplômés.
- **Ne vous contentez pas** de la liste des « débouchés » théoriques présentés sur les plaquettes : cherchez à obtenir auprès des responsables de la formation les coordonnées de quelques étudiants des années précédentes (idéalement, un étudiant tout juste diplômé et un autre sorti quelques années auparavant) ; contactez-les pour avoir leur avis sur la formation et son utilité dans la vie professionnelle.
- Si des activités de recherche sont conduites dans le même cadre que la formation, **cherchez** à obtenir ou à consulter les publications correspondantes, évaluez par vous-même (mais aussi en utilisant Internet) leur nombre, leur importance, leur qualité, la reconnaissance dont elles ont bénéficié au niveau national ou international, etc.
- **Regardez** quelles sont les personnes qui ont créé et dirigent la formation, puis effectuez des recherches sur leur expérience professionnelle hors enseignement autour du développement durable et des sujets abordés dans la formation (ouvrages, pratique professionnelle et connaissance du sujet avant la création de la formation, etc.). Plus cette expérience est facile à trouver et reconnue, plus vous aurez l'assurance que le contenu de la formation sera qualitatif et opérationnel. Par exemple, Dominique Bourg, qui a créé le mastère Management environnement et développement durable, est un expert international de l'écologie industrielle ; de même, la chaire Entrepreneuriat social de l'ESSEC a été créée et est dirigée par Anne-Claire Pache, l'une des fondatrices d'Unis-Cité, une association socialement innovante qui se consacre depuis 1995 à la promotion du service civil volontaire chez les jeunes.
- **N'hésitez pas** à contacter (par e-mail de préférence) les enseignants non permanents qui interviennent dans la formation. Il

s'agit souvent de professionnels dont l'essentiel du temps est consacré au travail opérationnel en entreprise : la « vente » de la formation ne fait donc pas partie de leur mission et ils sauront généralement, si vous les sollicitez, vous donner un avis objectif...

En conclusion, les écoles et les universités ne semblent pas encore, en France, avoir pris parti dans le débat qui consiste à savoir si le développement durable est une discipline à part entière qu'il convient d'enseigner au sein d'une formation spécifique ou s'il s'agit au contraire d'une matière transversale et pluridisciplinaire qu'il serait plus pertinent d'intégrer dans les formations classiques (économie, gestion, droit, sociologie, etc.).

Aujourd'hui, selon l'étude réalisée par les étudiants de Paris XII, les enseignants semblent s'accorder sur la nécessité d'une spécialisation, dans un premier temps, pour légitimer le sujet, et privilégient par la suite une intégration du développement durable dans l'ensemble des enseignements de gestion. La situation est finalement assez analogue à ce qui se passe dans les entreprises, où l'on commence par nommer un responsable du développement durable pour manifester l'intérêt nouveau de l'entreprise pour ces questions, avant de travailler, au fil du temps, à déployer la démarche en intégrant le développement durable dans les différentes fonctions, dans les différents départements et dans les différents métiers.

Partir étudier à l'étranger

Une autre solution, si vous n'arrivez pas à vous décider et que vous en avez l'opportunité, est de partir étudier à l'étranger : la France reste un peu à la traîne en matière de développement durable, et l'enseignement dans ce domaine ne fait pas exception.

Si la plupart des formations que nous venons d'évoquer viennent juste d'être créées, les *business schools* et les universités étrangères proposent, depuis une dizaine d'années, des formations bien rodées et même, dans plusieurs cas, des MBA complets, bénéficiant de l'intervention d'experts reconnus internationalement, au fait des dernières recherches et des thèmes émergents sur le sujet.

Autre avantage : la plupart de ces enseignements sont en anglais, et la pratique courante de cette langue vous sera de toute façon indispensable pour travailler sur le développement durable (l'ensemble des publications internationales qui font référence sur le sujet sont écrites en anglais, qu'elles soient originaires des organisations internationales, des pays anglo-saxons, des pays scandinaves, etc.).

- Un bon exemple est la New Academy of Business (www.newacademy.ac.uk), créée en Angleterre en 1995 à l'initiative de la fondatrice de The Body Shop, Anita Roddick, dont le réseau personnel s'est mobilisé sur le projet : il s'agit d'un centre de recherche, mais aussi d'enseignement, qui propose notamment depuis 1997, en partenariat avec l'université de Bath, un mastère (MSc) Responsibility & Business (à l'attention des professionnels du monde entier et réparti en huit modules d'une semaine sur deux ans), ainsi que des formations plus courtes (sur les Droits de l'homme en partenariat avec Amnesty International, sur le marketing responsable, etc.), qui sont accessibles aux particuliers et font partie des programmes de MBA de plusieurs universités anglaises.
- Dans le même esprit, le Presidio World College à San Francisco (www.presidioworldcollege.org) a lancé en 2003 un programme de MBA spécifique sur le développement durable, sur deux ans, avec un grand nombre d'intervenants externes (les professionnels du développement durable sont nombreux en Californie du fait du nombre d'entreprises pionnières et d'organisations spécialisées basées ou fortement implantées dans cet État comme Patagonia, Business for Social Responsibility, Whole Foods Market, Ben & Jerry's, etc.) : les dirigeants du MBA ont dû doubler, dès la deuxième année, le nombre d'étudiants admis pour faire face à la demande.
- Autre exemple : celui du Bainbridge Graduate Institute (www.bgiedu.org), dont le slogan est « changing business for

good ». Situé sur l'île de Bainbridge, en face de Seattle, l'institut a créé en 2002 un MBA intitulé Sustainable Business qui conserve la structure d'un programme classique de ce type, mais intègre les différents volets du développement durable à l'ensemble des matières enseignées, avec des intervenants internationalement connus comme le fondateur du Rocky Mountain Institute, Amory Lovins. La première promotion est sortie en 2004, et le nombre d'élèves est là encore passé de 20 au lancement du programme à plus de 50 cette année.

- Le troisième programme spécialisé aux États-Unis est le Green MBA du New College of California, à Santa Rosa (www.greenmba.com) dont la devise prometteuse est « *transform yourself, transform business, transform the world* ». Il propose un programme alléchant, s'étendant sur cinq semestres, avec des cours sur les nouveaux modèles d'éco-entreprises, la comptabilité environnementale, le marketing vert et social ou encore l'économie de l'écologie, et accueille des intervenants de renom comme l'éco-entrepreneur et consultant Paul Hawken et l'éco-architecte Bill McDonough…
- Toujours en Californie, la prestigieuse université de Standford a créé, il y a trois ans, un centre de recherche et d'enseignement sur l'innovation sociale et la gestion des organisations à but non lucratif (www.gsb.stanford.edu/csi/) : le Center for Social Innovation a ainsi développé 25 cours différents à l'attention des étudiants de MBA, notamment dans le cadre du Certificate of Public Management qui est choisi en option par un quart des élèves et porte exclusivement sur les questions de responsabilité sociale et environnementale (www.gsb.stanford.edu/pmp/).
- Enfin, le premier MBA spécifiquement consacré à la RSE a même été créé en Angleterre en 2002 par l'université de Nottingham, et l'ICCSR (International Centre for Corporate Social Responsibility), qui le pilote, offre chaque année des bourses pour le suivre aux étudiants issus de l'Union européenne ou de pays en développement (www.nottingham.ac.uk/business/ICCSR).

Pour ceux que cette option tente, plusieurs sites proposent en permanence une sélection des meilleures formations internationales : par exemple, www.bsdglobal.com/training et, surtout, le site de l'initiative Beyond Grey Pinstripes (www.beyondgreypinstripes.org), lancée à la fin de l'année 2001 par l'ONG environnementale américaine World Resources Institute et dont le rapport compare tous les deux ans les différents programmes de MBA (Masters in Business Administration) spécialisés dans le développement durable et l'intégration de la RSE au cursus généraliste proposé.

En 2005, plus de 600 établissements des six continents ont ainsi été invités à participer à l'enquête, dont les conclusions principales mettent notamment en évidence que 54 % des établissements (contre 34 % en 2001) ont rendu obligatoire le suivi d'au moins un cours sur le sujet de la RSE. Cependant, l'intégration du développement durable aux autres matières reste limitée (elle concerne 25 % des cours pour les 30 écoles du palmarès et 8 % en moyenne seulement). Lequel palmarès distingue notamment les universités suivantes : Stanford (États-Unis), ESADE (Espagne), York (Canada), ITESM (Mexique), Notre Dame (États-Unis), George Washington (États-Unis), Michigan (États-Unis), Berkeley (États-Unis), Nottingham (Grande-Bretagne), Erasmus (Hollande), AIM (Philippines), INSEAD (France), Jyväskylä (Finlande), Navarra (Espagne), etc. D'autres écoles se distinguent par leurs engagements significatifs, surtout aux États-Unis mais aussi au Canada, au Mexique et en Chine.

MULTIPLIER LES EXPÉRIENCES FORMATRICES

À l'évidence, la vie étudiante ne se limite pas au temps de formation, et elle présente de nombreuses autres opportunités complémentaires pour acquérir connaissances et expériences qui vous serviront ensuite pour trouver ou créer votre emploi dans le développement durable.

Des stages, des stages et encore des stages...

La voie royale est évidemment celle des stages. De manière générale, pour se forger une idée sur la véritable nature du travail et décrocher un emploi, 59 % des jeunes diplômés estiment aujourd'hui[1] que le stage est le meilleur sésame. C'est encore plus vrai pour les métiers du développement durable, où l'acquisition d'une expérience concrète permet à l'étudiant de confronter sa vision du « métier de ses rêves » à la réalité de celui-ci, de vérifier ou de renforcer sa motivation, et de se préparer à l'exercer « pour de bon ».

Les entreprises ou les départements dédiés (sans parler des ONG...) manquent souvent de moyens humains et financiers pour faire face à l'ampleur de la tâche. D'après une étude menée par Adecco en 2007[2], les départements du développement durable dans les entreprises du SBF 120 accueillent en moyenne 1,38 stagiaire à temps plein par an, soit environ un tiers de leur effectif. Bien sûr, l'inconvénient est que les stages relatifs au développement durable ne seront donc pas toujours aussi bien rémunérés que dans d'autres domaines comme le marketing, l'audit ou le consulting classiques... Mais les avantages sont nombreux.

- Il s'agit très rarement de stages « photocopies-café » : les stagiaires ont généralement une vraie mission, utile pour l'organisation et enrichissante pour eux.
- En outre, comme les embauches correspondent souvent à des créations de postes, le stage (en particulier, le stage long de trois à six mois) est souvent pour l'entreprise ou l'ONG l'occasion de vérifier le bien-fondé de la création du poste, ou alors de la préparer, de sorte que le stagiaire, si sa mission se déroule bien, est souvent le mieux placé pour se voir proposer le job, puisqu'il a acquis une expérience, chose rare sur un marché en développement.

---

1. Étude BVA, avril 2004, citée sur http://management.journaldunet.com.
2. La fonction développement durable au sein du SBF 120 (étude Adecco avec l'ESA Paris-XII, Marne-la-Vallée, janvier 2007).

Ainsi, chez Utopies, premier cabinet de conseil spécialisé dans le développement durable en France, huit membres de l'équipe actuelle (sur un total de douze), dont deux managers âgés de 30 ans, ont d'abord fait un stage d'au moins six mois dans l'entreprise, pendant ou juste à l'issue de leurs études, avant d'être engagés. Stanislas Dupré, qui est devenu manager à l'âge de 26 ans, a même effectué son second stage chez Utopies, à temps partiel, pendant la dernière année de ses études à l'ESC Reims, séchant même quelques cours pour boucler ses dossiers ou aller les présenter... à son client, le P-DG du groupe Lafarge, Bertrand Collomb !

Saisissez donc toutes les occasions qui vous sont données de mettre vos connaissances à l'épreuve de la pratique : les différents cursus proposent notamment aux étudiants de prendre une année de césure, leur permettant de faire une pause durant leur scolarité en effectuant plusieurs stages de longue durée. Certaines écoles permettent aussi aux étudiants de mener des missions à mi-temps, pendant leurs études.

Si vous avez déjà travaillé quelques années dans un tout autre domaine et que vous entamiez une période de reconversion professionnelle, n'hésitez pas non plus à repasser par un stage ou un contrat à durée déterminée pour acquérir de l'expérience dans ce domaine nouveau pour vous. Beaucoup d'organisations travaillant sur le développement durable (les petits cabinets de conseil, les ONG et les organisations internationales comme les différentes agences des Nations Unies) affichent les opportunités de stages sur leur site web : consultez ces annonces et n'hésitez pas à envoyer des candidatures spontanées dans les entreprises qui vous intéressent !

Les associations étudiantes et le bénévolat

Une autre piste offerte pour se former et s'informer est celle des associations étudiantes et du bénévolat associatif, dans les domaines de l'humanitaire (où plus des trois quarts des travailleurs sont des volontaires[1]), de la protection de l'environnement ou du commerce équitable. Si vous êtes étudiant, renseignez-vous : car, sur la plupart des campus, il existe au moins une association travaillant à la promotion du commerce équitable et, de plus en plus, son équivalent sur la protection de l'environnement.

Hélène Parthenay, étudiante à HEC, a ainsi rejoint en 2000 l'association Equiterre dont elle a ensuite été présidente de septembre 2003 à juin 2004[2]. Equiterre regroupe une quarantaine d'étudiants, issus de Polytechnique ou d'HEC. Son but est de faire la promotion du commerce équitable, notamment à travers le site www.equiterre.com, spécialisé dans la vente de produits venant du monde entier – Kenya, Népal, Niger, Inde, Indonésie...

Hélène a eu l'occasion de se rendre personnellement sur le terrain au cours de l'été 2003, pour travailler en direct avec des producteurs, au Népal. « Nous pourrions passer par des revendeurs en contactant des centrales d'achat comme Artisans du Monde ou Alter Eco. Mais nous apprenons plus de choses sur place, en négociant nous-mêmes, et en établissant nos propres contacts », précise-t-elle. Pour ce qui la concerne, l'expérience au sein d'Equiterre est un double succès : « Nous sommes de plus en plus connus des étudiants. Je reçois des e-mails chaque jour, des demandes de stages ou de renseignements. Les producteurs avec lesquels nous travaillons mettent beaucoup d'espoirs là-dedans. Ils sont avides de conseils et c'est ce qui nous motive pour poursuivre. D'ailleurs, je suis très intéressée par tout ce qui concerne le développement durable et je pense continuer dans cette voie. »

Si vous n'êtes pas étudiant, de multiples possibilités de bénévolat s'offrent également à vous, allant des associations locales de protection de l'environnement à des organisations internationales comme le programme de volontariat des Nations Unies (www.unv.org), ouvert aux plus de 25 ans avec quelques années d'expérience dans un

1. *Les Métiers de la solidarité*, une publication Ritimo en partenariat avec le DESS Développement, coopération internationale et action humanitaire de Paris-I, mai 2004.
2. Linda Zenati, *Le Figaro Étudiant*, mars 2004.

métier, en passant par des associations nationales comme le WWF, Greenpeace, Les Amis de la Terre, CARE ou Max Havelaar, qui font souvent appel à des bénévoles pour des actions locales d'animation ou des campagnes de sensibilisation...

Nous avons sélectionné des associations susceptibles d'accueillir des bénévoles dans la troisième partie de cet ouvrage (voir notamment les chapitres 5 et 6, sur les ONG et les métiers de la solidarité ou de l'humanitaire). **N'hésitez pas à visiter les sites web de celles qui travaillent sur les sujets qui vous intéressent** (la plupart mettent en ligne leurs appels aux bénévoles) ni même à les contacter directement, le cas échéant, *via* la branche locale la plus proche de chez vous, souvent plus facile à joindre que le siège national.

Vous pouvez aussi vous connecter sur quelques sites d'information généralistes comme www.idealist.org/fr, www.planete-urgence.com, www.coordinationsud.org (le site de la coordination nationale des ONG françaises de solidarité internationale, qui propose en ligne une présentation détaillée des associations et des opportunités de bénévolat, par domaine d'activité, zone géographique, etc.) ou encore www.enviedagir.fr, une initiative de l'ancien ministre de la Jeunesse, de l'Éducation et de la Recherche, Luc Ferry, pour encourager les jeunes de 11 à 28 ans à s'engager dans des actions « qui ont un sens pour eux-mêmes et pour les autres », en s'appuyant sur de nombreuses initiatives existant dans les associations, les établissements scolaires, les autres ministères...

Les étudiants peuvent également se tourner vers la Guilde européenne du raid (www.la-guilde.org), une association créée en 1967 et reconnue d'utilité publique pour ses actions autour de la notion d'engagement volontaire. Par le biais de différents programmes, chaque année, la Guilde envoie des centaines de volontaires à travers le monde, pendant une période plus ou moins longue, notamment avec « Missions de France » (400 jeunes volontaires par an, apportant un appui ponctuel dans une vingtaine de pays à travers des missions à caractère éducatif, social et culturel, à la demande des partenaires locaux) ou « Solidarités Étudiantes » (mise en relation d'ONG et de stagiaires aux compétences ciblées pour des missions de plusieurs mois).

À noter : le bénévolat prend désormais parfois des formes innovantes, qu'il peut être intéressant d'explorer si vous êtes à la recherche d'une expérience personnelle enrichissante.

Si vous êtes étudiant, âgé de 18 à 25 ans, Unis-Cité, une association créée il y a plus de dix ans par trois jeunes diplômées de l'ESSEC et une Américaine passée par Yale (www.unis-cite.org), vous propose de consacrer six à neuf mois de votre vie à la solidarité, en équipe de six à huit personnes, et ainsi d'expérimenter une nouvelle forme de « service volontaire de solidarité » en France, tout en bénéficiant d'un temps de réflexion avant d'entrer dans la vie active. Depuis 1995, l'association a mobilisé plus de 1 000 jeunes volontaires sur des projets allant de la rénovation de centres d'hébergement d'urgence à l'accompagnement d'enfants défavorisés, en passant par la distribution de repas aux démunis, ou divers chantiers de sauvegarde de l'environnement.

De même, si vous êtes salarié, le congé solidaire, géré par l'association du même nom (www.congesolidaire.org), vous propose depuis 1999 de mettre vos compétences professionnelles au service d'une association humanitaire, pendant deux à cinq semaines, sur votre temps de vacances mais avec une participation financière de votre entreprise ; un nombre croissant d'entreprises, parmi lesquelles le Crédit Agricole, Reebok, le Club Med, Agnès B, ou la Caisse des dépôts et consignations, ont déjà soutenu de la sorte les engagements bénévoles de certains de leurs salariés au Mali, en Albanie, en Honduras ou au Kosovo…

Faire bouger son école ou son université

Les étudiants ont également la possibilité de s'engager, durant leurs études, à ce que leur université ou leur école s'implique plus dans le développement durable. De rares démarches ont déjà été entreprises dans ce sens (le plus souvent à l'initiative de quelques professeurs et étudiants particulièrement motivés) et la situation progresse lentement, mais l'essentiel reste à faire dans ce domaine en France : l'énergie iconoclaste de quelques étudiants motivés ne sera pas inutile pour faire bouger des administrations souvent peu enclines à s'engager dans ce type de démarches, pourtant idéales pour fédérer les étudiants, les professeurs et le personnel administratif de l'établissement autour d'un projet...

Au niveau international, un engagement collectif pour le développement durable, la Déclaration de Talloires, qui existe depuis 1990, et a été signée par plus de 300 directeurs d'universités et de grandes écoles du monde entier : elle les engage à développer des politiques et des pratiques responsables, mais aussi à faire du développement durable un sujet prioritaire dans leurs enseignements, recherches, etc. Ces engagements ont été précédés puis relayés par des organisations américaines pionnières comme Second Nature (www.secondnature.org) ou University Leaders for a Sustainable Future ou ULSF (www.ulsf.org).

En 1996, un sommet de la Terre des campus (Campus Earth Summit), qui s'est tenu aux États-Unis, et dans la foulée, la première conférence internationale « Greening the campus » (« verdir » les campus) s'est tenue au printemps 1999 à Lund, en Suède. On peut donc dire que ce mouvement se répand heureusement un peu partout à travers la planète... mais tarde à émerger en France : à ce jour, seules deux universités françaises font partie des 300 signataires de la Déclaration de Talloires, pourtant élaborée en France, dans la ville du même nom, près du lac d'Annecy !

Malgré cela, les choses commencent à bouger : le constat sur l'absence totale de démarches en France, fait dans la première édition de ce livre, a donné naissance en 2006 à la campagne « Campus Responsables » (www.campusresponsables.com) qui s'adresse aux administrations et rassemble une petite dizaine d'écoles et universités (HEC, ESCP-EAP, Euromed Marseille, ESC Rouen, ESC Brest, Bordeaux EM, UTT, Groupe HEMA, ESCEM) autour d'une charte d'engagement volontaire en sept points :

- Engagement et sensibilisation des différents publics sur l'importance du développement durable.
- Intégration du développement durable à l'enseignement des matières dans lesquelles cela est pertinent et aux programmes de recherche.
- Soutien aux étudiants intéressés par le sujet (formations, stages...) et encouragement de leur participation à la démarche du campus (*via* les travaux de recherche, mémoires...).

- Maîtrise des impacts environnementaux du campus : eau, énergie, déchets, paysage et espaces verts, papier, transports, bâtiments.
- Exemplarité et intégration de la RSE à la gestion du campus : ressources humaines, achats, marketing, politique de stages, solidarité et mécénat...
- Dialogue et consultation régulière des différentes parties prenantes (professeurs, élèves, entreprises, collectivités locales, etc.).
- Mesure des résultats atteints sur les différents points de la charte, puis communication transparente et régulière sur les progrès réalisés comme sur ceux qui restent à accomplir.

Greenpeace a, de son côté, lancé en 2005 l'opération Campus Vert (voir www.solargeneration.fr), qui mobilise et accompagne les associations étudiantes sur des actions concrètes visant à transformer les universités ou grandes écoles en modèles de bonne gestion énergétique – dans le cadre de la campagne internationale Solar Génération, déjà active en Allemagne, en Suisse, en Californie, aux Philippines, en Inde, en Chine et aux Pays-Bas. Par ailleurs, le Comité 21 a lancé, également en 2005, un programme Agenda 21 scolaires pour mobiliser sur le développement durable des établissements scolaires primaires et secondaires, et quelques campus de l'enseignement supérieur (www.comite21.org). Enfin, signalons que la Conférence des grandes écoles, association loi 1901 qui regroupe 200 directeurs de grandes écoles françaises, a tenu en 2006 son congrès annuel sur le thème « Grandes écoles et responsabilité globale » et en a profité pour signer le Pacte mondial (Global Compact) des Nations Unies. Certaines écoles françaises, comme Audencia Nantes, Euromed Marseille ou l'ESCEM, ont même déjà publié des premiers rapports sur leur démarche...

Si vous avez envie de vous lancer dans un projet relatif au développement durable, parlez-en autour de vous, aux élèves qui semblent intéressés, aux professeurs qui abordent ce concept dans leur enseignement. Organisez quelques réunions d'information, créez avec les plus motivés une association loi 1901 sur le sujet (afin que votre effort survive à votre passage et soit relayé par d'autres, et aussi pour que l'administration de votre établissement prenne au sérieux la démarche), puis allez parler à l'administration, en demandant au minimum un feu vert pour travailler sur ce projet ou, mieux encore, des moyens (financement, temps des professeurs ou du personnel administratif, possibilité de faire travailler des étudiants sur le projet dans le cadre de mémoires, d'études de cas, etc.).

Quelques ressources et sites Internet vous seront utiles dans votre croisade : il s'agit notamment, en français, du site www.campusresponsables.com (qui vous donne des outils pour sensibiliser les étudiants de votre campus, convaincre l'administration mais aussi commencer l'évaluation des pratiques de votre campus) et du guide méthodologique « De l'école au campus, agir ensemble pour le développement durable » publié en 2007 par le Comité 21, illustré par de nombreux exemples issus surtout du primaire et du secondaire. Dans le monde anglo-saxon, plus familier avec le sujet, regardez notamment les sites du Sustainability Education Center, créé en 1995 (www.sustainabilityed.org), de l'organisation University Leaders for a Sustainable Future (www.ulsf.org), de National Wildlife Federation Campus Ecology Program (www.nwf.org), de l'initiative « Beyond Grey Pinstripes » du World Resources Institute qui s'intéresse spécifiquement à la responsabilité sociale et environnementale des campus et compare les écoles ou universités du monde entier (www.beyondgreypinstripes.org), de Campus Compact, une association américaine des présidents d'universités et de collèges souhaitant faciliter l'engagement citoyen de leurs étudiants et de leurs établissements (www.compact.org), de la conférence annuelle « Greening the campus » de l'université de l'Indiana (www.bsu.edu/provost/ceres/greening/), de l'association Second Nature, créée en 1993 par le professeur Anthony Cortese et le sénateur John Kerry (www.secondnature.org), et de l'association anglaise des collèges et universités pour l'environnement (Environmental Association of Universities and Colleges, www.eauc.org.uk).

Vous pouvez aussi, à titre d'exemple, vous pencher sur le cas de la prestigieuse université de Harvard, qui fait partie des huit établissements les plus au fait du sujet selon le rapport *Beyond Grey Pinstripes* : pour cela, consultez notamment le site web du centre pour l'environnement de Harvard (http://environment.harvard.edu/) ainsi que le site dédié à sa démarche de « campus responsable » (www.greencampus.harvard.edu/).

Autre exemple inspirant : celui de l'UBC (University of British Columbia), au Canada, qui fait partie des centaines d'universités à avoir signé la Déclaration de Talloires dans les années 1990. Elle est aussi devenue, en 1997, la première université canadienne à avoir adopté une stratégie formalisée de développement durable, puis, un an plus tard, la première aussi à créer un département développement durable au sein de l'administration. Depuis, ses initiatives exemplaires dans la gestion du campus (papier, électricité, eau, construction écologique), autant que dans ses programmes pédagogiques (plus de 300 cours liés au développement durable y sont proposés) et dans la transparence de la démarche (elle publie un rapport de développement durable depuis 2002) lui ont valu de recevoir le Grand Prix des Campus Verts décerné par l'ONG américaine National Wildlife Federation en 2003, puis 2005. Un site Internet spécifique est dédié à la démarche, avec un grand nombre de documents à télécharger (www.sustain.ubc.ca).

Les voyages d'études autour du monde

Une autre expérience très en vogue ces dernières années est le tour du monde à la recherche d'initiatives responsables, que les étudiants effectuent à la fin de leurs études, avant d'entrer dans le monde du travail. Ces tours du monde se font le plus souvent à plusieurs, avec le soutien financier d'entreprises qui demandent en contrepartie aux globe-trotters du développement durable d'aller faire un reportage sur les actions menées par quelques filiales des pays visités.

Les entreprises utilisent ensuite ces reportages pour leurs sites web, leurs journaux internes ou leurs rapports de développement durable. Souvent, ces tours du monde sont racontés au fur et à mesure sur un site web dédié puis, *a posteriori*, dans un livre qui devient parfois un best-seller.

C'est ce qui est arrivé à Christian de Boisredon, dont le livre *L'Espérance autour du monde*, qu'il a écrit avec deux camarades et qui a été publié aux Presses de la Renaissance, s'est vendu à plus de 35 000 exemplaires. Avec son diplôme d'ingénieur agro, Christian voulait se rendre utile et s'est ainsi retrouvé sur une mission de l'ONG Ingénieurs sans frontières au Vietnam, à travailler sur les problèmes environnementaux générés par les élevages locaux de crevettes.

Après ses études et son service national (effectué dans une école avec des jeunes de banlieue, pour voir si la réalité était aussi négative que ce qu'en disaient les médias à l'époque...), Christian part en 1999, avec deux amis, faire un tour du monde, en quête d'initiatives positives :

« Nous avons rencontré des gens qui retroussent leurs manches, patrons ou chiffonniers, jeunes ou vieux, juifs, musulmans, chrétiens, athées, pour consacrer un jour ou toute une vie à contribuer à changer le monde. Nous avons vu les résultats des projets très divers mis en place par l'ONG, tels que des banques pour les pauvres, des modèles d'énergie renouvelable, un animateur de radio qui fait l'école aux enfants de la brousse, des enfants torturés qui retrouvent l'espoir, d'anciens ennemis d'une guerre de religion qui reconstruisent un dialogue, etc. Grâce à notre site web, de nombreuses personnes ont suivi notre aventure et, au retour, nous avons organisé une soirée-conférence où étaient présentes, contre toute attente, 2 200 personnes. À cette occasion, un éditeur nous a demandé d'écrire un livre et ce livre est devenu un hommage à tous ceux que nous avons rencontrés, une façon de faire vivre leurs actions afin qu'elles soient reprises par d'autres. »

Le succès de cet ouvrage, précisément intitulé *L'Espérance autour du monde*, prouve l'intérêt du public pour l'information positive sur le développement durable. « Nous avons surtout été surpris par les courriers des lecteurs qui semblaient s'être identifiés aux personnes dont nous parlions. Certains ont également décidé de s'engager, raconte Christian de Boisredon. Un consultant de 30 ans m'a écrit que le livre a été le facteur déclenchant car il y a découvert les banques pour les pauvres. Il a alors demandé un congé sabbatique à sa boîte de conseil pour aller travailler deux ans pour une banque identique en Asie. Il nous disait merci car ce qu'il vivait là-bas était fantastique et qu'il était si heureux de mettre ses compétences au service des autres ! »

Cette expérience a été déterminante pour les débuts professionnels de Christian : « En revenant de notre tour du monde, je me demandais encore pour quel métier j'étais fait. Tous les postes que l'on me proposait dans la communication ne m'attiraient pas. J'avais, de plus, l'intuition très forte que le métier dont je rêvais n'existait pas vraiment, mais que ce serait à moi de l'inventer. » Christian continue à explorer cette idée puisqu'il a créé en 2004 (avec des amis et le soutien de son employeur, le cabinet de conseil BearingPoint, ex-Andersen Consulting, qui lui laisse du temps pour travailler sur son projet) le prix Reporters d'espoir qui récompense des journalistes-auteurs d'articles positifs.

Christian de Boisredon, 33 ans

Cofondateur de l'association Positive Network, du Prix Reporters d'Espoirs et de YBJ Productions

J'ai cofondé, en 2003, l'association Positive Network, dont la mission est de valoriser et favoriser l'information positive dans les médias pour encourager le plus grand nombre à agir.

Une grande majorité des principaux éditeurs francophones (télévision, journaux, radio) ont accueilli favorablement cette initiative, aux côtés de célébrités telles que Boutros Boutros-Ghali, Patrick Poivre d'Arvor ou Nicolas Hulot. Parmi nos activités : le Prix Reporters d'Espoirs que nous avons lancé en 2004, en partenariat avec la Fondation de France, pour récompenser les auteurs d'articles ou de reportages d'information positive ; le magazine Reporters d'Espoirs, un recueil d'articles positifs extraits de journaux et magazines francophones ou internationaux, publié chaque année depuis 2004 ; et une agence de presse lancée en 2007.

La création de Positive Network est dans la continuité de mon histoire personnelle. J'ai commencé par faire des études d'ingénieur agronome pour me rendre utile et travailler dans les pays en voie de développement. J'ai fait une mission Ingénieurs Sans Frontières au Vietnam puis, après mes études, j'ai fait mon service national « ville » dans une école avec des jeunes de banlieue, pour mieux comprendre ce qui s'y passait. C'était très dur, très musclé, mais j'ai vu des jeunes qui se sont complètement révélés après avoir trouvé un métier qui les passionnait, et j'ai constaté que certaines initiatives portaient leurs fruits.

L'année suivante, en 1999, avec deux amis, nous sommes partis faire un tour du monde en quête d'initiatives positives : cette expérience formidable s'est soldée par un livre devenu best-seller. À mon retour, j'ai voulu prouver aux autres, et à moi-même, que je pouvais entrer dans un moule, dans le bon sens du terme, et je suis devenu, en 2001, consultant en stratégie et conduite du changement dans un cabinet de conseil, Andersen business consulting (devenu BearingPoint).

Plus tard, un ami, fondateur d'une agence de communication, m'a encouragé à donner une suite à notre tour du monde et à notre livre en généralisant la démarche dans les médias. Il a proposé le concept de Reporters d'Espoirs que nous avons développé ensemble. Lorsque ce projet est né, j'ai eu l'intuition que je ne devais pas laisser passer le train. Aujourd'hui, je me réjouis d'entendre des journalistes dire que cela faisait dix ans qu'ils attendaient une initiative de ce type, et qui demandent des sujets pour la télé ou pour des articles de presse.

Notre projet est parti de rien et il s'est monté en un peu plus d'un an. Ensuite, j'y ai consacré trois jours par semaine tout en étant employé à temps plein par BearingPoint : mon employeur sponsorisait donc le projet en me donnant du temps et des locaux. J'avais souvent des horaires démentiels et la pression de la recherche de fonds, des relations avec la presse, de la fiscalité, du management, de l'événementiel et de l'inconnu rendait cette activité relativement stressante, même si je le vivais bien. J'ai pu faire ces sacrifices uniquement parce que ma femme a « épousé » le projet avec moi : ils étaient sans doute nécessaires à la création d'un nouveau projet, mais dans la durée cette situation n'aurait pas été viable pour avoir une vie de famille équilibrée. J'ai donc fini par quitter BearingPoint en 2006 pour créer, avec un ami, une société de production de cinéma : notre premier projet est de produire une fiction basée sur l'histoire vraie et inspirante du récent Prix Nobel de la Paix, et inventeur du microcrédit, le « banquier des pauvres » Muhammad Yunus, qui est partie prenante du projet. Le film devrait sortir en 2009...

Mes messages clés

Il faut arriver à trouver une activité qui concilie ce que l'on sait faire et ses passions (même si elles paraissent opposées). Il faut réfléchir avec d'autres (jamais seul) à la façon dont on peut les faire évoluer ensemble. De là naîtra probablement une idée. Attention, cette idée est souvent une mauvaise idée ! Mais c'est un point de départ, une extrémité du fil de la pelote qu'il suffira de dérouler pour qu'apparaisse une idée beaucoup plus intelligente, plus réaliste. Ce sera sans doute l'embryon du projet dans lequel elle pourra éclore.

Le tour du monde de l'espérance a fait école : trois diplômés de l'EM Lyon sont ainsi partis un peu plus tard pour un écotour de treize mois en 4 × 4, à la recherche d'initiatives environnementales. Résultat : un autre livre, *Des idées plein la terre. Un tour du monde pour l'environnement*, également publié aux Presses de la Renaissance.

Dans le même esprit, les étudiants de l'EDHEC (École des hautes études commerciales) ont fondé en 2000 l'association Ecotour, qui a permis la réalisation de plusieurs tours du monde (voir par exemple www.ecotour2005.org). Toujours sur la même lancée, deux diplômés d'école de commerce, Mathieu et Sylvain, se sont lancés en juin 2003 dans un « tour du monde en 80 hommes », à la rencontre de personnalités associées au développement durable (www.80hommes.com) et ont publié à leur retour *80 hommes pour changer le monde* aux Éditions Jean-Claude Lattès.

Enfin, trois jeunes diplômés d'HEC et Dauphine ont créé en 2003 l'association Juste Planète pour étudier, dans le monde, le rôle de l'entreprise dans le développement durable (www.justeplanete.org). À leur retour, François-Ghislain Morillon et Sébastien Kopp ont étudié la possibilité de publier eux aussi le récit de leur aventure puis ont décidé de faire du développement durable leur métier, en tirant les leçons de leur étude : l'expérience leur a en effet montré qu'il était plus efficace d'intégrer le développement durable en amont dans un projet d'entreprise, plutôt que d'essayer de le mettre en œuvre dans une entreprise fondée sur d'autres valeurs. Ils ont choisi de créer la première marque de baskets équitables, qui a vu le jour au printemps 2005 (www.veja-fairtrade.com).

Si les plus motivés et les plus créatifs s'en sortent évidemment toujours, la multiplication de ces projets de tour du monde du développement durable fait qu'il est aujourd'hui plus difficile de susciter l'intérêt et de trouver des sponsors qu'à l'époque où Christian de Boisredon a mis au point son projet.

Une voie possible reste d'initier un tour du monde sur une thématique plus pointue : ainsi, le projet Eurasia (www.archi-eurasia.org) était-il plus particulièrement consacré au recueil d'initiatives et au partage de connaissances sur l'architecture écologique et la construction durable.

Trois étudiants aux profils complémentaires (architecture, design industriel, environnement et management) étaient à l'origine de ce tour du monde. Ils avaient dès le départ le projet de créer une entreprise sur ces questions et ont initié Eurasia pour préparer leurs activités futures. Partis en février 2004, Thomas et Étienne ont visité l'Europe de l'Est, l'Asie, le Maghreb, la Russie, l'Espagne et le Portugal à la recherche de savoir-faire traditionnels mais aussi de pratiques de construction plus respectueuses de l'environnement.

Tous les projets étudiés alimentaient une base de données en ligne, accessible à tous (professionnels de la construction ou étudiants) et conçue pour devenir, à terme, une source d'inspiration pour de nouveaux projets de construction. Guillaume, lui, est resté en France pour travailler à l'organisation du réseau et à la préparation de la création de leur entreprise, ExNdo, désormais spécialisée dans l'architecture et la construction durable (www.exndo.com).

Dans tous les cas, le voyage reste une expérience personnelle particulièrement riche, qui permet de découvrir les autres mais également de se découvrir soi-même : il représente un temps de réflexion à l'aube d'une carrière professionnelle mais aussi parfois une pause dans cette carrière...

D'ailleurs, certaines personnes, après plusieurs années d'expérience professionnelle, se sont également lancées récemment dans l'aventure. Laurent Edel, fondateur de goodfutur.com, qui a fait ses premiers pas dans la nouvelle économie, et son épouse Chine Lanzmann sont partis autour du monde « chercher leur prochain boulot », autrement dit de nouvelles idées de business qui ont marché à l'étranger et pourraient demain faire un carton en France. Ils en ont tiré un premier livre, *Le Monde est à nous*, organisé autour de huit tendances prometteuses dont, sans surprise, l'éthique et le développement durable... puis un second *Gagner sa vie en se faisant plaisir : 200 nouvelles idées de business pour devenir entrepreneur de sa vie*, toujours aux éditions Jean-Claude Lattès.

Dans le même esprit, Laurent de Cherisey, fondateur d'une agence de communication qui fait partie du groupe Ogilvy et également cofondateur, avec Christian de Boisredon, du prix Reporters d'Espoirs, est parti en juillet 2004 avec son épouse Marie-Hélène, réalisatrice vidéo, et leurs cinq enfants, âgés de 5 à 12 ans, pour un tour du monde de plus d'un an : l'objectif était d'aller à la rencontre de quatorze personnalités, issues de pays différents, qui construisent un autre monde pour nos enfants, et de réaliser un reportage sur chacune (www.quelmondepournosenfants.org). Depuis leur retour, ils ont publié plusieurs livres, albums et DVD relatant leur aventure, sous le titre *Passeurs d'espoir* (Presses de la Renaissance).

Enfin, même si les voyages forment la jeunesse, il n'est pas toujours besoin de voyager loin pour rencontrer l'aventure : ainsi, deux jeunes citadins tout juste trentenaires, Tifenn Hervouët et Frédéric Gana, ont parcouru l'Hexagone en 2005 pour un « tour de France des producteurs pour une agriculture durable et une alimentation responsable », à la rencontre de plus de 80 paysans, producteurs et artisans des métiers de bouche qui exercent leurs activités dans le respect de l'environnement et de la dignité humaine. La chose est désormais habituelle : ils en ont tiré un site Internet (www.cheminfaisant2005.net) et un livre aux éditions Transboréal.

2

ACQUÉRIR UNE PREMIÈRE EXPÉRIENCE

« On a toujours le choix. On est même la somme de ses choix. »

JOSEPH O'CONNOR

Faut-il choisir de commencer dans le développement durable pour acquérir une première expérience ? Ou vaut-il mieux acquérir ailleurs une connaissance du monde de l'entreprise « classique » et y faire la preuve de ses compétences avant de les mettre au service du développement durable ?

COMMENCER SA CARRIÈRE

C'est ce qu'a fait, par exemple, Christian de Boisredon, de retour de son voyage autour du monde : « Pendant la période d'écriture du livre et de recherche d'emploi, tant d'incertitudes, d'interrogations quant à mon devenir professionnel m'ont parfois donné des sortes de vertiges. Je ne savais vraiment pas ce que j'allais faire. Il m'a semblé intéressant de commencer à travailler dans une entreprise "classique" pour acquérir d'abord une certaine légitimité, une certaine crédibilité, et apprendre les méthodes de travail du métier de conseil. Quelqu'un qui a fait un tour du monde, ça peut faire peur ! J'ai voulu prouver aux autres, et à moi-même, que je pouvais entrer dans un moule, dans le bon sens du terme, et j'ai débuté, en 2001, comme consultant dans un cabinet de conseil, Andersen Consulting, qui est ensuite devenu BearingPoint. »

C'est aussi ce qu'a fait Sophie Oliveau, 30 ans, titulaire d'un DESS de psychologie, et responsable du recrutement de l'association humanitaire Action contre la Faim, qui compte quelque 220 expatriés. Auparavant, elle a travaillé chez Disneyland Paris, où elle s'occupait du mécénat social, puis à la DRH de L'Oréal Australie, où elle gagnait deux fois plus que son salaire actuel de 1 500 euros par mois. « Pour rien au monde je ne changerais de poste[1] », affirme-t-elle pourtant. Mais elle précise aussi que, sans son expérience, elle n'aurait sans doute pas été embauchée : « Action contre la Faim n'a rien d'une structure amateur gérée par des aventuriers et des bénévoles. Elle s'apparente plutôt à une grosse PME qui tourne avec des managers seniors comme chefs de mission. »

Commencer en entreprise ?

Un point de vue souvent partagé par ceux qui ont commencé leur carrière dans des entreprises « classiques » avant d'entrer dans une ONG. Par exemple, Thierry Thouvenot, ex-chargé de mission auprès de la direction générale de WWF France, pense que c'est grâce à son expérience dans la VPC acquise chez France Loisirs qu'il a initialement été recruté chez WWF pour s'occuper du catalogue de vente par correspondance. Cela s'explique notamment par le fait que **les ONG, dont les budgets sont serrés, ne peuvent généralement pas se permettre de former leurs salariés** (pour mémoire, 52 % des recruteurs estiment qu'il faut plus de six mois à un jeune diplômé pour être opérationnel[2]) et préfèrent engager

1. Extrait de l'article « Je veux donner du sens à mon job », *Management*, n° 110, juin 2004.
2. Étude BVA, avril 2004, sur http://management.journaldunet.com.

des candidats déjà opérationnels, qui ont acquis, durant les quelques années passées en entreprise, des méthodes et des outils qu'ils veulent ensuite mettre au service de leurs valeurs.

Cela concerne tout particulièrement les postes de terrain qui demandent de l'expérience et de l'autonomie. En effet, il est rare qu'un médecin commence sa carrière chez Médecins du monde : la plupart du temps, les ONG préfèrent des professionnels compétents et expérimentés, ayant déjà exercé. En revanche, les personnes qui occupent des postes plus administratifs (management, marketing, communication, etc.), liés au développement durable, ont souvent commencé directement leur carrière dans les ONG, à l'instar de Sébastien Godinot aux Amis de la Terre, de Julien Grouillet chez CARE France (voir leurs portraits p. 43 et 196), qui avaient tous deux déjà fait, auparavant, plusieurs stages et rédigé des mémoires d'étudiants sur le sujet.

Commencer dans une ONG ?

Pour commencer dans une ONG, c'est la détermination qui prime : si vous hésitez entre une entreprise et une ONG, il vaut peut-être mieux aller d'abord travailler dans une entreprise car il est plus facile de passer du secteur privé au secteur associatif que l'inverse. Il est également important d'avoir réfléchi aux compétences que vous pouvez apporter à la structure et à ses équipes, en partant de ce que vous savez faire concrètement, du fait de votre formation et de vos expériences passées (ne serait-ce que par des stages ou du bénévolat s'il s'agit de votre premier emploi).

Ce discours très pragmatique et réaliste servira votre candidature mieux qu'un propos exclusivement idéaliste argumentant sur votre envie de changer le monde, votre détermination à sauver la planète, votre révolte contre les injustices, votre rejet du néolibéralisme...

Et si vous voulez travailler dans l'univers des entreprises, tout en étant déterminé à mettre vos compétences et votre énergie au service du développement durable, n'hésitez pas à ouvrir le champ des possibilités pour arriver à vos fins : contactez les petites entreprises pionnières comme la filiale française de The Body Shop, la jeune marque de commerce équitable Alter Eco ou le cabinet de conseil spécialisé Utopies. Mais gardez en tête qu'elles ont, par définition, peu de postes à proposer et beaucoup de candidatures : vous ne devez donc pas les considérer comme votre seule planche de salut ! **Élargissez votre recherche** aux associations d'entreprises, comme le Comité 21 et l'ORSE en France ou le WBCSD à l'étranger, mais aussi aux grandes entreprises les plus impliquées dans le développement durable, qui vont avoir besoin à l'avenir, pour faire vivre leur démarche, d'individus motivés dans l'ensemble des fonctions : ressources humaines, marketing, communication, production, design, achats, etc.

La troisième partie de ce livre présente un maximum de pistes concrètes. Explorez-les et trouvez-en d'autres par vous-même : la seule règle, au fond, est qu'il n'y a pas de règle ! La vie professionnelle n'est pas une destination, c'est un voyage qui commence lorsque vous choisissez votre formation, vos stages... et se poursuit au fil de vos emplois : il appartient à chacun de tracer son chemin, en gardant à l'esprit, pour paraphraser Sénèque, que les vents sont quand même plus favorables à ceux qui savent où ils veulent aller.

CIBLER LES « BONNES » ENTREPRISES

À l'aube de votre entrée dans la vie professionnelle, il est primordial de savoir comment orienter sa recherche d'emploi et cibler les « bonnes » entreprises ou organisations. Les quelques conseils donnés dans les sections suivantes sont valables que vous recherchiez un poste de salarié permanent ou temporaire, ou un stage : en effet, théoriquement, vous devez déjà vous poser ces questions au moment de choisir vos stages...

Avant toute chose, décidez une fois pour toutes que l'engagement sur le développement durable ou, du moins, la dimension éthique de l'entreprise, est un critère essentiel dans votre recherche d'emploi, quoi qu'il arrive. Si vous craignez de vous fermer trop de portes en optant pour une approche trop « utopiste » (!), ditesvous que vous n'êtes pas le seul et que vous faites même partie d'une majorité silencieuse pour qui ces questions sont de plus en plus importantes.

En effet, une étude récente[1], portant sur les préférences professionnelles de 800 étudiants en MBA de 11 écoles aux États-Unis et en Europe, a montré que **la réputation éthique de l'entreprise et sa responsabilité sociale constituent, ensemble, le troisième critère des étudiants dans le choix de leur futur emploi**, au même niveau que le salaire et derrière le défi intellectuel. Mieux encore : plus de 97 % des étudiants interrogés disent qu'ils sont prêts à percevoir un salaire inférieur (14 % de moins en moyenne) pour travailler dans une entreprise avec une meilleure réputation sur tout ce qui a trait au développement durable.

Ensuite, **ciblez votre recherche** en fonction des aspects qui vous intéressent :

- Avez-vous l'impression de pouvoir vous épanouir plutôt dans une grande structure ou dans une petite organisation ?
- Avez-vous envie de travailler dans une ONG ou dans une entreprise ?
- Qu'est-ce qui compte avant tout pour vous : suivre un projet du début à la fin, et connaître à fond un secteur d'activité (auquel cas il vaut mieux entrer dans une entreprise) ou pouvoir mener plusieurs projets en même temps, dans plusieurs secteurs d'activités différents dont vous pourrez ainsi comparer les enjeux et les fonctionnements (auquel cas vous serez plus à votre aise dans un métier de conseil aux entreprises) ?
- Si vous voulez travailler dans une entreprise, quels sont les secteurs d'activités qui vous attirent plus particulièrement ?
- Vous voyez-vous plutôt dans un poste administratif (management, marketing, communication, ressources humaines...) ou sur le terrain (sur un site industriel, sur un projet de développement territorial, etc.) ?

---

1. Étude menée par deux professeurs des universités de Stanford et UC Santa Barbara (voir GreenBiz.com, 28 juillet 2004).

À partir de cette réflexion, repérez les entreprises qui peuvent devenir vos cibles potentielles :

- **Faites des recherches sur Internet** et explorez notamment les rubriques de liens vers d'autres sites / organisations, lisez les journaux spécialisés mais aussi tout (articles, livres, rapports, etc.) ce qui a trait de près ou de loin au secteur, au sujet ou au métier qui vous intéresse, notez les entreprises et les organisations qui reviennent le plus souvent... puis consultez leurs propres sites web pour en savoir plus sur leurs activités, voire sur les opportunités d'emploi (de plus en plus de sites proposent une rubrique « Recrutement » avec des opportunités de stages, les embauches en cours).
- **Activez votre réseau et vos relations** : faites part de votre recherche, cherchez plus d'informations sur les entreprises et les organisations dont on vous parle, rencontrez ou, au moins, contactez les gens exerçant un métier qui correspond à vos attentes ou travaillant dans une entreprise qui vous intéresse et conservez leurs cartes de visite. Enfin, n'hésitez jamais à solliciter les entreprises ou les entrepreneurs dont vous aimez le travail pour leur demander conseil... N'oubliez pas que la plupart des emplois sont trouvés et attribués par le bouche à oreille, a fortiori sur le développement durable qui est en soi un réseau de réseaux (le réseau de ceux qui travaillent sur le commerce équitable ou sur le bio, le réseau des consultants en développement durable, le réseau des ONG travaillant sur ces thèmes, le réseau des organisations internationales et des associations d'entreprises, etc.) qui ont des liens souvent étroits entre eux et où, selon l'expression commune, « tout le monde connaît tout le monde ».
- **Redoublez de vigilance** dans votre vie de tous les jours : devenez un consommateur averti, mettez à profit le moment où vous faites vos courses pour repérer les nouveaux produits ou services et les nouvelles marques qui révèlent les engagements sociaux ou environnementaux des entreprises, remarquez et découpez les publicités qui semblent afficher, explicitement ou implicitement, des engagements pour le développement durable, etc.

- **Commandez sur Internet les rapports de développement durable** des entreprises qui vous intéressent : étudiez-les pour mieux connaître leurs axes stratégiques dans ce domaine et leurs thèmes d'évolution privilégiés pour l'avenir. Au besoin, utilisez vos travaux d'étudiant (mémoires, études de cas, etc.) pour affiner votre connaissance de ces entreprises et de leur secteur d'activité ! Puis postulez sur ces thèmes avant que ces entreprises ne publient d'annonces ou même qu'elles n'aient structuré leur démarche sur le sujet : votre approche sera spéculative, mais prendre de l'avance n'est jamais néfaste !
- **Repérez les entreprises qui ont signé des codes de conduite** volontaires sur le développement durable comme le Pacte mondial des Nations Unies (www.unglobalcompact.org), mais aussi celles qui publient un rapport de développement durable ou consacrent à ce sujet une rubrique importante de leur site web. Certaines vont d'ailleurs jusqu'à y consacrer un site entier (voir www.developpement-durable.renault.com ou www.interfacesustainability.com). Intéressez-vous aussi à celles qui sont bien notées et sélectionnées par les investisseurs éthiques ou les agences de notation comme Dow Jones, à celles qui sont membres d'associations d'entreprises spécialisées comme le World Business Council on Sustainable Development (www.wbcsd.org) au niveau international ou l'Observatoire de la responsabilité sociétale des entreprises en France (www.orse.org), OREE (www.oree.org), le Comité 21 (www.comite21.org) ou encore Entreprises pour l'environnement (www.epe-asso.org) en France à celles qui prennent part à des initiatives responsables dans leur secteur comme les programmes Sustainable Mobility / Mobilité durable ou Sustainable Cement Industry / Industrie cimentière et développement durable du WBCSD (www.wbcsdmobility.org et www.wbcsdcement.org), ou encore The Amsterdam Group pour les fabricants d'alcool (www.amsterdamgroup.org). Vous trouverez beaucoup de références concrètes concernant les codes de conduite, les initiatives sectorielles, les investisseurs éthiques, les agences de notation ou encore les associations d'entreprises dans la troisième partie du livre. Cette liste n'est pas exhaustive : vos recherches personnelles, sur les sujets qui vous intéressent, vous permettront de la compléter...

- Enfin, **pensez à consulter les sites web spécialisés** qui recensent des offres d'emploi relatives au développement durable comme www.coordinationsud.org pour les associations, www.emploi-environnement.com, en France, et www.greenbiz.com/jobs, www.ecojobs.com, www.ecoemploy.com, www.earthworks-jobs.com, www.ethicalcareers.org, www.sustainablebusiness.com/jobs, www.idealist.org (pour les emplois dans le secteur associatif), à l'étranger.

CV, LETTRE DE MOTIVATION ET ENTRETIEN

Il ne s'agit pas ici de répéter les conseils assez généraux sur les trois étapes de la recherche d'emploi (rédaction du CV, de la lettre de motivation, puis entretien d'embauche) que vous trouverez sur les nombreux sites Internet généralistes dédiés à la recherche d'emploi (par exemple, www.monster.fr), ou dans les livres consacrés au sujet. Cette section a pour objectif de passer en revue les règles incontournables de ces trois exercices, ainsi que celles qui s'appliquent plus particulièrement à la recherche d'un emploi dans le domaine du développement durable.

La principale différence avec une recherche d'emploi classique est qu'il vous faut valoriser et, si possible, prouver, par votre expérience, votre engagement sur le développement durable, et exprimer de manière aussi personnelle que possible pourquoi vous souhaitez travailler pour l'entreprise ou l'organisation contactée. Dans tous les cas, évitez les soi-disant modèles de CV ou les lettres types entièrement rédigées. Le CV et la lettre doivent en effet servir, outre à informer sur vos motivations et vos compétences, à personnaliser votre recherche en s'adaptant au plus près au poste proposé / cherché et à l'entreprise visée.

Le CV

Vous connaissez sans doute ce proverbe qui dit : « On n'a jamais une seconde chance de faire une bonne première impression. » Cette généralité s'applique tout particulièrement au CV. Les employeurs potentiels disposent de très peu de temps pour se faire une opinion, et la valeur de votre CV doit donc leur sauter immédiatement aux yeux, *a fortiori* dans un domaine comme le développement durable où les candidatures spontanées sont très nombreuses.

Pour atteindre cet objectif, il n'y a pas qu'une seule « bonne » façon de faire : après tout, le « bon » CV est celui qui reflète vos objectifs professionnels et rend compte de la réflexion que vous avez, depuis un moment, sur le sens de votre carrière. Les règles simples et non spécifiques au développement durable sont connues.

Le lecteur doit pouvoir lire rapidement votre CV : il doit tenir idéalement sur une page ou deux maximum si vous avez plus de dix ans d'expérience, avec des phrases courtes et une mise en page permettant d'avoir rapidement accès à l'information ; n'employez donc pas de typographie fantaisiste. En revanche, vous pouvez vous permettre un beau papier recyclé ! Le lecteur doit aussi savoir immédiatement si vous êtes un homme ou une femme (surtout si vous avez un prénom mixte !), et connaître votre âge ainsi que vos coordonnées (indispensables pour vous contacter).

Plusieurs structures de CV sont possibles :

- L'approche chronologique classique (les formations / expériences, des plus récentes aux plus anciennes).
- Une approche par compétences, généralement utilisée en cas de changement significatif d'orientation : le CV porte généralement un titre correspondant au poste que vous voulez exercer à l'avenir, puis vos différentes compétences sont listées avec, en face, les entreprises, emplois et missions concrètes qui vous ont permis de les développer.
- Une combinaison des deux approches : tout d'abord, faites la liste de vos compétences et détaillez les missions que vous avez menées à bien, puis dressez une rapide chronologie de votre expérience professionnelle – les entreprises dans lesquelles vous avez travaillé, avec les dates correspondantes.

Lorsque cela est pertinent, donnez des détails sur vos formations (par exemple, un projet de recherche sur un sujet en lien avec le développement durable) et vos expériences (par exemple, une étude de *benchmarking* sur les meilleures pratiques de développement durable dans la grande distribution, la rédaction d'articles sur le développement durable, ou encore une étude de marché pour le lancement d'un produit équitable). La formation sera en tête ou à la fin du CV selon que vous venez juste d'achever vos études ou que vous avez, au contraire, plusieurs années d'expérience professionnelle.

Dans tous les cas, valorisez, dans le texte, la mise en page et le choix des mots, les formations ou les expériences qui sont particulièrement pertinentes pour le secteur, l'entreprise et le poste visés. Chaque ligne doit être révélatrice de vos compétences pour l'entreprise ou le poste visé : utilisez des mots clés correspondant au contenu du poste que vous souhaitez (vous pouvez vous inspirer d'annonces que vous avez vues ou auxquelles vous avez répondu) car les entreprises utilisent de plus en plus souvent des bases de données pour rechercher les candidats parmi les CV reçus. Cela pourra également vous servir si vous mettez votre CV sur Internet.

N'oubliez pas de faire figurer vos expériences associatives, soit dans une rubrique séparée, soit dans votre parcours professionnel, en mettant l'accent sur les missions conduites (par exemple, l'organisation d'une conférence sur le commerce équitable et la grande distribution) – cela est particulièrement vrai si vous postulez pour votre premier emploi dans une ONG, à l'issue de vos études ou après quelques années en entreprise.

La lettre de motivation

Il n'y a pas vraiment de différence entre une lettre de motivation écrite dans le cadre d'une candidature spontanée (ce qui sera le cas le plus fréquent pour un poste lié au développement durable) et une lettre écrite en réponse à une annonce : dans les deux cas, elle doit exposer de manière brève et précise à l'employeur potentiel les motivations professionnelles et en quoi le candidat peut répondre à un besoin de l'entreprise, en quoi « il est l'homme ou la femme de la situation » !

Si vous répondez à une annonce, pensez juste à donner les références de l'offre et à préciser comment vous en avez eu connaissance, quitte à reprendre, s'ils vous correspondent, certains mots utilisés dans l'annonce (sans en rajouter quand même).

Dans les deux cas, la lettre peut commencer par une phrase qui présente très succinctement votre recherche, soit en vous référant à une annonce parue, soit en parlant de la façon dont vous avez connu l'entreprise, soit encore en résumant la nature de vos compétences et le type de poste qui vous intéresse, en étant aussi précis que vous pouvez l'être et assez général pour ne pas vous fermer de portes.

N'hésitez pas à ajouter une touche personnelle, qui personnalise d'entrée de jeu votre profil et vous distingue de tous ceux qui ont fait le même type d'études et recherchent le même type d'emploi, avec une formule comme « Diplômée en marketing et consom'actrice avisée, je vous fais part de ma candidature pour un poste de... ».

Ensuite, il est important d'expliquer votre motivation pour l'entreprise ou le secteur d'activité dans lequel elle évolue : avant d'écrire votre courrier, explorez le site web de l'entreprise à la recherche d'informations sur sa démarche et ses projets, lisez son rapport de développement durable si elle en a un ou toute autre publication sur le sujet, soyez attentif à ce qui vous « parle » plus particulièrement pour y faire référence dans votre lettre (cela peut aller du leadership pris par l'entreprise en matière de développement durable à un engagement qui fait écho à certaines de vos convictions)... en veillant quand même à ne pas « copier-coller » des phrases entières prises sur le site !

Pensez aussi à chercher sur Internet des initiatives de développement durable réunissant plusieurs entreprises de ce secteur d'activité. Pour cela, vous pouvez, par exemple, taper, en français puis en anglais, dans un moteur de recherche comme Google, le nom de l'industrie concernée – tourisme, publicité, automobile, etc. – plus « développement durable » ou « responsabilité sociale ». Consultez les rapports ou les sites web consacrés à ces initiatives afin de vous familiariser avec les grands enjeux sociaux et environnementaux du secteur, que vous pourrez évoquer dans votre lettre comme autant de défis que vous souhaitez aider l'entreprise à relever.

N'hésitez pas, de manière générale, à être vous-même dans cette lettre (un employeur peut avoir envie de rencontrer une personne, voire une personnalité, mais rarement un profil !). Le développement durable parle aussi au cœur des gens, vous devez donc parler à la première personne, et mentionner ce qui vous touche dans la vision ou la démarche de l'entreprise, ce qui fait écho à vos valeurs personnelles ou ce qui vous enthousiasme, par exemple avec des formules comme « La démarche de votre entreprise et son dynamisme ont retenu mon attention et, si j'ose dire, forcé mon admiration » ou « Votre vision de la responsabilité sociale de l'entreprise, telle qu'elle est mise en pratique dans vos activités, me touche particulièrement ».

Vous pouvez parfaitement écrire : « je m'intéresse vivement au développement durable », « je suis très sensible à votre action dans ce domaine », « par goût personnel et du fait de mes expériences professionnelles et associatives », « une opportunité de m'investir dans un domaine qui me passionne », etc.

Souvenez-vous qu'il n'existe pas de règle absolue : c'est à vous de trouver l'équilibre entre les informations factuelles et objectives (sur votre parcours, sur vos compétences, sur l'entreprise et ce qui vous attire dans sa démarche) et une approche plus personnelle des choses, sans tomber dans la flatterie...

Puis enchaînez sur la présentation de votre formation, de votre expérience et de vos compétences, de manière concise et positive : ne citez que vos diplômes et vos expériences clés, en parlant des compétences que cela vous a permis d'acquérir ou de développer ; évitez l'emploi du conditionnel et des négations et préférez le présent et les verbes d'action. Vous pouvez faire le lien avec le paragraphe précédent en montrant en quoi la vision et les pratiques de l'entreprise visée sont dans le prolongement des réflexions engagées dans le cadre de votre formation ou de vos expériences passées.

Là encore, vous pouvez vous inspirer d'annonces parues pour des postes similaires afin de valoriser les « bonnes » compétences.

Ne détaillez pas les raisons pour lesquelles vous avez quitté votre emploi précédent, si tel est le cas. Et pensez aussi, le cas échéant, à valoriser vos expériences associatives, vos engagements de consommateur responsable ou le fait que vous participez activement à différents réseaux spécialisés dans le développement durable, par exemple.

Concluez en invitant la personne à vous rencontrer, avec une formule optimiste comme : « J'espère pouvoir vous rencontrer prochainement pour vous exposer plus en détail mon parcours et mes motivations, mais aussi pour en savoir plus sur les engagements sociaux et environnementaux de votre entreprise. Dans cette attente, je vous prie d'agréer, Madame / Monsieur, l'expression de mes salutations distinguées. »

Enfin, n'oubliez surtout pas de signer la lettre et d'appliquer quelques règles simples : votre lettre doit tenir sur une page et être exempte de faute d'orthographe ou de syntaxe (faites-la relire par votre entourage ou, à défaut, utilisez les correcteurs orthographiques et grammaticaux existant sur les logiciels de traitement de texte !). Une précision : vous pouvez évidemment taper cette lettre sur ordinateur, surtout si vous comptez l'envoyer aussi ou seulement par e-mail, ce qui est de plus en plus fréquent.

Si vous ne l'envoyez que par courrier, la lettre manuscrite sera encore préférée par quelques employeurs potentiels. Mais le plus important est que son contenu soit personnalisé : une lettre tapée sur ordinateur et trop anonyme peut rapidement évoquer le mailing adressé sans nuances à toute une série d'entreprises.

L'entretien

Les règles de l'entretien d'embauche à un poste lié au développement durable sont les mêmes que pour n'importe quel poste : dans tous les cas, vos meilleurs alliés seront le bon sens, la nuance et la correction ! Sur ce dernier point, un détail (qui n'en est pas un) : même si vous postulez un poste dans une ONG, pensez à vous habiller comme pour un entretien dans une grande entreprise. Si l'ambiance est plus détendue, il sera toujours temps, une fois que vous serez engagé, de venir en tenue plus décontractée mais non moins correcte...

Gardez à l'esprit que vous êtes là, certes, pour satisfaire la curiosité de votre employeur potentiel mais aussi la vôtre, puisque vous êtes, vous aussi, un recruteur... d'employeur. Vous recherchez en effet l'entreprise où vous vous épanouirez et le poste qui correspond à vos compétences et à vos valeurs : préparez donc autant vos réponses aux questions probables de votre interlocuteur que les questions que vous lui poserez !

Sur le premier point, il s'agit avant tout de présenter votre formation, votre expérience et ce que vous recherchez d'une manière plus vivante et personnelle que le CV ou la lettre de motivation. Là encore, **pensez à utiliser tout ce que vous savez sur l'entreprise et sa démarche de développement durable**, pour valoriser ce qui vous semble le plus pertinent dans votre formation, votre parcours, vos compétences ou vos envies. Rappelez à votre interlocuteur ce qui vous intéresse dans l'entreprise, pourquoi le poste vous motive et en quoi vous pourrez le faire évoluer. Sur le second point, gardez en tête que votre capacité à poser les bonnes questions compte et vous permettra, à compétences égales, de vous distinguer des autres candidats.

N'hésitez donc pas à demander à votre interlocuteur ce qui, à son avis, différencie son organisation des autres (y compris sur le thème du développement durable), comment il a lui-même rejoint l'entreprise et y a évolué au fil des ans, ce que lui trouve le plus stimulant dans son travail, son opinion sur la démarche de développement durable de l'entreprise et la façon dont elle est intégrée aux pratiques quotidiennes, l'importance de cette dimension (aujourd'hui et demain) dans les objectifs du poste qu'on envisage de vous confier, etc.

3

CRÉEZ L'EMPLOI DONT VOUS RÊVEZ !

Si vos recherches et vos candidatures spontanées ne vous permettent pas de trouver un emploi qui vous enthousiasme, réjouissez-vous quand même : cela signifie sans doute que vous devez agir autrement, par exemple le créer vous-même, dans une entreprise « conventionnelle » ou dans votre propre entreprise !

TRANSFORMEZ UN EMPLOI « CLASSIQUE »

Il y a beaucoup à faire, nous l'avons dit, dans les organisations « classiques » désireuses d'adopter de nouvelles stratégies pour devenir moins conventionnelles. En effet, vous pouvez essayer d'intégrer le développement durable à un emploi « classique », dans une entreprise soucieuse de s'engager dans ses environnements sociaux et naturels. Une grande partie du travail sur les démarches de développement durable, d'ailleurs, est aujourd'hui déjà menée par des gens dont le métier n'est pas spontanément vu comme ayant une dimension sociale ou environnementale particulière.

Il en est ainsi du journaliste qui écrit des articles sur l'émergence du développement durable ou les initiatives positives, de l'architecte qui utilise sa créativité et ses compétences pour concevoir des bâtiments plus respectueux des personnes et de l'environnement, de l'acheteur qui s'intéresse aux conditions sociales et environnementales de production des produits qu'il achète, du juriste qui se spécialise en droit social ou en droit de l'environnement, ou encore du médecin qui s'intéresse aux causes environnementales des maux dont se plaint son patient.

Un bon exemple est celui de Philippe Falcone, 45 ans, directeur du magasin Monoprix de Mulhouse. Pour lui, l'engagement progressif de l'enseigne dans le développement durable, et notamment dans la distribution de produits responsables, bio et équitables, a été une aubaine : après avoir initié, dès son arrivée, une politique environnementale concertée avec la mairie (réduction des livraisons en centre-ville, tri de l'ensemble des déchets du magasin), ce cadre militant, qui « mange bio et roule vert », a fait partie des vingt-quatre directeurs de magasins choisis en 2002 pour être les fers de lance de l'engagement de Monoprix dans le développement durable[1]. Il pilote aussi l'un des groupes de réflexion sur le sujet que l'enseigne a créés pour aider d'autres directeurs de magasins.

Ce type d'approche est également possible dans une plus petite structure « classique » comme un restaurant. Judy Wicks, propriétaire du White Dog Café à Philadelphie (www.whitedog.com), a ainsi fait de son restaurant, créé il y a une vingtaine d'années, un des hauts lieux de la gastronomie américaine (il a souvent été classé dans le top 50 des restaurants américains), mais aussi un modèle de responsabilité sociale : elle organise des dîners-débats sur des sujets de société, des journées de bénévolat en partenariat avec les jardins urbains des environs ainsi que des voyages pour inciter ses clients à découvrir les traditions culinaires d'autres communautés ethniques, propose dans sa boutique des cadeaux réalisés par des communautés en difficulté, publie une newsletter (envoyée à

1. Extrait de l'article « Je veux donner un sens à mon job », *Management*, n° 110, juin 2004.

15 000 personnes !) pour parler des causes qui lui sont chères et reverse 10 % de ses bénéfices après impôts à différentes associations. « Je me suis rendu compte que je n'avais pas le temps de m'occuper de mes affaires et de poursuivre mes autres buts à côté, raconte-t-elle[1]*. Si je voulais faire quelque chose pour la communauté, il fallait que je le fasse avec le restaurant. »*

Progressivement, cette tendance s'affirme comme un autre apport du développement durable : la notion d'« intérêt général », n'est plus seulement l'apanage des secteurs public ou associatif, mais devient au contraire un état d'esprit incroyablement attractif, qui consiste tout simplement à mettre ses compétences et son énergie au service d'autrui. Cela peut s'appliquer à un grand nombre d'emplois différents. Tout est possible, à vous de jouer !

Muriel Gayet, 34 ans

Responsable scientifique et développement durable chez Unilever France

Je travaille au sein de la division Entretien hygiène beauté d'Unilever France. Ma mission principale consiste à aider les équipes marketing et vente à traduire les innovations environnementales dans le marketing. Un exemple récent est celui de la campagne menée au moment du lancement d'une nouvelle lessive liquide Skip Petit&Puissant qui a fait l'objet d'une démarche d'écoconception (travail sur les emballages, formule comprenant moins de produits chimiques, système de dosage simplifié pour réduire les risques de surdosage...) : mon rôle a été de travailler avec les équipes pour améliorer l'information donnée au consommateur (sur les emballages, sur Internet...), afin de faire passer le message sur la prise en compte de l'environnement.

1. « La Lettre d'Utopies », n° 1, *Nouvelle Série*, hiver 1995.

Nous faisons des efforts de communication pour guider nos clients dans leurs choix de consommation et dans la bonne utilisation des produits. Les analyses de cycle de vie montrent que l'impact environnemental des produits d'hygiène se situe au moment de leur utilisation plus que lors de leur fabrication. Unilever a donc une réelle responsabilité en la matière. Je suis convaincue que notre action a un véritable impact et sa force repose sur le fait que nous travaillons à très grande échelle. Par exemple, on peut massivement diffuser des informations sur les éco-gestes via nos emballages ou nos publicités, comme le fait la marque Sun.

Ce type de poste a été créé en France il y a deux ans, en plus des équipes développement durable qui travaillent déjà à l'échelon mondial et européen, en collaboration avec les centres d'innovation des marques. C'est assez nouveau chez Unilever. Le fait que les préoccupations sociales et environnementales arrivent dans le domaine de la consommation et dans le discours des marques est un phénomène récent.

En général, la principale activité des filiales est commerciale – avec l'accompagnement d'une équipe de scientifiques dont la mission principale est de s'assurer de la conformité technique et réglementaire des produits commercialisés. J'ai pris la casquette « environnement » au sein de l'équipe scientifique française dont je dépends. Outre mes actions avec le marketing, j'ai également un rôle plus général de sensibilisation des salariés sur la contribution que chacun peut apporter au développement durable.

Mais pour moi, la dimension fondamentale du développement durable est celle du changement personnel, de la remise en cause et de la prise de conscience individuelle. Je m'intéresse plus à l'accompagnement de cette transformation individuelle qu'à l'innovation technologique, car c'est bien au niveau individuel que tout se joue : si je change, le monde change ! En plus, cette vision s'adapte bien au domaine de la consommation, où les choix et les gestes de chacun sont déterminants. Au sein de l'entreprise, après deux ans à ce poste, je constate que la dynamique est en route. Mon quotidien, c'est d'encourager et d'accompagner une multitude de petites transformations... Il faut avoir beaucoup d'humilité, de ténacité et de patience. Les changements radicaux ne sont pas la solution. Il est préférable de les accompagner en douceur, sur une courbe bien négociée, de manière efficace et durable.

Comment en suis-je arrivée là ? Ingénieur chimiste de formation, j'ai démarré chez Unilever en travaillant sur la logistique, le marketing et la vente. Au bout de quelques années, j'ai ressenti le besoin de donner du sens à mon travail. En 2003, un bilan de compétences m'a aidée à mieux cerner l'orientation que je voulais donner à ma carrière : deux axes m'intéressaient, l'environnement et la pédagogie. À la fin de mon congé sabbatique, il n'y avait pas de poste qui correspondait à mes attentes chez Unilever. J'ai donc décidé de suivre en parallèle une formation pour me professionnaliser (le mastère Développement durable et responsabilité des organisations à Dauphine). Puis l'opportunité s'est présentée : au moment où je commençais la formation, l'entreprise réorganisait son service scientifique et le poste s'est créé.

La formation à Dauphine a été extraordinaire. En fait, elle n'apporte pas de compétences purement techniques et opérationnelles mais elle ouvre aux bons questionnements. C'est une formation multiculturelle sur tous les aspects du développement durable dans tous les secteurs (entreprises, ONG, collectivités locales…). Pour traiter des sujets du développement durable, les entreprises ont, à mon sens, plus besoin de personnes qui ont cette vision très large et qui vont pouvoir imaginer des changements, plutôt que de spécialistes. La richesse de la formation est liée autant à la qualité des intervenants, accompagnée par l'exigence et la rigueur de réflexion propre à Dauphine, qu'aux échanges avec les autres étudiants qui sont principalement des professionnels avec des parcours, des horizons et des visions très différentes.

Au final, tout changement prend du temps et la plus grande difficulté que j'ai à surmonter est de gérer mon impatience : pendant mon changement de cap (qui a duré trois ans en tout), pour identifier les domaines dans lesquels je voulais travailler et ensuite concrétiser mes envies, et aujourd'hui pour voir avancer le développement durable au sein de mon entreprise.

Mes messages clés

Il ne faut pas restreindre sa recherche aux postes de responsable de développement durable et aux ONG. Il faut une approche plus large qui offre plus de possibilités.

Pour changer de voie quand on a déjà travaillé, il est plus efficace de partir de ses compétences personnelles plutôt que de chercher en fonction d'un « ailleurs ». Il faut capitaliser sur ce qui fait notre différence. Au fond, le développement durable ce n'est pas un métier mais une façon de faire son métier. Aujourd'hui, le vrai besoin c'est que chaque métier de l'entreprise évolue dans la prise en compte de ces questions. Après tout, le responsable développement durable ne peut pas faire évoluer les marques sans un expert du marketing...

Il faut énormément se tenir au courant, lire, rencontrer des gens. Le développement durable demande d'intégrer des problématiques complexes en prenant en compte une multitude de paramètres, de faire des arbitrages, de changer de façon de faire. Il ne faut donc pas avoir une position dogmatique qui oppose les acteurs mais plutôt savoir proposer des changements dans les façons de travailler et d'aborder les choses.

OSER ENTREPRENDRE... AUTREMENT

L'autre solution, si vraiment vous ne pouvez vous résoudre à changer les entreprises « classiques » de l'intérieur, est de créer vous-même l'entreprise dont vous rêvez, en sachant évidemment que le fait de ne pas trouver un emploi satisfaisant sur le marché du travail ne saurait être la seule raison de faire ce choix. Il est évidemment essentiel d'avoir un vrai projet d'entreprise, d'autant plus que vous évoluerez dans le contexte français qui n'est pas, semble-t-il, le plus favorable à l'esprit d'entreprise. Pour preuve, un classement mondial sur la « vitalité entrepreneuriale », établi notamment par la très sérieuse London Business School[1], place la France parmi les

1. Global Entrepreneurship Monitor 2003 (GEM), un indice mondial calculé par les équipes du Babson College (États-Unis) et de la London Business School, voir http://management.journaldunet.com, article « Création d'entreprise : une France en queue de peloton », février 2004.

pays les moins actifs : l'Hexagone se classe ainsi en 35e position sur le nombre de créateurs d'entreprises pour 100 personnes actives, avec à peine 5 % de créateurs d'entreprises dans sa population. Un score qui la place entre la Russie et la Slovénie, tandis que le record en la matière revient à l'Ouganda avec un taux de 29 %, tandis que les États-Unis sont à 13 % et l'Angleterre à 7 % !

Mais certains parviennent à surmonter ce handicap d'un environnement peu favorable, alors pourquoi pas vous ?

Commencez par vérifier que votre projet correspond à une attente latente du marché dont vous aurez préalablement éprouvé l'ampleur avec les outils classiques de la création d'entreprise (études sur les offres similaires et concurrentes en France ou à l'étranger, étude du marché sur lequel vous comptez vous implanter, business plan avec différentes options optimiste / réaliste / pessimiste, etc.).

Puis, **passez du temps à formuler**, en des termes positifs capables de susciter l'adhésion de vos salariés et de vos clients à venir, la vision de votre entreprise[1] : quels sont les problèmes, pas encore résolus, que votre entreprise entend résoudre sur son marché, ou les attentes, pas encore satisfaites et peut-être pas encore exprimées, auxquelles vous voulez répondre avec votre projet ?

Déterminez sa mission : quel est le service global que votre entreprise veut rendre à ses publics... pour améliorer leur vie et rendre le monde un peu meilleur ? Qu'est-ce qui la rend unique, irremplaçable et fera qu'on la choisira, de préférence à toute autre – au-delà de ses produits ou de ses services qui sont nécessairement imitables et éphémères ? Si votre entreprise était une association, quel serait son combat ?

Fixez ses valeurs : qu'est-ce qui caractérise l'état d'esprit et l'approche de votre entreprise, la façon dont elle entend remplir sa mission ? Ces dimensions sont essentielles dans tout projet

---

1. Pour plus de détails sur le triptyque vision / mission / valeurs, voir Élisabeth Laville, *L'Entreprise verte – le développement durable change l'entreprise pour changer le monde*, Village Mondial, 2004.

entrepreneurial, mais encore plus dans le champ du développement durable où la cohérence du projet est un facteur important de son succès.

Là encore, il n'y a pas vraiment de différence entre la création d'entreprise en général et la création d'une entreprise dont l'activité est orientée sur le développement durable, sinon que, justement, le développement durable suscite beaucoup de vocations d'entrepreneurs (y compris de jeunes entrepreneurs), un peu comme la nouvelle économie il y a quelques années – ce qui est une raison de plus pour « bétonner » votre projet en amont afin d'en assurer la viabilité.

Pensez aussi à prendre le temps de réfléchir à la façon dont vous voulez vivre et à vérifier la cohérence entre vos projets personnels et votre projet professionnel : l'aventure de l'entrepreneuriat est passionnante mais très prenante !

Ghislain Morillon, tout juste diplômé d'HEC et revenant d'un tour du monde à la recherche de projets de développement durable initiés par des multinationales (www.justeplanete.org), a décidé de se lancer dans la création de Veja, une nouvelle marque de streetwear équitable. « Concrètement, précise-t-il, il s'agit d'appliquer les principes du commerce équitable à des produits de mode comme les baskets. On s'intéresse aux matériaux utilisés (coton bio et caoutchouc équitables), à l'impact environnemental de leur transformation (teinture), et aux conditions de travail de leur confection. » Son tour du monde lui a permis de préciser son envie de travailler dans le développement durable : « Je me suis rendu compte de la nécessité d'agir immédiatement et des difficultés que rencontrent les structures existantes. Il est long et coûteux d'appliquer le principe de développement durable aux grandes entreprises et il semble plus efficace de l'intégrer en amont dans une jeune entreprise pour en faire son axe stratégique. Créer ma propre entreprise m'est donc apparu comme la solution pour faire évoluer les pratiques rapidement. »

Après quelques années, Veja est un succès, les réactions des distributeurs, des médias et des consommateurs ont été très positives et Ghislain ne regrette pas de s'être lancé dans cette aventure : « Évidemment, comme tout créateur d'entreprise, je sacrifie le salaire confortable que m'offrirait un grand groupe. Mais je n'ai jamais remis en question ce sacrifice et mon entourage me soutient complètement : ce projet a un capital de sympathie impressionnant ! »

À sa sortie de la même école, Rachel Liu s'est elle aussi lancée dans la création d'entreprise, en 2002, avec une SARL dont l'activité est le commerce équitable de vêtements mode créés à partir de coton biologique (www.ideo-wear.com) : « Je suis intéressée par la solidarité internationale depuis mon entrée à l'école. J'ai donc décidé de concilier entrepreneuriat et valeurs personnelles en créant Ideo. J'avais besoin de trouver un travail qui ait du sens. J'ai choisi la branche du textile sportswear car il n'existait pas d'offre de ce type issue du commerce équitable à l'époque et je pensais que ce secteur aurait un réel avenir[1]. »

Avec l'aide d'une couveuse d'entreprises qui a hébergé son projet, et de la Nouvelle économie fraternelle (NEF), un organisme financier spécialisé dans les projets solidaires, qui lui a consenti un prêt, Rachel a lancé son activité, associée à une amie styliste, de sorte qu'aujourd'hui, ses plus grandes satisfactions sont « l'aboutissement d'un rêve, la satisfaction des clients d'Ideo, la création de trois emplois et la variété des activités au sein d'une petite entreprise ».

Si vous voulez vous lancer dans l'aventure et que vous êtes salarié, **pensez à avoir recours au congé pour création d'entreprise**, qui minimise les risques : ouvert aux personnes présentes dans l'entreprise depuis deux ans au moins, il dure un an (renouvelable) et leur garantit de pouvoir réintégrer l'entreprise à chaque échéance à poste et salaire équivalents. Assoupli en avril 2004, il permet même désormais de continuer à travailler à temps partiel, et donc de percevoir une partie de son salaire tout en montant son entreprise.

---

1. Témoignage dans le Guide de l'entrepreneur social 2004-2005, p. 58-59 (coédition : Caisse des dépôts et Avise). Bon de commande sur www.avise.org (rubrique « Publications »).

Dans tous les cas, de nombreuses structures d'accompagnement à la création d'entreprise existent : pensez à les solliciter, et lisez les quelques ouvrages portant spécifiquement sur la création d'entreprise responsable, comme le Guide de l'entrepreneur social 2004-2005, coédité par la Caisse des dépôts et l'Avise (Agence pour la valorisation des initiatives socio-économiques, qui vend également le livre sur son site web, www.avise.org).

Le plus difficile sera d'arriver à combiner le pragmatisme (nécessaire pour créer son entreprise) et l'idéalisme (nécessaire notamment pour créer une entreprise sur le développement durable, puisqu'il s'agit *in fine* de rendre le monde un peu meilleur en contribuant à l'émergence de nouveaux marchés).

Rencontrez des entrepreneurs qui se sont lancés avant vous et demandez-leur conseil, puisez-y de la matière pour rassurer votre entourage s'il est inquiet, créez autour de vous une communauté de valeurs dont le soutien sera totalement positif, et armez-vous de courage, sans perdre de vue ces paroles de Kennedy : « Les problèmes du monde ne peuvent être résolus par des sceptiques ou des cyniques dont les horizons se limitent aux réalités évidentes. Nous avons besoin d'hommes capables d'imaginer ce qui n'a jamais existé. »

Éric Parent, 41 ans

Directeur et cofondateur de Climat Mundi

Climat Mundi est un opérateur de compensation carbone. Nos clients sont à la fois des entreprises, des collectivités et des particuliers mais 80 % des volumes compensés viennent des entreprises alors que 80 % de nos clients sont des particuliers. Nous aidons nos clients à minimiser leurs impacts sur le climat en calculant et en réduisant leurs émissions de CO_2*, puis en compensant celles qui n'ont pas pu être évitées par le financement de projets réalisant des économies d'émissions (par* *exemple, un projet de production d'énergie renouvelable). Ensuite, pour les entreprises ou les collectivités, nous les guidons dans la communication de leur démarche pour valoriser leurs actions et sensibiliser leurs publics au problème du réchauffement climatique. Nos activités comprennent donc une part de conseil et d'ingénierie (pour estimer les émissions et les réduire), et une part d'identification – sélection des projets à financer.*

Notre équipe est composée de trois personnes, une ingénieure agronome qui a travaillé au sein de bureaux d'études, puis au ministère de l'Écologie (cofondatrice de Climat Mundi), et un ingénieur de l'Institut polytechnique de Grenoble spécialisé dans le calcul des bilans carbone. Pour ma part, j'ai fait des études d'ingénieur (Polytechnique et l'École des Ponts), et j'ai toujours travaillé dans les domaines de l'environnement : transport, eau ou propreté. J'ai fait la plupart de ma carrière chez Véolia Environnement, d'abord en tant que responsable d'exploitation en Argentine puis en France, ensuite en charge du développement commercial en Pologne où j'ai plus tard pris la direction d'une entreprise que nous avions rachetée. De retour en France, je me suis retrouvé à la tête d'une direction régionale Île-de-France d'une filiale de Véolia Propreté en charge de la collecte et du traitement de déchets industriels. J'ai finalement quitté l'entreprise fin 2005 pour créer Climat Mundi début 2006.

Pourquoi cette transition ? J'avais envie de trouver une activité avec plus de sens. Même s'il est vrai qu'au fond l'activité de Véolia a une utilité sociale et environnementale, il manquait une dimension de l'engagement personnel. Notre activité était essentiellement focalisée sur le service et la productivité, et j'avais besoin d'être en contact avec mes convictions dans mon activité professionnelle. J'ai cherché dans plusieurs directions : dans le cadre de mon travail chez Véolia, je m'étais intéressé aux solutions techniques et financières pour lutter contre le changement climatique, et quand j'ai découvert la compensation des émissions, cette solution m'a tout de suite intéressé. En constatant qu'elle était encore peu développée en France, je me suis lancé… Professionnellement, j'ai toujours aimé créer et mettre en place de nouveaux projets, alors créer ma propre entreprise était une façon de le faire cette fois-ci à ma façon, et en ayant toutes les rênes en main.

En tout, mon changement de cap aura duré 6 ans et la plus grosse difficulté a été d'identifier une activité qui aurait du sens pour moi mais me permettrait également de mettre à profit mon expérience professionnelle. Au départ, j'avais même écarté la création d'entreprise : trop de travail, trop de prise de risque… Alors ce qui m'a amusé et émerveillé, c'est qu'à partir du moment où j'ai identifié le projet qui me convenait, toutes les barrières que je m'étais mises se sont envolées, le train est parti tout seul et ne s'est pas arrêté… J'irais même jusqu'à dire que depuis que j'ai créé mon entreprise, j'ai arrêté de travailler et maintenant je m'amuse ! En tout cas, mon énergie s'est décuplée ! J'ai le sentiment d'avoir une véritable utilité sociale. Tout d'abord parce que compenser ses émissions est un moyen d'action simple, efficace et accessible à tous et parce que cela permet de déclencher une spirale vertueuse : plus les entreprises agissent et communiquent sur leurs actions, plus le public est sensibilisé, réceptif et donc en attente de plus d'engagement de la part des entreprises. On nous reproche souvent le fait que la compensation ne sert qu'à se donner bonne conscience, mais pour moi ça met en valeur les contradictions de nos modes de vie. La compensation permet de mettre en lumière l'impact climatique de nos actions quotidiennes et nous place dans une position d'inconfort qui pousse à l'action.

Aujourd'hui, les difficultés ne sont pas tant sur le salaire (il faut savoir s'adapter) mais plutôt sur la gestion du temps et de la vie familiale. D'un point de vue professionnel, nous recevons beaucoup de demandes de la part des entreprises mais elles mettent du temps à se décider : atteindre un rythme de croisière et stabiliser notre activité prend plus de temps que prévu. Mais l'absence de doute et le sentiment d'être à sa place sont une libération extraordinaire. Le fait d'être passé de l'autre côté de la barrière, d'avoir abandonné la vie de salarié pour celle d'entrepreneur m'a fait prendre conscience qu'il y a plein de choses à faire et encore de nombreuses pages blanches à écrire…

Mes messages clés

Il faut y croire, ne pas désespérer, avoir confiance en son inspiration et aller au bout de ses envies et surtout se mettre en contact avec des exemples inspirants, via des livres, des conférences, etc.

Un des livres qui a été révélateur pour moi est celui de Maria Nowak, On ne prête (pas) qu'aux riches, qui montre que le salariat est une invention assez récente : il peut sembler difficile d'en sortir, mais il faut se rappeler que la plupart de nos ancêtres vivaient de leur propre entreprise – aussi petite soit-elle.

« Produire et consommer sont deux activités essentielles pour l'être humain, et qui méritent toute notre attention. Car produire signifie travailler et consommer signifie s'exprimer. Nous savons aujourd'hui que la façon courante de produire et de consommer engendre des problèmes : c'est pourquoi il est important que vous soyez des consommateurs vigilants mais aussi des employés vigilants, des êtres humains vigilants. Je pense à une mère de famille qui travaille au marketing dans une entreprise de tabac... Que peut-elle dire à ses enfants quand ils lui demandent ce qu'elle fait au bureau : "je fais en sorte que les gens achètent des cigarettes" ? Ses enfants vont lui dire : "Mais, Maman, à la télévision, ils disent que fumer des cigarettes, cela tue les gens. C'est cela que tu fais ?" Et que peut-elle répondre ? "Oui, mais je fais cela parce qu'il faut payer la nouvelle maison, la nouvelle voiture..." Quelle force cette réponse a-t-elle devant le regard d'un enfant ? Ne vous laissez pas être, vous aussi, un Docteur Jekyll qui devient un Mister Hyde au moment où il arrive à son bureau. »

OLIVIERO TOSCANI, PHOTOGRAPHE, AUTEUR DES CAMPAGNES PUBLICITAIRES BENETTON

TROISIÈME PARTIE

Ressources pratiques (et exemples inspirants) pour ne pas perdre sa vie à la gagner

Ça y est, vous voilà prêt : vous avez décidé de trouver un métier en phase avec vos valeurs et vos engagements personnels, vous avez fait les premiers pas – vous avez suivi une formation, vous avez eu une première expérience ou constitué un réseau –, vous avez maintenant envie de passer aux actes et vous allez enfin écrire une vraie lettre de motivation... Reste encore à choisir votre domaine de prédilection et les entreprises ou les organisations à contacter.

Cette partie n'est pas un guide exhaustif. Elle se veut plutôt un rapide tour d'horizon, détaillé et complet, des différentes possibilités qui s'offrent à vous, pour vous aider, de manière pratique, à vous orienter dans le vaste monde qui s'ouvre à vous qui rêvez d'un job pour changer le monde ! C'est un peu comme si vous aviez décidé de partir en voyage dans un pays inconnu et que nous vous donnions les « tuyaux » indispensables pour en profiter au maximum : les lieux (réels ou virtuels) à ne pas manquer, les guides à lire (avant de partir ou sur place) pour apprécier la culture du pays et sympathiser avec les populations locales, etc.

1

LES ENTREPRISES PIONNIÈRES

Travailler pour une organisation phare en matière de développement durable, voire carrément pour une des pionnières historiques de la responsabilité sociale et environnementale des entreprises, est souvent la première envie de ceux qui souhaitent un emploi en accord avec leurs valeurs, jeunes diplômés ou cadres en quête d'un nouveau souffle dans leur carrière. Après tout, ces entreprises sont aussi des sources d'inspiration et nous prouvent quotidiennement qu'il n'est pas vain d'essayer de donner un sens au profit et au travail.

Il est même vital qu'elles réussissent car, comme le disait Albert Schweitzer, « l'exemplarité n'est pas une façon d'influencer, c'est la seule ! » : plus elles réussissent et parviennent à imposer leur modèle initialement jugé anticonformiste, plus elles attirent l'attention et entraînent dans leur sillon des entreprises plus conventionnelles, soucieuses de ne pas passer à côté de nouvelles opportunités...

Ces entreprises pionnières ne sont pas nombreuses. Ce sont en général des PME recevant plus de candidatures qu'elles ne peuvent créer de postes (la rançon de leur succès). Mais elles sont présentes sur la plupart des marchés, et si l'on prend également en considération les quelques grands groupes qui ont pris le train en marche, cela représente un bon paquet d'opportunités !

Donc **n'hésitez pas, si un secteur d'activité précis vous intéresse, à torturer les moteurs de recherche Internet** en tapant, en français, « développement durable + le nom du secteur en question » (par exemple produits cosmétiques, vêtements de sports, mode, etc.) ou en anglais, « *sustainability + cosmetics, sportswear, fashion,* etc. », pour commencer par un champ large où vous trouverez peut-être des offres d'emploi et, à coup sûr, des idées, des informations et de l'inspiration à revendre.

Pour mettre à jour sans attendre vos connaissances de base sur le sujet, nous vous proposons une première liste de ces entreprises phares, classées par secteurs d'activités.

SUR LE MARCHÉ DES COSMÉTIQUES

The Body Shop (www.thebodyshop.com) est le pionnier incontesté avec des engagements forts (refus des tests sur animaux, ingrédients issus du commerce équitable et de l'agriculture biologique, emballages rechargeables, campagnes pour des causes menées avec des associations de protection de l'environnement ou de défense des Droits de l'homme, etc.) impulsés par la personnalité de sa fondatrice visionnaire, Anita Roddick. Rachetée par L'Oréal en 2006 pour la bagatelle de 940 millions d'euros, The Body Shop ne devrait pas moins garder une autonomie dans la conduite de ses activités et préserver sa différence... avec des équipes dédiées dans les différents pays où se trouvent les 2 000 boutiques de l'entreprise.

La marque de produits de beauté Aveda, qui a appliqué les principes de la médecine indienne ayurvédique au cosmétique et dont beaucoup d'ingrédients sont bio et équitables (www.aveda.com), ou celle de produits de maquillage MAC, d'origine canadienne, qui est notamment très engagée dans la protection de l'environnement et contre le sida (www.maccosmetics.com), ont toutes deux été rachetées il y a quelques années par le groupe Estée Lauder mais ont réussi jusqu'à présent à préserver l'engagement qui a fait leur réputation. Estée Lauder a d'ailleurs également lancé Origins, une marque inspirée de ces tendances de marché qui se développent progressivement à l'international (www.origins.com).

La marque brésilienne Natura (www.naturaekos.com) est très engagée notamment à travers sa gamme Ekos, conditionnée dans des emballages recyclables et biodégradables en vingt-huit jours, et, surtout, fabriquée à partir d'ingrédients naturels issus de la forêt tropicale brésilienne.

La petite marque new-yorkaise Kiehl's, un autre pionnier, a également été rachetée par un géant (L'Oréal) au début des années 2000 (www.kiehls.com).

Enfin, en France, une vague favorable aux marques pionnières du cosmétique bio n'en finit pas de déferler depuis 2005, suite à la diffusion d'un reportage dans le magazine TV « Envoyé Spécial » sur les ingrédients chimiques toxiques, suivi du guide *Cosmetox* publié par Greenpeace et du best-seller *La vérité sur les cosmétiques* de Rita Stiens sur le même sujet. Du coup, les ventes de produits cosmétiques bio ont augmenté de 40 % cette même année et la France est l'un des deux pays en Europe où ces produits progressent le plus : une tendance qui bénéficie aux marques alternatives portant le tout nouveau label Cosmébio (créé en 2003 – voir www.cosmebio.org) et aux marques pionnières des produits cosmétiques « verts » comme Yves Rocher (qui fut pourtant un peu maltraitée par le reportage d'« Envoyé Spécial » – www.yves-rocher.com), L'Occitane (www.occitane.com) ou Sanoflore (également rachetée par L'Oréal en 2006 – www.sanoflore.fr) sans oublier, même si elles sont plus marginales, Weleda (www.weleda.com), inspirée de la philosophie de Rudolf Steiner (l'un des inventeurs et théoriciens de l'homéopathie, de l'agriculture biologique et des pédagogies actives, notamment), ou les marques pionnières allemandes Lavera (www.lavera.com), Logona (www.logona.com) et Dr Hauschka (www.drhauschka.com), qui arrivent en tête de tous les classements des magazines de consommateurs et dont les ventes se développent significativement.

Sur le marché du textile et de l'habillement

On ne présente plus la marque californienne de sportswear Patagonia (www.patagonia.com), dont le fondateur visionnaire, Yvon Chouinard, par ailleurs alpiniste de renom, s'est particulièrement engagé dans le développement durable : vêtements hors mode et garantis à vie, coton bio et laine polaire à base de bouteilles plastique recyclées, minimisation des packagings, versement d'un pourcentage des profits à des causes environnementales, congé sabbatique payé de trois mois à certains salariés souhaitant travailler dans des associations de protection de l'environnement, architecture écologique des bâtiments, crèche d'entreprise, et depuis 2006 récupération, puis recyclage de ses propres vêtements usagés en de nouveaux vêtements !

Dans la foulée, on trouve désormais quelques marques alternatives, voire carrément altermondialistes, qui fondent leur différence sur une garantie sociale ou environnementale, comme le leader américain du t-shirt, American Apparel (www.americanapparel.net), et ses concurrents tels que Justice Clothing (www.justiceclothing.com), ou la marque de chaussures de sport « anti-Nike » lancée par l'organisation canadienne Adbusters (www.blackspotsneaker.com).

Plus près de nous, citons Ideo, une petite entreprise récente qui crée des vêtements pour toute la famille en coton biologique et équitable (www.ideocollection.com) ou, à une tout autre échelle, l'enseigne suisse Migros, qui propose parmi ses marques propres du coton labellisé ECO, avec des garanties sociales et environnementales. D'autres marques du secteur s'engagent désormais sur la voie du développement durable : elles sont citées plus loin, au chapitre 12.

DANS LE SECTEUR AGROALIMENTAIRE

Parmi les autres leaders historiques du développement durable, citons aussi le glacier de luxe américain Ben & Jerry's qui a été racheté par Unilever en 2000 (www.benjerry.com) ; la marque de yaourts biologiques Stonyfield Farm (www.stonyfield.com), dont le fondateur Gary Hirschberg a choisi d'intégrer le groupe Danone pour avoir plus de poids sur le marché (une version française de Stonyfield, *Les 2 Vaches des Fermiers du Bio*, a même été lancée par Danone dans l'Hexagone en 2006 : www.les2vaches.com) ; ou encore les très innovantes marques alimentaires à but non lucratif créées par Paul Newman (www.newmansown.com), qui reverse tous les profits de son entreprise à différentes causes (les pop-corn et autres sauces Newman's Own sont distribuées en France par Monoprix et quelques enseignes spécialisées) et par le prince Charles d'Angleterre (www.duchyoriginals.com).

En France, quelques PME, comme Jardin bio (marque du groupe rochelais LéaNature, qui propose près de 300 produits alimentaires mais aussi cosmétiques et textiles biologiques et souvent équitables, et qui reverse, par ailleurs, 1 % de ses ventes à des causes – www.jardinbio.fr) ou Triballat (produits laitiers bio portant notamment la marque Vrai ! et produits au soja à marque Sojasun – www.vrai.fr et www.triballat.fr), sont également à la pointe du marché sur ces questions. D'autres entreprises du secteur dont l'engagement est plus récent ou moins poussé sont également mentionnées au chapitre 14, qui est consacré à la restauration et l'alimentation responsables.

SUR LE MARCHÉ DU TOURISME

Le secteur du tourisme (voir aussi le chapitre 13) n'est pas non plus exempt de petites entreprises pionnières, au rang desquelles il faut compter quelques guides dont le Routard et Lonely Planet.

Le Routard, sous la houlette de son fondateur Philippe Gloagen, affiche un engagement militant et tente de sensibiliser les touristes à l'impact de leurs choix sur l'environnement, les sites historiques ou même sur les régimes politiques des pays d'accueil (www.routard.fr). Il intègre des informations sur les Droits de l'homme, en partenariat avec une association spécialisée. Résultat : le guide sur la Tunisie est d'ailleurs interdit de vente dans le pays.

Lonely Planet, également fondé par des routards dans les années 1960 (www.lonelyplanet.com), fait aussi le pari du tourisme intelligent et responsable, en association avec des ONG mais aussi avec quelques sociétés hôtelières (notamment le pionnier du développement durable, Scandic Hotels, le premier à avoir remplacé les savons que l'on jette sans les avoir consommés par des distributeurs fixés au mur… et aussi à avoir servi des petits déjeuners bio – www.scandic-hotels.com) et des tour-opérateurs comme

Atalante (www.atalante.fr), initiateur de la charte éthique du voyageur, ou encore Voyageurs du Monde, qui propose à ses clients, depuis début 2007, de compenser les émissions de CO_2 liées à leurs trajets en avion, en investissant dans des projets d'énergies renouvelables dans le Sud (www.vdm.com).

DANS LE COMMERCE ET LA DISTRIBUTION

Pour boucler ce tour d'horizon des entreprises pionnières, citons quelques beaux spécimens de la distribution, comme le géant suisse Migros, qui est l'une des 500 premières entreprises mondiales (voir www.migros.ch et www.engagement.ch pour en savoir plus sur les engagements admirables de cette enseigne presque centenaire), Whole Foods Market aux États-Unis, la première chaîne mondiale de supermarchés bio (www.wholefoods.com), et, en France, les enseignes spécialisées et engagées comme Nature & Découvertes (plus de 60 magasins en France proposent des produits, mais aussi des activités souvent quasi gratuites, consacrées à la découverte et à la protection de la nature – www.natureetdecouvertes.com) et Botanic (également une soixantaine de jardineries devenues des lieux militants sur l'environnement et le jardinage écologique – www.botanic.com).

Quel que soit le secteur, on trouve presque toujours une ou plusieurs marques affichant un engagement social ou environnemental fort. Certaines d'entre elles sont des pionnières dans le domaine du développement durable :

- l'entreprise belge Ecover, devenue leader mondial des détergents écologiques (www.ecover.com) ;
- le leader mondial des dalles de bureau Interface (www.interfaceinc.com et www.interfacesustainability.com pour les engagements environnementaux) ;
- le label de world music Putumayo (www.putumayo.com) ;
- la marque sud-africaine Freeplay (www.freeplay.net), qui a également innové avec ses radios design initialement imaginées pour diffuser des programmes de prévention du sida dans les

villages africains sans électricité puisqu'elles fonctionnent... à l'huile de coude grâce à une manivelle que l'on remonte (une radio sur dix vendues en Grande-Bretagne est une Freeplay).

La plupart des entreprises citées dans ce chapitre font partie des entreprises membres de l'association Social Venture Network (www.svn.org) qui a été, justement, fondée par des pionniers.

Étienne Ruth, 31 ans

Responsable du développement durable de Nature & Découvertes

J'ai toujours eu un parcours hors des sentiers battus et pour expliquer mon métier, je prends des raccourcis simples qui parlent à tout le monde, comme « arrêter la pollution » ou « éviter que les enfants ne travaillent ». Plus précisément, mon travail de responsable du développement durable chez Nature & Découvertes implique de concevoir, avec la direction, la politique de l'entreprise sur ce sujet, de la mettre en œuvre en coordination avec les équipes internes ou les partenaires externes, et de la porter à la connaissance du public avec la direction de la communication.

C'est par étapes que je me suis intéressé à l'environnement, puis au sujet plus large du développement durable. Après deux ans de DEUG en sciences de la vie et de la terre dans l'univers bétonné de Jussieu, je suis rentré à l'Institut supérieur de l'environnement dans les Yvelines (une école d'ingénieurs avec prépa intégrée), guidé par le besoin de me rapprocher de la nature, et l'envie d'être utile à la société : j'y ai suivi un cursus d'ingénieur-juriste de l'environnement. J'insiste sur la dimension juridique qui me semble importante pour travailler dans l'environnement dans la mesure où, sur ce sujet, la maîtrise de la réglementation est essentielle.

Après mon diplôme, je suis entré au Comité 21 (Comité français pour l'environnement et le développement durable) où j'étais en charge pendant trois ans des relations avec les entreprises. Et puis j'ai décidé d'arrêter d'expliquer aux autres ce qu'ils devaient faire pour me coller concrètement à la réalité en travaillant dans une entreprise, et c'est là que j'ai pris mon poste chez Nature & Découvertes. Mes études d'ingénieur m'ont finalement assez bien préparé à mon activité : elles m'ont permis d'acquérir des connaissances sur des sujets variés allant de la toxicologie à l'éco-conception des produits, en passant par la mise en place de procédés industriels ou la dynamique des populations, le droit de l'environnement, etc. Il manque plusieurs cordes à mon arc, notamment des compétences et connaissances en matière commerciale et managériale sur lesquelles je travaille en ce moment.

Mon métier fait totalement écho à ce que je suis car c'est moi qui décide et construis la politique de développement durable de l'entreprise : ce qui me plaît vraiment c'est de pouvoir transformer mes convictions et mes connaissances en actions. Les défis les plus intéressants auxquels je suis confronté au quotidien, c'est d'une part la résistance au changement, même dans cette entreprise qui est pionnière, et aussi le fait de devoir gérer la contrainte imposée par des moyens financiers et humains modestes. Mais je ne me plains pas : chez Nature & Découvertes, la direction et l'ensemble des directeurs sont totalement impliqués dans la démarche de développement durable. Mon rôle est d'être force de propositions et surtout de donner envie aux autres de prendre la voie du développement durable. Mon prochain défi ? Amener l'entreprise sur le chemin de la décroissance : participer à l'augmentation de valeur ajoutée tout en diminuant la quantité de matière et d'énergie nécessaire pour y parvenir.

Mes messages clés

Si vous voulez travailler dans le développement durable, commencez par apprendre deux métiers, ou faites une formation qui permette de faire deux métiers, pour avoir un parachute. Car le développement durable est une discipline encore émergente et les places sont chères, puisqu'il y en a peu. Et veillez à ce que ce second volet de la formation soit lié au cœur de métier de l'entreprise où vous voulez travailler, pour bien comprendre son activité et ses enjeux : une formation pointue, qui permette d'acquérir la maîtrise technique d'un sujet et une bonne expérience de sa mise en place.

C'est très important de s'enrichir au maximum avec des stages, des jobs d'été, etc. Car la première question que se pose l'employeur, même pour un poste lié au développement durable, porte sur ce que vous savez faire concrètement !

2

LES GRANDS GROUPES ENGAGÉS

Les entreprises pionnières dont nous venons de parler sont généralement des PME-PMI qui emploient moins de gens que les grands groupes mondiaux et créent, par définition, moins de postes, d'autant plus qu'elles croulent souvent sous les CV de candidats très motivés ! Mais de plus en plus de jeunes diplômés et de cadres en « reconversion éthique », qui ne sont pas forcément prêts à pousser l'anticonformisme jusqu'au bout, ont envie de réconcilier leurs valeurs avec la perspective d'une carrière plus classique dans une grande entreprise, qui peut même être celle où ils travaillent déjà !

Trouver ou créer un poste non conventionnel dans une entreprise conventionnelle constitue un beau défi. En effet, nous l'avons vu précédemment, il peut y avoir beaucoup à faire dans les entreprises « classiques » désireuses d'adopter de nouvelles stratégies pour devenir, justement, moins conventionnelles et faire évoluer leurs pratiques de manière à mieux respecter leurs environnements sociaux et naturels.

Et même si les postes de responsables du développement durable sont souvent confiés à des personnes connaissant déjà l'entreprise et ses circuits d'information et de décision, la règle souffre quelques exceptions et de nombreux autres postes (ressources humaines, marketing, production, achats, etc.) peuvent avoir un lien avec le développement durable.

Par conséquent, **vous ne serez jamais perdant** à exposer à l'entreprise que vous contactez vos aspirations mais aussi ce qui vous motive dans son approche (raison de plus pour se renseigner avant !) : ainsi, vous lui donnerez la possibilité de revenir vers vous avec des propositions si elle est intéressée par votre profil.

TROUVER L'ENTREPRISE...

La question essentielle est de savoir, pour l'aspirant candidat, comment repérer, dans les grandes entreprises, celles qui sont réellement engagées sur la voie du développement durable.

Bien sûr, toutes les entreprises du CAC 40 et du SBF 120 déclarent avoir initié une démarche dans ce sens[1]. Et même si **les Français sont, en Europe, ceux qui ont le plus confiance dans les engagements éthiques affichés par les entreprises** (58 % contre une moyenne de 36 %[2]), il vaut mieux, pour éviter les déconvenues ou, du moins, pour agir en connaissance de cause, se renseigner sur la réalité de ces engagements. Après tout, vous pouvez aussi décider, comme la moitié des diplômés de l'Insead de 2003, que vous allez faire progresser les pratiques de votre employeur !

Faites le tri

Naturellement, le développement durable est un chemin de progrès et l'entreprise « parfaite », fort heureusement, n'existe pas. Pour autant, toutes les entreprises ne se valent pas. Ce chapitre a pour objectif de vous aider à aller au-delà des discours publicitaires *corporate* de plus en plus visibles pour identifier celles qui semblent avoir une volonté réelle de faire évoluer leurs pratiques et soutiennent les efforts des membres de leurs équipes qui se consacrent à cette évolution.

---

1. Enquête réalisée par le cabinet Mazars pour le *Figaro Économie*, mars 2004.
2. Étude Ipsos pour Sofinco, juin 2004.

Pour discerner le bon grain de l'ivraie, vous pouvez vous référer à l'observatoire des transnationales (www.transnationale.org), une association créée en 1999 par un Français basé à Martigues, qui fournit une information complète et non complaisante sur les pratiques sociales et environnementales mais aussi sur les politiques de lobbying, les questions de gouvernance de plus de 10 000 entreprises dans le monde. Il signale même la présence de certaines d'entre elles dans les paradis fiscaux...

Posez des questions

N'hésitez pas non plus à interroger les salariés de l'entreprise qui vous intéresse, si vous en connaissez : une entreprise dont les employés ont conscience de l'engagement est de meilleur augure qu'une autre dont les équipes ignorent même qu'il existe un poste ou un rapport annuel consacrés au développement durable ! Évidemment, pensez aussi à poser toutes les questions qui vous semblent pertinentes lors de salons, de rencontres et d'entretiens d'embauche. Allez en quête de l'information qui vous intéresse. Les sections suivantes vous donnent quelques pistes qui vous permettront de vérifier le niveau d'engagement d'une entreprise ou de trouver des renseignements sur les grands groupes engagés.

DANS LES INITIATIVES D'ENGAGEMENT VOLONTAIRE

Une première voie, pour repérer ces entreprises, est de regarder celles qui ont adhéré aux grands programmes d'engagement volontaire concernant uniquement leur secteur ou tous les secteurs confondus.

Le Global Compact

Par exemple, vous pouvez consulter la liste des entreprises qui ont signé le Pacte mondial (ou Global Compact, en anglais). Ce code de conduite volontaire, proposé par les Nations Unies aux grandes entreprises multinationales en 1999, reprend les principes des textes fondateurs : Déclaration universelle des Droits de l'homme, critères fondamentaux de l'Organisation internationale du travail et de l'Agenda 21, lutte contre la corruption, etc.

Il ne cesse de s'enrichir, notamment en France depuis l'engagement de Jacques Chirac à faire adhérer les entreprises françaises. Il est accessible sur le site www.unglobalcompact.org et, aux dernières nouvelles, plus de 400 entreprises françaises, grandes et petites, auraient signé ce Pacte mondial qui les engage à progresser dans le temps sur les questions de développement durable.

Les initiatives par secteurs

Repérez également les entreprises qui prennent part aux initiatives d'amélioration sectorielle menées par de grandes organisations internationales spécialisées :

- Le World Business Council on Sustainable Development a plusieurs programmes ambitieux dans l'industrie cimentière, l'industrie automobile, l'industrie forestière ou l'industrie extractive (voir www.wbcsd.org, ainsi que les sites des initiatives sectorielles tels que www.wbcsdmobility.org et www.wbcsdcement.org).
- Le Programme des Nations Unies pour l'environnement mène lui aussi un certain nombre d'initiatives sectorielles à l'attention des tour-opérateurs, des banques ou des compagnies d'assurance, et même des entreprises du secteur des nouvelles technologies (www.unep.org).
- L'International Business Leaders Forum, une association créée par le prince Charles en Grande-Bretagne, a également quelques initiatives internationales spécialisées (www.iblf.org), notamment dans l'hôtellerie avec The International Hotels Environmental Initiative (www.ihei.org).
- Certaines entreprises particulièrement prises pour cible sur des questions de responsabilité sociale, du fait de leur activité, ont également initié des programmes d'engagement sectoriels : les fabricants d'alcool ont ainsi mis en place un code de conduite sur la publicité et l'incitation à la consommation, au sein d'un groupement dédié à cette question, The Amsterdam Group (www.amsterdamgroup.org), tandis que l'industrie chimique

s'est engagée, en 1993, dans le programme Responsible Care notamment porté par les grandes associations professionnelles internationales (voir, pour l'Europe, www.cefic.org et, pour les États-Unis, www.responsiblecare.com).

DANS LES ASSOCIATIONS PROFESSIONNELLES SPÉCIALISÉES

Une autre piste consiste à regarder quelles sont les entreprises membres des associations professionnelles spécialisées dans le développement durable comme, en France, Entreprises pour l'environnement ou EPE (www.epe-asso.org), l'Observatoire sur la responsabilité sociale des entreprises ou ORSE (www.orse.org), OREE (www.oree.org), le Comité 21 (www.comite21.org) ; en Grande-Bretagne, l'International Business Leaders Forum (www.iblf.org), AccountAbility (www.accountability.org.uk), Forum for the Future (www.forumforthefuture.org.uk), The Center for Tomorrow's Company (www.tomorrowscompany.com), Business in the Community (www.bitc.org.uk) ; sans oublier, aux États-Unis, Business for Social Responsibility (www.bsr.org) et, en Europe, CSR Europe (www.csreurope.org).

Attention, le fait qu'elle soit membre d'une association ne signifie aucunement que l'entreprise en question est exemplaire, ni que toutes ses équipes sont réellement mobilisées sur le sujet. Cela indique, tout au plus, qu'elle essaie d'impulser une démarche, avec la bienveillance, sinon le soutien actif, de ses dirigeants.

DANS LES FONDS ÉTHIQUES ET LES CLASSEMENTS INTERNATIONAUX

Une troisième voie consiste à aller voir quelles sont, dans les secteurs d'activités qui vous intéressent, les entreprises sélectionnées par les investisseurs éthiques, soit pour les indices boursiers spécialisés sur le développement durable, soit pour les fonds d'investissement responsables.

Pour cela, vous pouvez consulter les sites web des leaders FTSE4Good (www.ftse4good.com) et Dow Jones Sustainability Index (www.sustainability-indexes.com), de l'agence suisse SAM qui réalise la notation et la sélection des entreprises pour Dow Jones (www.sam-group.com), et de l'indice américain pionnier Domini Social Index 400 (www.kld.com) puisque les entreprises sélectionnées ont des filiales en France.

Quelques agences de notation ou fonds d'investissement responsables publient également la liste des entreprises dans lesquelles ils ont choisi d'investir : les sites les plus riches sont ceux des Américains Calvert Group (www.calvert.com) et Investor Responsibility Research Center (www.irrc.org), du Britannique F & C Asset Management (www.fandc.com), de la fondation suisse Ethos (www.ethos.ch), du Belge Ethibel (www.ethibel.com) et de l'Allemand Oekom (www.oekom.de).

Dans la plupart des cas, cela vous permettra non seulement de repérer les grands groupes qui font office de figures de proue du développement durable, comme l'enseigne américaine Starbucks (www.starbucks.com), le groupe bancaire anglais Cooperative Financial Services (www.cfs.co.uk ou www.co-operativebank.co.uk) ou le groupe pharmaceutique scandinave Novo Nordisk (www.novonordisk.com), mais aussi ceux qui se sont lancés plus récemment et sortent progressivement du lot grâce à des engagements sérieux même s'ils ne sont pas forcément très audacieux.

Généralement, tous ces sites contiennent, outre des listes d'entreprises sélectionnées (pour un indice ou pour un fonds), des études sectorielles résumant les enjeux sociaux et environnementaux du marché considéré et identifiant les *best-in-class*, autrement dit les meilleures entreprises, sur ce marché.

Certains investisseurs comme Calvert publient leur politique de dépôt de résolutions et de vote en assemblée générale (*proxy voting*), ce qui donne une vision intéressante des enjeux critiques du secteur concerné et de la façon dont les entreprises y font face. Cela permet également de se faire une idée du niveau d'engagement d'une entreprise spécifique, dans un secteur donné.

La plupart des agences de notation sociale et environnementale ne rendent pas publiques leurs évaluations (elles les vendent, soit directement aux entreprises, soit aux investisseurs) mais le CFIE en France (Centre français d'information sur les entreprises, www.cfie.net), qui est une association dont la mission est de produire de l'information sur la performance sociale et environnementale des entreprises à l'attention de la société civile, publie une fois par an un dossier récapitulatif sur les entreprises françaises dans le magazine *Alternatives Économiques* (www.alternatives-economiques.fr).

Dernière piste : regarder dans l'étude Global Reporters, menée tous les deux ans par le cabinet anglais SustainAbility avec le Programme des Nations Unies pour l'environnement et Standard & Poors, quelles sont les entreprises internationales qui publient les meilleurs rapports de développement durable (www.sustainability.com). La publication d'un bon rapport de développement durable n'est pas nécessairement la garantie d'une performance sociale et environnementale supérieure, mais elle est souvent quand même le signe d'une démarche sérieuse qui devrait, à terme, déboucher sur une performance supérieure ! À noter : une version française de l'étude, portant sur les rapports publiés par les entreprises de l'Hexagone, est publiée tous les deux, en alternance avec l'étude internationale, par le cabinet Utopies (www.utopies.com).

DANS LES GUIDES DE CONSOMMATION RESPONSABLE

Dans le même esprit, vous pouvez également consulter les quelques guides de consommation responsable, publiés en France ou à l'étranger. Parfois réalisés à partir du travail des agences de notation sociale ou environnementale, ils portent principalement sur les grandes entreprises dont les marques ont pignon sur rue, et proposent en général des fiches, plus ou moins détaillées, pour chacune d'entre elles.

Vous pourrez ainsi consulter le *Guide éthique du consommateur*[1], le guide pratique sur « La consommation citoyenne » publié par le magazine *Alternatives Économiques*[2], ou encore le hors-série « Consommer durable » de la revue *60 millions de consommateurs*[3]. Le guide *Achetons responsable*, publié au Seuil en 2006 par les auteurs du présent ouvrage, liste également un certain nombre d'entreprises innovantes par catégorie de produits.

De même, aux États-Unis, le site www.responsibleshopper.org créé par Co-op America propose, sur la base des notations effectuées par le Center for Responsibility in Business et des articles parus dans la presse sur les grandes entreprises présentes outre-Atlantique (scandales autant que bonnes pratiques !), des fiches assez détaillées et une recherche par noms d'entreprises. Enfin, le très branché www.treehugger.com, spécialisé dans la consommation citoyenne, chronique régulièrement les innovations responsables de tous secteurs d'activités, et peut du coup être une source d'information utile...

Héloïse Boyer, 29 ans

Chargée de développement durable chez TNT Express France

J'occupe le poste de chargée de développement durable depuis décembre 2006 chez TNT Express, transporteur de colis en France et à l'international. Je suis chargée de l'animation et de la diffusion de la politique développement durable dans la filiale française, qui emploie 4 500 personnes. Mettre en place une démarche de développement durable, c'est aider l'entreprise à prendre en compte des enjeux sociaux, sociétaux ou environnementaux, considérés jusque-là comme « annexes » ; c'est leur donner une place

1. L'Observatoire de l'éthique, *Guide éthique du consommateur*, Albin Michel, 2001.
2. « La consommation citoyenne », guide pratique *Alternatives Économiques*, n° 26, novembre 2006.
3. « Consommer durable », hors-série n° 112, *60 millions de consommateurs*, juin-juillet-août 2003.

dans la stratégie de l'entreprise, dans son projet et ses orientations de long terme.

Convaincue que l'entreprise est l'un des acteurs puissants et efficaces de notre société, que cette puissance peut être utilisée positivement, au service de l'homme, j'ai choisi de travailler dans le domaine de la responsabilité sociale et environnementale des entreprises pour contribuer à ce changement. J'ai l'impression de participer à une prise de conscience, d'être un des nombreux acteurs qui peuvent faire bouger les choses, dans le bon sens. Et puis je souhaite mettre en cohérence des valeurs personnelles et mon activité professionnelle, « donner du sens » à mon métier au jour le jour. Je diffuse des idées auxquelles je crois, dont je suis convaincue qu'elles ont des choses à apporter à l'entreprise et à chacun de nous dans son travail au quotidien. Avant tout, mon travail me permet de mettre en œuvre des idées personnelles et de participer à une prise de conscience, qui est à mon avis indispensable…

Quand j'étais étudiante à HEC, j'ai toujours eu envie de travailler en entreprise, dans un métier ou un secteur « utile » à mes yeux : la culture, le développement… J'ai eu la chance de réaliser très tôt, après plusieurs expériences assez courtes et peu satisfaisantes, un stage chez Utopies, cabinet spécialisé en stratégie et développement durable. C'est au cours de cette expérience, qui s'est poursuivie par un premier emploi chez Utopies, que j'ai acquis les savoirs et savoir-faire sur le développement durable et la RSE. C'est au contact de l'équipe d'Utopies que j'ai renforcé mes convictions personnelles et forgé mon enthousiasme, qui est aujourd'hui une grande ressource ! J'ai ensuite décidé de sauter le pas et de passer du conseil à la mise en œuvre opérationnelle du développement durable dans une entreprise : chez Keolis d'abord dans le secteur du transport public pendant 2 ans, chez TNT aujourd'hui. En fait, tout ce qui concerne le développement durable et la RSE, je l'ai plutôt appris lors de lectures d'abord, puis de mes différentes expériences professionnelles. J'ai rencontré quelques difficultés dans la recherche d'emploi, mais il faut arriver à bien savoir ce que l'on veut et s'y accrocher. Au total, j'ai envoyé 80 candidatures spontanées et trouvé mon premier poste chez Keolis en 4 mois, ce qui est relativement court. Pour TNT, j'ai répondu à une offre parue sur monster.fr. Finalement, je travaille depuis 5 ans, 5 ans dans le développement durable, donc il y a du travail !

Mes messages clés

Garder en tête cette maxime : « Ils ne savaient pas que c'était impossible, alors ils l'ont fait ! »… et se dire que devenir responsable / chargé de développement durable d'un groupe sans y avoir fait sa carrière, c'est possible ! Plus concrètement, mes conseils seraient d'oser y croire (!), de bien définir ce que l'on souhaite et se donner les moyens de ses ambitions.

Sans vouloir faire de la pub, je recommanderais volontiers la lecture de L'entreprise verte d'Élisabeth Laville et toutes les références figurant sur le site d'Utopies (www.utopies.com) car c'est de là que viennent toutes mes références !

3

L'INVESTISSEMENT RESPONSABLE

Le marché du développement durable, en France, est encore une toute petite niche, certes en croissance – l'investissement responsable ne représente que 1 % des investissements dans l'Hexagone, contre 5 % en Grande-Bretagne et 13 % aux États-Unis – mais, néanmoins, différents types d'acteurs s'y retrouvent et sont susceptibles de proposer des emplois ou des stages.

LES AGENCES DE NOTATION EXTRAFINANCIÈRE

Le rôle des agences de notation spécialisées est d'évaluer les pratiques sociales et environnementales des entreprises. Ces informations peuvent être vendues aux entreprises elles-mêmes, soucieuses d'avoir une appréciation indépendante sur leur performance. C'est ce que l'on appelle la « notation sollicitée » : elle se développe sur le modèle de la notation financière. Elles peuvent également permettre aux investisseurs de choisir les entreprises de leur portefeuille.

Les agences ne sont pas nombreuses en France, et le marché, encore jeune, évolue rapidement. Concrètement, à l'heure où nous écrivons ces lignes, les organismes qui revendiquent une activité de notation sociale et environnementale, en France, sont les suivants :

- L'agence Vigeo, créée par l'ancienne leader syndicaliste, Nicole Notat, avec le soutien actionnarial de plusieurs grands groupes français comme Danone (www.vigeo.com). Nicole Notat a créé Vigeo en 2003 en reprenant l'agence pionnière AReSE, fondée en 1997.
- L'agence de notation sollicitée BMJ (www.bmjratings.com). La fondatrice d'AReSE (voir paragraphe précédent), Geneviève Ferone, avait créé Core Ratings au sein du groupe Fimalac. En 2004, Core Ratings a fusionné avec l'agence BMJ, qui a ensuite évolué du conseil à la notation, Geneviève Ferone ayant quitté BMJ lors du rachat de cette dernière par le groupe Altares début 2006.
- Le Centre français d'information sur les entreprises, une ONG dont les évaluations ne s'adressent pas nécessairement aux actionnaires mais plutôt aux autres parties prenantes (www.cfie.net).
- Innovest, une agence américaine qui a récemment créé un pôle en France (www.innovestgroup.com).
- L'agence EthiFinance qui réalise notamment les évaluations pour le compte de l'agence britannique Eiris, elle-même travaillant pour l'indice boursier spécialisé FTSE4Good (www.ethifinance.com).

En France, un acteur un peu atypique travaille activement sur ces questions : Proxinvest n'est pas une agence de notation sociale, mais une société de conseil et d'analyse financière, dont la vocation est d'aider les actionnaires des sociétés cotées françaises à exercer leur droit de vote en assemblée générale (www.proxinvest.fr).

Il est également utile de s'intéresser à ce que font l'agence Eiris et l'indice spécialisé FTSE4Good au Royaume-Uni (www.eiris.org.uk et www.ftse4good.com) ainsi qu'à l'agence suisse Sustainability Asset Management ou SAM (www.sam-group.com) pour l'indice Dow Jones Sustainability Index (www.sustainability-indexes.com), la banque Sarasin en Suisse (www.sarasin.ch) pour son propre compte, les deux agences suisses spécialisées (www.centreinfo.ch et www.covalence.ch), l'investisseur anglais F & C Asset Management (www.fandc.com), l'agence belge Ethibel (www.ethibel.com) et les trois principales agences allemandes (www.oekom.de, www.imug.de, www.scoris.de).

LES BANQUES ET LES INVESTISSEURS ÉTHIQUES

La plupart des banques, des investisseurs institutionnels et des assureurs ont développé de petites équipes d'analyses ou de gestion de fonds dits « éthiques » composées de spécialistes du développement durable. Quelques organismes bancaires « alternatifs » ont fait du développement durable et de l'investissement responsable le cœur de leur positionnement commercial.

C'est le cas de The Cooperative Bank en Angleterre (www.cooperativebank.co.uk), Storebrand en Norvège (www.storebrand.com), Citizens Bank of Canada (www.citizensbank.com), Triodos au Benelux, en Grande-Bretagne et aux Pays-Bas (www.triodos.com), Banca Etica en Italie (www.bancaetica.com) et Calvert Group aux États-Unis (www.calvert.com). Même si peu de banques françaises sont aussi engagées que celles précédemment citées, il faut quand même signaler les initiatives du Crédit Coopératif (www.credit-cooperatif.coop et www.groupe.credit-cooperatif.fr) ou de la Nouvelle économie fraternelle ou NEF (www.lanef.com).

Beaucoup de grands groupes du secteur, pour ne pas dire la plupart, proposent des fonds d'investissement dédiés au développement durable, le plus souvent à travers leurs filiales chargées de l'asset management. Parmi ceux qui sont un peu avancés sur le sujet, on trouve CDC Ixis Asset Management (www.cdcixis-am.fr), les Caisses d'épargne (www.caisse-epargne.fr), BNP-Paribas (www.bnpparibas.com ou directement la filiale en charge de l'asset management, www.am.bnpparibas.com), la Société Générale (www.socgen.com ou www.sgam.fr), Dexia CLF (www.dexia.com ou www.dexia-am.com), le Crédit Lyonnais (www.creditlyonnais.com ou www.clamdirect.com), le Crédit Agricole (www.credit-agricole.fr ou www.ca-assetmanagement.com, voir aussi www.ideam.fr pour la filiale IDEAM, société de gestion dédiée à l'Investissement socialement responsable (ISR) de Crédit Agricole Asset Management Group), des gestionnaires de portefeuilles comme Cortal (www.cortalconsors.fr), qui fait partie du groupe Paribas, la Financière Meeschaert (www.meeschaert.com), la banque de Baecque Beau (www.hsbc-bbb.fr) qui a racheté le pionnier français Apogé et fait partie du groupe HSBC, la Banque Palatine, filiale de la Caisse nationale des Caisses d'Épargne et du Groupe Sanpaolo (www.palatine.fr) ainsi que quelques assureurs comme Macif (www.macif.fr).

Quelques grandes banques étrangères sont également assez avancées en la matière, et les parties de leur site Internet consacrées à la responsabilité sociale sont généralement assez riches en informations sur les fonds éthiques proposés ainsi que sur les démarches de développement durable mises en œuvre de manière transversale dans la banque. Il s'agit, entre autres, de la banque anglaise Barclays (www.barclays.com), du Crédit Suisse (www.csg.ch), de Deutsche Bank (www.deutschebank.com), d'UBS (www.ubs.com), de HSBC (www.hsbc.com) ou encore des Hollandais de Rabobank (www.rabobank.com).

À titre d'information, vous pouvez consulter les sites web consacrés aux initiatives pionnières du secteur banque / assurance en matière d'engagement, ne serait-ce que pour connaître les entreprises, françaises ou non, qui prennent part aux initiatives volontaires telles que celle du Programme des Nations Unies pour l'environnement (www.unepfi.net) ou les principes Équateur, un code de conduite volontaire à l'attention des banques internationales, qui a vu le jour en 2003 (www.equator-principles.com). Signalons également l'action de EPI-Finance qui tente de définir des indicateurs de performance environnementale pour le secteur (www.epifinance.com). Enfin, vous trouverez des informations intéressantes sur le niveau d'engagement des banques françaises dans les rapports et les guides publiés par l'ONG environnementale Les Amis de la Terre dans le cadre de sa campagne sur la responsabilité des acteurs financiers : des documents comme *Banques françaises, banques fossiles* ou *Environnement : comment choisir sa banque ?* (tous deux publiés en 2007) proposent même un classement des banques en fonction de leur engagement et de leur intégration du développement durable à leur offre mais aussi à leurs activités de financement (à télécharger sur www.amisdelaterre.org).

Un certain nombre de sites Internet sont consacrés à l'investissement responsable : en français, deux sites d'information (celui du Forum pour l'Investissement responsable www.frenchsif.org/fr/ et www.isr-info.com dont les mises à jour semblent néanmoins sporadiques depuis deux ans) sont exclusivement dédiés au sujet. De plus, le site Novethic, initié par la Caisse des dépôts et consignations, traite de la responsabilité sociale de l'entreprise en général et consacre une partie spécifique à l'investissement responsable (www.novethic.fr).

En langue anglaise, on trouve également des sites d'information (par exemple, www.socialfunds.com). Les sites des différents « Social Investment Forums » existant dans le monde sont également de bons centres de ressources (www.socialinvest.org aux États-Unis, www.uksif.org en Angleterre, www.socialinvest.ca au Canada et www.eurosif.info en Europe).

Jean Delour, 33 ans

Direction des Organismes sociaux d'intérêt général au Crédit coopératif

On peut dire que mes études ne me prédestinaient pas à la finance. À la sortie de ma thèse de physique à l'École normale supérieure, j'ai eu le sentiment que la recherche était un monde passionnant mais un peu à part ; j'ai voulu basculer dans la « vraie vie ». Je me suis alors tourné vers la finance et j'ai travaillé 2 ans et demi dans une salle des marchés chez BNP Paribas. Aux antipodes de ce que je fais aujourd'hui ! Je ne maîtrisais ni l'amont, ni l'aval : je travaillais pour un actionnaire que je ne connaissais pas et j'injectais des sommes importantes sur les marchés sans chercher à connaître la réalité des entreprises qui se cachaient derrière les courbes. Loin d'être la « vraie vie », cela ressemblait plutôt à un grand jeu vidéo. J'ai donc poursuivi mes recherches pour trouver un métier plus en phase avec la réalité. Je suis allé voir du côté d'associations et ONG sans vraiment trouver mon bonheur, puis en tâtonnant, j'ai trouvé ce poste au Crédit Coopératif, à mi-chemin entre ces deux mondes.

Le Crédit Coopératif est une banque du groupe Banque Populaire depuis 2003. C'est une banque de l'économie sociale, un secteur qui regroupe les coopératives, associations, mutuelles... toutes les structures dont les gouvernants sont élus par les clients et dans lesquelles la distribution des bénéfices aux actionnaires est très limitée. Nos clients sont à la fois des entreprises, des organismes sociaux et des particuliers. Au sein de la banque, j'appartiens à un petit groupe de personnes dont le rôle est d'agir transversalement avec tous les services concernés pour positionner le Crédit Coopératif au cœur des circuits de la finance solidaire. Concrètement, cela consiste à collecter de l'épargne militante pour l'investir dans des structures de l'économie solidaire qui ont des missions d'intérêt général et une vocation sociale (la réinsertion, le logement très social, le commerce équitable, etc.). Dans le secteur de l'économie solidaire, la plupart des capitaux sont investis dans un petit nombre de structures dont la taille et la solidité financière rassurent les investisseurs. Notre mission est de faciliter l'accès aux fonds d'épargne solidaire à des structures plus petites, notamment en les aidant à se regrouper. C'est l'exemple de « Finantoit », le premier outil privé d'investissement solidaire dans le secteur du logement très social, créé en juillet 2006 par cinq partenaires associatifs, et qui mobilise des ressources issues de l'épargne solidaire pour le financement du logement très social. L'objectif est de contribuer au financement de 400 logements par an d'ici 5 ans. Les projets sélectionnés devront intégrer des objectifs de faible coût d'usage et tout particulièrement de faible consommation énergétique.

Au fond, mon travail consiste à prouver qu'il y a une alternative au modèle capitaliste pur, qu'il existe des structures puissantes qui font changer les choses et dans lesquelles ce n'est pas le capital qui dirige, où les bénéfices ne servent pas seulement à rémunérer les actionnaires mais sont aussi, en grande partie, réinvestis dans l'ingénierie. L'autre aspect est que nous contribuons à raccourcir le chemin entre ceux qui ont de l'argent (qui veulent donner du sens à leurs investissements et savoir ce que la banque fait avec leur épargne) et ceux qui n'en ont pas mais sont investis pour changer les choses. Nous remettons de la transparence dans le circuit.

Ce qui est le plus satisfaisant dans mon métier, c'est de voir concrètement l'impact de nos actions, en apportant des petites sommes à des gens qui en ont vraiment besoin plutôt que de manipuler des gros montants sans savoir comment ils sont utilisés. En termes de salaire, les rémunérations dans les salles de marché sont tellement démesurées que ce que je gagne aujourd'hui représente plutôt un retour à la vie normale. S'il y a une chose que mes études m'ont apprise, c'est de rester libre et ne pas me laisser enfermer dans des choses qui, au fond, ne me conviennent pas.

Mes messages clés

Le plus important est d'être en accord avec le fond de ce que l'on fait. Il y a plein de métiers qui sont nécessaires et il ne faut pas forcément travailler dans l'ISR ou le développement durable mais commencer par se poser la question de la finalité de son métier puis de le mettre en cohérence avec ce que l'on recherche.

4

LE CONSEIL SPÉCIALISÉ EN DÉVELOPPEMENT DURABLE

Le conseil en stratégie de développement durable est une discipline assez récente et à la profitabilité encore incertaine. Généralement, les consultants proposent leurs services en free-lance.

Les effectifs des cabinets pionniers, qui sont assez peu nombreux dans chaque pays, dépassent rarement une dizaine ou une vingtaine de consultants, ce qui limite évidemment les possibilités de recrutement. C'est le cas d'Utopies, créé en France en 1993 (www.utopies.com), et de SustainAbility, en Angleterre, créé en 1987 (www.sustainability.com).

LES CABINETS DE CONSEIL

Progressivement, le marché se structure et les acteurs se multiplient. En France, certains cabinets ont peu à peu fait évoluer leur offre pour répondre à la demande de leurs clients et proposer un accompagnement stratégique sur le thème du développement durable.

C'est le cas de l'agence d'éco-design O2 qui poursuit ses activités malgré le décès de son fondateur Thierry Kazazian début 2006 (www.o2france.com), de quelques cabinets spécialisés en management ou en ressources humaines comme Ecodurable (www.ecodurable.com), de BMJ avant son rapprochement de Core Ratings et son recentrage sur l'activité de notation (www.bmjratings.com), de l'ex-site web d'information BeCitizen (www.becitizen.com), d'Ethicity qui a commencé par le conseil en marketing et communication (www.ethicity.net), de Bioviva qui s'est initialement distingué par des jeux pédagogiques pour enfants sur l'environnement (www.bioviva.com sur les jeux et www.bioviva.fr sur le conseil) ou de Bio Intelligence Service, historiquement spécialisé sur l'évaluation et la stratégie environnementale (www.biois.com).

Avec la maturation du sujet et du marché, un nombre croissant de structures sont apparues récemment, comme Good Corporation (www.goodcorporation.com), Good Business (www.goodbusiness.co.uk), Corporate Citizenship (www.corporate-citizenship.com), Futerra (www.futerracom.org), Maplecroft (www.maplecroft.com), Sancroft (www.sancroft.com) ou Future Considerations (www.futureconsiderations.com) en Angleterre. D'autres types de structures, plus proches de *think tanks*, comme The New Economics Foundation (www.neweconomics.org), AccountAbility (www.accountability.org.uk) ou Forum for the Future (www.forumforthefuture.org.uk), ont également des activités d'accompagnement des entreprises, le plus souvent outre-Manche même si certaines travaillent occasionnellement avec des groupes français. En France, des cabinets et des agences comme Maqassar (www.maqassar.com), Eco & co (www.ecoandco.com), Auxilia (dont la cible initiale était les collectivités territoriales – www.auxilia.asso.fr) ainsi que plusieurs petites structures spécialisées dans le développement durable, le plus souvent unipersonnelles, ont également vu le jour depuis quelques années. Plusieurs ont déjà fermé boutique, mais rassurez-vous : dans cet ouvrage, nous ne citons que les cabinets de conseil qui ont eu le temps de faire leurs preuves.

Renseignez-vous !

Participer au développement d'une entreprise récente peut être une aventure tentante. Mais, dans tous les cas, avant d'envoyer une candidature ou lorsque vous rencontrez les responsables de la structure, n'hésitez jamais à aller au-delà du leadership ou de l'expertise affichés pour vous renseigner sur l'histoire de l'entreprise (pour vous faire une idée de sa pérennité...), sur l'antériorité de son offre en matière de développement durable, sur l'expérience des individus qui la composent (ainsi que sur le temps qu'ils ont passé dans l'entreprise) et, surtout, sur les missions déjà menées par la structure (noms des entreprises clientes, nature de la mission d'accompagnement, documents produits le cas échéant, etc.).

Vous pouvez aussi poser quelques questions sur le chiffre d'affaires, ou la marge brute, réalisé spécifiquement sur l'activité de conseil en développement durable. Il est également possible d'utiliser Internet et les serveurs minitel pour consulter les comptes de n'importe quelle entreprise, à condition qu'elle en ait effectué le dépôt légal, ce qui est généralement bon signe. Le serveur le plus connu, à force de campagnes publicitaires pour le moins marquantes comme « vérifiez la santé de votre entreprise avant qu'il ne soit trop tard » ou « a-t-elle les reins solides ? », est 3617 VERIF ou, sur le web, www.verif.com. Les sites d'Infogreffe sont également très utiles : vous pouvez y accéder *via* le minitel en tapant 08 36 29 11 11 (facturation téléphonique), ou *via* Internet (www.infogreffe.fr, avec facturation en ligne). Enfin, les sites d'Euridile (www.euridile.com) et www.societe.com (information gratuite) fournissent aussi des informations intéressantes.

Un dernier conseil : si vous le pouvez, interrogez les fondateurs ou les dirigeants sur ce qui a motivé, chez eux, la création de cette entreprise, cherchez à cerner leurs convictions et leur engagement personnels, méfiez-vous de ceux qui semblent incarner l'inverse de ce qu'ils sont censés prôner et fiez-vous à votre intuition.

Rémi Deveaux, 26 ans

Consultant en stratégie de développement durable chez Utopies

Je suis consultant chez Utopies depuis 4 ans maintenant. Mon travail consiste à aider les entreprises à bâtir leur démarche de responsabilité sociale et environnementale : de l'analyse des enjeux auxquels elles doivent répondre à la définition de la stratégie et du plan d'action, en passant par l'accompagnement de leur reporting. À Utopies, on se pose la question de savoir quel modèle économique permettrait à l'entreprise de se développer tout en contribuant le plus favorablement au respect de l'environnement et au progrès social.

En plus d'apporter une méthodologie et des connaissances sur le développement durable, notre mission consiste à faire adhérer nos clients à cette autre façon de concevoir leur métier et aux changements que cela implique. Dans mon travail, je dois élaborer des diagnostics crédibles et des plans d'actions ambitieux... tout en restant réaliste pour que mes recommandations ne restent pas lettre morte ! Comparé à un métier de consultant dans d'autres domaines, nous avons, à mes yeux, une responsabilité supplémentaire : améliorer véritablement la performance sociale et environnementale des entreprises, et non rechercher la seule satisfaction de nos clients. Ce qui fait parfois faire le grand écart !

Le développement durable n'étant pas encore vécu comme une obligation par les dirigeants, nous devons donner envie et convaincre pour atteindre nos objectifs. Et pour être convaincant, il faut être convaincu !

Mes convictions personnelles m'ont amené à m'intéresser à l'environnement, mais je ne suis pas arrivé dans le développement durable par la porte du militantisme : c'est le côté pragmatique, lucide et positif de la démarche qui m'a attiré. De formation école de commerce, je crois que l'entreprise – cette organisation humaine efficace et influente – est un formidable levier de progrès et qu'elle est aussi, sans doute, plus vulnérable qu'on ne le croit : elle se doit d'être légitime aux yeux du plus grand nombre pour continuer de prospérer. Mes études m'ont apporté une connaissance de la culture et des rouages de l'entreprise, sans pour cela m'éveiller aux enjeux que j'aborde aujourd'hui. C'est à force de faire passer des messages qu'on se sensibilise soi-même !

Mon métier me permet de travailler sur l'entreprise tout en étant en phase avec les problématiques actuelles de la société. Et je pense que pour un jeune diplômé, c'est une expérience utile car cela pousse à se poser les questions que l'on est de toute façon amené à se poser à un jour.

Des sacrifices ? Le salaire certainement – si je compare aux émoluments versés par les autres sociétés de conseil. On gagne probablement moins dans une petite structure !

Mes messages clés

Vouloir travailler dans le développement durable implique de se poser les mêmes questions que pour tout job : quelles sont mes compétences ? Que vais-je pouvoir apporter à mon entreprise ? Que va m'apporter ce métier ? Je considère faire le même travail avec les mêmes exigences que dans tout autre cabinet de conseil. La différence se situe dans la mission et la contribution sociale de l'entreprise…

Les métiers du développement durable n'en sont qu'à leurs balbutiements. Les conséquences sociales et environnementales majeures de l'activité humaine, comme le changement climatique ou les atteintes à la biodiversité, sont devant nous. Les entreprises, associations, administrations rechercheront à terme des candidats ayant une forte sensibilité et une bonne compréhension de ces phénomènes écologiques et de leurs répercussions sociales. Une expérience dans le développement durable sera de toute façon un atout dans une carrière.

LES GRANDS CABINETS D'AUDIT OU DE CONSEIL

Si les petites structures vous font peur, n'hésitez pas à vous reporter sur des entreprises plus importantes, pour qui le conseil en développement durable n'est pas toujours une activité majeure mais qui proposent, depuis quelques années, des prestations techniques (par exemple des audits de sites) et stratégiques sur ce thème.

C'est le cas des grands cabinets d'audit dont les activités sur le développement durable se décomposent généralement en trois volets : des études pour les pouvoirs publics, du conseil pour les entreprises et de l'audit. Les principaux cabinets sont PricewaterhouseCoopers (www.pwc.com/fr/dd), Cap Gemini Ernst & Young (www.ernst-young.fr), Deloitte & Touche (www.deloitte.fr), Bureau

Veritas (www.bureauveritas.fr), Mazars (www.mazars.fr) et KPMG (www.kpmg.fr). Évidemment, les places sont chères : en 2003, PricewaterhouseCoopers employait 30 personnes sur ces activités, mais recevait plus de 600 candidatures par an... pour n'embaucher que 3 personnes chaque année[1] !

Nous indiquons ici les adresses web générales de ces grands cabinets mais nous vous conseillons, plus spécifiquement, de rechercher des informations détaillées sur le volet « développement durable » de leurs activités en tapant, dans des moteurs de recherche comme www.google.fr, « le nom du cabinet + développement durable ».

Vous pouvez aussi vous tourner vers des cabinets d'audit plus pointus, spécialisés dans l'ingénierie de l'environnement (voir le chapitre 15), comme Burgeap (www.burgeap.fr) ou Ecobilan (www.ecobilan.fr), qui fait désormais partie de PricewaterhouseCoopers.

Sylvain Lambert, 40 ans

Associé responsable du département développement durable chez PricewaterhouseCoopers

Je suis associé au sein de PricewaterhouseCoopers (PwC) et codirige notre département développement durable, qui compte aujourd'hui environ 35 personnes en France et autour de 500 dans le monde. Nous traitons toutes les problématiques relatives aux études technico-économiques, audits de sites, ISO 14001, éco-conception des produits, analyse de cycle de vie, assistance à l'élaboration de stratégies, réalisation ou vérification de rapports de développement durable, formations spécifiques, etc. Nous intervenons tant pour le secteur privé que public avec néanmoins une forte dominante du privé (près de 70 % du CA). Je suis par ailleurs régulièrement amené à

1. Intervention de Thierry Raes au forum Équation, 2005.

représenter PwC sur le sujet du développement durable dans diverses manifestations, conférences, associations, écoles, etc.

L'essence même de notre métier consiste à aider les organisations (publiques ou privées) à intégrer certains aspects du développement durable à leur fonctionnement : en ce sens, on peut dire que notre activité contribue (parfois modestement, parfois plus) à créer de la valeur sociale et/ou environnementale. Quand la démarche est plus aboutie, notre rôle est plutôt de déployer des plans d'actions (mesures sociales ou gestion des consommations d'énergie par exemple). Mais la question de fond reste de savoir comment nous pouvons assister les organisations à s'adapter aux changements irrémédiables de notre planète : changements biologiques, climatiques, liés aux ressources naturelles, aux évolutions démographiques, aux évolutions profondes des attentes sociétales... Les vraies actions sont nécessairement lourdes, longues et complexes mais peu à peu font avancer les choses.

J'ai choisi cette activité à la fois par hasard, chance et intérêt. Par hasard : il y a 13 ans quand j'ai commencé, on ne savait pas trop ce qu'était un consultant en développement durable mais ça me paraissait intéressant. Par chance : j'ai rencontré le fondateur du département au moment du lancement de l'activité. Et par intérêt : parce qu'après quelques années consacrées à l'économie et à la finance, je me suis dit qu'il y avait peut-être d'autres réalités, tout aussi concrètes et susceptibles d'être liées à la valeur économique. Ma prise de conscience s'est faite petit à petit et notamment en travaillant sur le terrain : j'ai vraiment réalisé qu'il n'est pas envisageable pour l'humanité de continuer à se développer selon les modes de consommation et de production traditionnels. Aujourd'hui, je suis heureux de travailler avec des dirigeants sur des décisions bonnes pour l'entreprise et pour la société.

Mes études m'avaient préparé au métier d'auditeur financier, mais pas directement à celui d'expert en développement durable : je suis diplômé de la faculté des sciences économiques de Grenoble avec un DEA d'économie internationale, suivi d'un mastère d'audit et conseil à l'ESCP en 1991. J'ai développé mon expertise au fil du temps, excepté pour un sujet : la vérification de rapports développement durable. Nous avons d'ailleurs été le premier cabinet en France à vérifier de tels rapports en 1994, avec le rapport environnement de Rhône-Poulenc. Avoir une vision concrète de l'économie, de la finance et de la comptabilité demeure nécessaire pour comprendre comment faire du développement durable tout en continuant à gagner de l'argent et à pérenniser l'entreprise.

Mes messages clés

Par rapport à la première édition de ce livre, mes messages ont évolué. Nous avons, aujourd'hui, le sentiment que le traitement des questions de développement durable par les organisations est de plus en plus ancré dans le dur, le sérieux... Les besoins sont de plus en plus importants, même s'ils ne permettront jamais d'absorber la quantité de jeunes motivés par ces questions et éventuellement issus de filières spécialisées. Mais il y a aujourd'hui de nombreuses opportunités dans différents secteurs : le conseil, les banques, les directions achats, les entreprises en général... Cette accélération du marché se traduit à la fois sur le nombre de CV reçus par mon équipe et sur les recrutements. Nous recevons environ 800 CV par an et, en septembre 2007, nous allons accueillir quatre jeunes collaborateurs sortis de l'école, une personne en année de césure pour un an, et deux personnes ayant dix ans d'expérience. Nous avons aussi des départs à l'étranger au sein de notre activité développement durable monde.

Il faut donc toujours foncer. C'est devenu un peu plus facile, même si le nombre de candidats est toujours trop élevé par rapport aux capacités du marché. Il ne faut pas non plus oublier que l'on peut faire du développement durable de plusieurs façons : en travaillant directement sur le sujet, mais aussi en travaillant dans un autre domaine mais tout en intégrant peu à peu la démarche à son métier. Il faut être imaginatif, et toujours aussi motivé ! Mais comment ne pas l'être sur un tel sujet aussi passionnant et surtout aussi important pour notre futur !

LES AGENCES DE COMMUNICATION

En France, les agences de communication institutionnelle, notamment celles qui réalisent des rapports annuels, s'intéressent beaucoup au développement durable, surtout depuis la sortie de la loi NRE qui rend le rapport de développement durable quasi obligatoire pour les entreprises cotées.

Cela ne signifie pas pour autant qu'elles ont déjà des équipes dédiées (le cas est même plutôt rarissime) : mais plus les entreprises s'engagent sur la voie du développement durable, plus les agences sont tenues d'intégrer tôt au tard le sujet aux stratégies de communication, de relations publiques et même d'achat d'espace média qu'elles mettent en œuvre pour leurs clients.

Par exemple, l'agence de communication Euro-RSCG BETC, qui travaille notamment pour Carrefour France, a développé il y a quelques années une campagne d'affichage institutionnelle pour l'enseigne sur le thème du développement durable, qui avait pour slogan « mieux consommer, c'est urgent ».

Parmi les agences plus ou moins importantes affichant, en France, un intérêt ou une offre sur le sujet, citons notamment BBDO Corporate (www.bbdocorporate.fr), en partenariat avec le cabinet Mazars, Harrison & Wolf (www.harrison-wolf.com), Burson Marsteller (www.burson-marsteller.fr), McCannErickson (www.mccann.fr), mais aussi de plus petites structures comme l'Agence Verte (www.agenceverte.com) ou, plus récemment créées, Hickory (www.hickory.fr), ainsi que quelques structures régionales comme MC Durable (www.mc-durable.com). Signalons, enfin, toujours sur ce sujet de la communication responsable, l'existence de l'Association communication information pour le développement durable (www.acidd.com) qui coorganise, notamment avec le Comité 21, l'Université d'été de la communication sur le développement durable, mais aussi, du côté des ONG, de l'atelier « Publicité & Environnement » au sein de l'Alliance pour la Planète (le regroupement des ONG environnementales françaises initié par WWF au printemps 2006 – voir www.lalliance.fr/45-Publicite-Et-Environnement) qui interpelle les annonceurs français et leur organisme d'autorégulation, le Bureau de vérification de la publicité, en mettant à l'index des publicités jugées « irresponsables ».

À noter aussi que PricewaterhouseCoopers – Ecobilan, l'agence d'achat d'espaces publicitaires MPG, l'ADEME et LVMH ont lancé en 2007 Écopublicité, un projet de mesure de l'impact environnemental des publicités. L'objectif est de permettre aux annonceurs et publicitaires d'évaluer et d'optimiser la performance environnementale de leurs campagnes publicitaires, à partir d'une analyse du cycle de vie comptabilisant, entre autres, les émissions de gaz à effet de serre, la consommation d'eau, les déchets générés lors des phases de production et de diffusion des campagnes (www.ecopublicite.com).

Des sociétés de recherche spécialisées dans les enquêtes d'opinion et les études marketing ont par ailleurs développé, ces dernières années, plusieurs études sur le développement durable, la consommation responsable ou le commerce équitable, ce qui signifie qu'elles ont mobilisé leurs équipes sur ces questions. C'est le cas d'Echo Research, qui a des activités en Grande-Bretagne et en France (www.echoresearch.com), et du Credoc (www.credoc.fr) ou de Thema (la société d'études qui a « inventé » les alter-consommateurs – www.thema-sa.fr) ainsi que de plus grosses structures comme Taylor Nelson Sofres (www.tns-sofres.com), Ipsos (www.ipsos.fr) ou l'IFOP (www.ifop.fr).

Enfin, toujours dans le domaine de la communication, quelques pistes valent sans doute la peine d'être creusées du côté des éditeurs de logiciels qui ont conçu des solutions informatiques adaptées au développement durable – en particulier des outils de reporting permettant de faire remonter les données sociales et environnementales des filiales que l'entreprise doit consolider et faire figurer dans son rapport annuel. Parmi ces éditeurs, on peut citer Enablon (www.enablon.fr) et Ivalua (www.ivalua.fr).

LES ASSOCIATIONS ET LES ORGANISMES PUBLICS

Pour conclure, soulignons que les associations professionnelles spécialisées dans les domaines de l'environnement et du développement durable, dont certaines ont déjà été citées précédemment, proposent elles aussi une forme d'accompagnement aux entreprises qui en sont membres.

La nature de l'accompagnement varie en fonction de l'organisation et de ses objectifs. Il peut correspondre à la veille et à l'information sur le sujet, à la réalisation de dossiers ou de rapports thématiques, à l'organisation et à l'animation de groupes de travail sur un sujet spécifique, à la réalisation d'études de benchmarking comparant les pratiques des entreprises, etc.

Ces travaux sont généralement réalisés avec des ressources humaines et financières mises à disposition par les entreprises membres mais aussi, le plus souvent, avec une équipe interne allant de quelques stagiaires à plusieurs chargés de projets, selon les moyens dont dispose l'association. Les principales associations professionnelles spécialisées dans le développement durable sont, en France, EPE (www.epe-asso.org), ORSE (www.orse.org), OREE (www.oree.org), le Comité 21 (www.comite21.org), et quelques autres associations plus pointues comme HQE (www.assohqe.org) qui s'intéresse aux questions d'architecture écologique.

À l'étranger, des organisations similaires existent, avec souvent des équipes plus importantes, comme l'International Business Leaders Forum (www.iblf.org), AccountAbility (www.accountability.org.uk), Forum for the Future (www.forumforthefuture.org.uk), The Center for Tomorrow's Company (www.tomorrowscompany.com), Business in the Community (www.bitc.org.uk), CSR Europe (www.csreurope.org), le World Business Council on Sustainable Development (www.wbcsd.org), Business for Social Responsibility (www.bsr.org) ou encore Social Venture Network (www.svn.org).

À cette liste, il convient d'ajouter les organismes publics d'accompagnement des entreprises ou des collectivités locales, comme l'Agence de l'environnement et de la maîtrise de l'énergie ou ADEME (www.ademe.fr), l'Association française de normalisation (Afnor) qui développe des normes et des formations sur toute une série de thèmes dont le développement durable, depuis peu (www.afnor.fr), les DRIRE (Directions régionales de l'industrie, de la recherche et de l'environnement – voir, par exemple, www.ile-de-france.drire.gouv.fr) qui, non seulement, contrôlent les entreprises locales mais ont aussi des missions de développement économique, et enfin les organismes internationaux comme le Programme des Nations Unies pour l'environnement (www.unep.org).

Un certain nombre d'initiatives collectives existent, enfin, pour promouvoir tel ou tel aspect lié à la RSE ou au développement durable, et le fait d'en être membre est au moins le signe que l'entreprise s'intéresse au thème traité. Citons par exemple l'initiative « Entreprises & Construction durable » sur le thème de la construction écologique des bâtiments (www.constructiondurable.com), l'Institut du mécénat de solidarité – Entreprendre pour la cité sur le thème de la solidarité et du mécénat de compétences (www.imsentreprendre.com), l'Association pour le développement du mécénat industriel et commercial qui travaille sur le mécénat d'entreprise (www.admical.org), etc.

Nicolas Blanc, 33 ans

Responsable des relations avec les entreprises au Comité 21

Je travaille depuis 4 ans au Comité 21 et je suis en charge des relations avec les entreprises ainsi que de l'animation du programme « Économie responsable ». Le Comité 21 a été créé en 1994 après le Sommet de Rio. C'est un réseau d'acteurs engagés pour le développement durable (entreprises, collectivités, ONG, scientifiques...). Notre objectif est de faciliter les partenariats pluriacteurs et d'identifier l'innovation, de la promouvoir et de partager les bonnes pratiques. Plus spécifiquement, nous organisons des groupes de travail sur des sujets prioritaires (alimentation, déchets, énergie, transport, etc.) pour faire réfléchir nos adhérents à des synergies pouvant permettre d'aboutir à des pistes d'action innovantes, ambitieuses, opérationnelles. Je fais beaucoup de rédactionnel et d'animation de réseau. Je suis amené à travailler et dialoguer au quotidien avec une grande pluralité d'acteurs, et des interlocuteurs de très haut niveau.

La particularité du réseau fait toute l'originalité et l'intérêt de mon métier. En instaurant un dialogue entre les entreprises et des interlocuteurs non traditionnels (comme les collectivités, les ONG, les scientifiques), nous sommes au cœur de la révolution culturelle que peut amener le développement durable. L'ouverture et la concertation sont de véritables catalyseurs d'action, de concrétisation et d'ancrage des stratégies de développement durable dans les entreprises.

Je ne suis pas écolo ! Je me suis interrogé sur les questions de la responsabilité collective dans le domaine social et environnemental pour des raisons plutôt théoriques. En fait, mes études ne me destinaient pas, a priori, à faire carrière dans une ONG. J'ai fait des études universitaires sur la macroéconomie, l'économie politique et je me suis spécialisé en économie monétaire et financière. Ma thèse de doctorat portait sur l'analyse économique de l'eau… Et c'est elle qui a provoqué, en quelque sorte, mon éveil citoyen et environnemental. Les modèles économiques classiques nous poussent à réfléchir de manière atemporelle, ils ne permettent pas de prendre en compte l'incertitude et le temps long. Par ailleurs, après plusieurs années à l'université, j'avais besoin de m'ouvrir à d'autres types d'acteurs, et notamment les entreprises. Or, avec une thèse de doctorat en sciences humaines, le pas vers les entreprises n'est pas facile à faire. J'ai soutenu ma thèse en décembre 2002 et quelques semaines plus tard je suis entré en stage au Comité 21, puis en CDD, puis en CDI. Travailler dans le développement durable demande beaucoup d'humilité.

Ce que j'ai appris pendant ma thèse me sert aujourd'hui parce que je fais un métier de conviction et de communication (écrite ou orale), et parce que le développement durable a besoin d'un vrai travail d'analyse pour trouver sa légitimité économique. J'ai donc le sentiment d'avoir réussi à mettre en cohérence mes études, mon métier et mes intérêts personnels pour l'entreprise, l'ouverture et la variété (des sujets et des interlocuteurs).

Enfin, le développement durable est un projet collectif, mobilisateur, porteur de valeurs positives et qui interroge la responsabilité individuelle.

Les gens n'ont jamais été aussi éduqués, informés et donc à même de comprendre les enjeux qu'aujourd'hui. C'est trop facile d'incriminer les entreprises ou les médias : en tant qu'individu, nous avons, nous aussi, la responsabilité de nous engager. Cela aussi fait écho à mon engagement personnel.

Mes messages clés

Concernant les formations, je trouve de bon augure que les mastères Développement durable se multiplient mais je m'inquiète du fait qu'ils s'adressent dans 90 % des cas aux jeunes diplômés. Vouloir travailler dans le développement durable est un projet noble mais il faut avoir un cœur de métier, des compétences, une expertise (scientifique, juridique ou économique).

5

LES ONG ENGAGÉES DANS LE DÉVELOPPEMENT DURABLE

On l'a vu précédemment, un nombre croissant d'organisations non gouvernementales, notamment celles qui se consacrent à la défense des Droits de l'homme ou à la protection de l'environnement, développent des partenariats avec les entreprises pour travailler à la résolution de problèmes sociaux ou environnementaux.

Toutes n'ont pas nécessairement créé de départements ou de postes dédiés à ces partenariats nouveaux, mais elles recrutent des stagiaires qui travaillent à intégrer cette dimension dans les postes plus « classiques » dont l'objectif peut être, par exemple, la recherche de fonds auprès des entreprises.

Cette situation permet aux ONG à la fois de prévenir la contradiction qui consisterait à financer des actions de défense des Droits de l'homme ou de l'environnement avec de l'argent provenant d'entreprises dont les activités ont précisément des impacts négatifs sur ces questions, et d'avoir une meilleure écoute auprès des entreprises, puisqu'elles ne viennent plus seulement demander un don mais proposer un projet global où l'entreprise s'engage aussi à faire progresser ses activités, avec l'expertise de l'ONG en guise d'aiguillon.

L'INDÉPENDANCE DES ONG

Dans bon nombre d'ONG traditionnellement militantes, comme Greenpeace ou Médecins du monde, cette perspective de collaboration avec le secteur privé fait grincer des dents. Ses détracteurs considèrent qu'elle menace l'indépendance de l'organisation qui serait dès lors moins libre de mettre en cause, publiquement, les actions des entreprises.

Parmi ces organisations, on trouve également la Fédération internationale des ligues des Droits de l'homme ou FIDH (www.fidh.org), dont les équipes comptent de nombreux juristes, qui a établi, il y a quelques années, un partenariat unique avec l'enseigne Carrefour pour aider celle-ci à établir un code de conduite à l'attention de ses fournisseurs dans les pays du Sud, à former les auditeurs qui en vérifiaient l'application, à effectuer des audits « surprise » de contrôle (*via* une structure indépendante pilotée par la FIDH), et plus récemment, de manière préventive, à informer sur leurs droits fondamentaux les travailleurs des usines concernées, notamment au Bangladesh.

Ce partenariat, souvent cité en exemple, est le seul que la FIDH a passé : l'ONG a mis longtemps à accepter de communiquer sur le sujet, et ne souhaite pas renouveler cette expérience qui a pris beaucoup de temps et d'énergie à ses équipes. Il faut dire que, pour préserver son indépendance, la FIDH a décidé de ne pas facturer ses prestations à Carrefour – ce que d'autres organisations, comme l'ONG de développement CARE, habituées à collaborer avec le secteur privé, n'hésitent pas à faire, afin de consacrer plus sereinement leurs ressources à ces projets. D'autres, comme le WWF, mettent en œuvre des partenariats avec les entreprises sans facturer leur temps mais moyennant une contrepartie financière sous forme de don attribué à un projet précis (par exemple, dans le cas de Lafarge, le projet Future Forests).

COOPÉRATION ONG-ENTREPRISES

Parmi les associations à contacter si ces perspectives de coopération ONG / entreprises vous intéressent, on trouve le WWF (voir le site français www.wwf.fr mais aussi, pour information, les sites des deux grandes initiatives du WWF avec le secteur privé, sur le bois, www.fsc.org, et sur les poissons, www.msc.org), CARE (www.care-france.org), l'Unicef (www.unicef.fr), la Fondation de France (www.fdf.org) ou, sur un sujet plus pointu, La Prévention routière (www.preventionroutiere.asso.fr). Bien que pour le moment leurs activités soient moins installées en France qu'en Grande-Bretagne, par exemple, vous pouvez également vous adresser à Transparency International (voir le site www.transparency.org et la section consacrée au travail anticorruption mené avec le secteur privé *via* les *business principles* établis à l'attention des entreprises, ou encore le site de la section française www.transparence-france.org) ainsi qu'à Amnesty International pour tout ce qui a trait aux Droits de l'homme (voir le site français www.amnesty.fr et aussi la section du site britannique consacrée au travail avec les entreprises, www.amnesty.org.uk/business).

ALTERNATIVES

Une autre solution, si cela correspond davantage à votre caractère et à vos envies, est naturellement de travailler pour les ONG qui refusent généralement de collaborer avec les entreprises afin de rester libres de les interpeller sur leurs pratiques, ce qui n'exclut pas le dialogue constructif, bien au contraire : en France, les plus connues sont des associations de protection de l'environnement qui mènent des campagnes sectorielles thématiques souvent très pertinentes et efficaces à l'attention des entreprises comme les Amis de la Terre (www.amisdelaterre.org), Greenpeace (www.greenpeace.fr), France Nature Environnement (www.fne.asso.fr) ou encore Robin des Bois (www.robindesbois.org).

Vous pouvez aussi choisir de contacter des ONG au fonctionnement plus traditionnel, qui ont recours à la recherche de fonds auprès des entreprises pour financer leurs activités, sans forcément leur demander de faire évoluer leurs pratiques. Bien sûr, rien n'empêche évidemment les individus qui occupent ces postes d'apporter une valeur ajoutée en allant voir les entreprises, non plus seulement avec des demandes de financement mais également avec des propositions innovantes (de partenariats, de produits-partage, etc.).

LE PRODUIT-PARTAGE

Les produits-partage, par exemple, sont une façon intéressante de renouveler le schéma classique des accords de mécénat entre entreprise et ONG (l'entreprise fait un don à l'ONG et améliore indirectement son image au passage). Le principe est simple : une partie des ventes réalisées sur un produit ou une gamme de produits, durant une période donnée, est reversée à l'ONG, le plus souvent pour financer un programme précis. L'opération est annoncée sur le packaging et, parfois, à grand renfort de documents publi-promotionnels, de manière à attirer les clients, ce qui permet d'augmenter les ventes... et de reverser plus d'argent à l'ONG !

Évidemment, un produit-partage réussit d'autant plus (à la marque et à l'ONG) que l'opération concerne un grand nombre de produits et qu'elle dure dans le temps. Aux États-Unis, certains produits-partage sont même permanents : ainsi, l'entreprise Endangered Species Chocolate Company propose exclusivement une gamme de seize barres chocolatées, dont chacune est consacrée à un animal en danger qui figure sur l'emballage et reverse au moins 10 % des recettes à des associations de protection de la nature (www.chocolatebar.com). Parmi les ONG qui pratiquent en France le produit-partage, citons notamment Handicap International dont le sac à sapin et le kit Plio de couverture des livres scolaires sont des beaux succès (www.handicap-international.org), le WWF qui a notamment cosigné un t-shirt avec la marque Pimkie, un sac à dos écologique avec Lafuma ou une gamme de produits « Partenaires pour la Planète » avec l'enseigne Castorama (www.wwf.fr, www.lafuma.fr et www.castorama.fr) ou encore l'Unicef qui a récemment passé des accords de partenariats avec des entreprises allant de Volvic à IKEA en passant par France Télécom ou la FNAC (www.unicef.fr).

DANS LES FAITS

Pour conclure, rappelons que les salaires dans les ONG sont généralement plus bas que dans les entreprises, et ce d'autant plus que le poste est élevé. Mais, après tout, le salaire est loin d'être la seule motivation de ceux qui font le choix de travailler dans une association.

Soulignons aussi que le fait de vouloir servir son prochain n'est plus un critère d'embauche suffisant : « Nous demandons aux candidats à l'expatriation deux ou trois ans d'expérience, et une certaine maturité – sauf à ceux qui veulent rejoindre le corps médical, car ils ont déjà eu des expériences pratiques pendant leurs études », explique Isabelle Saussez[1], responsable des ressources humaines de Médecins sans frontières Belgique. Elle-même, titulaire d'une licence en sciences économiques, a été conseillère économique dans un cabinet ministériel puis analyste financier dans une banque avant de changer radicalement de voie et d'entrer chez MSF.

Même son de cloche chez Bruno Dabout, diplômé de l'Edhec, entré comme volontaire en 1985 chez ATD Quart Monde où il occupe maintenant le poste de trésorier[2] : « La notion de carrière n'existe pas. Il n'y a pas de hiérarchie. Chez ATD Quart Monde, nous avons tous le même salaire, adapté au niveau de vie du pays, quelles que soient nos responsabilités. Le parcours classique consiste à alterner des fonctions de soutien, comme la mienne actuellement, et des fonctions terrain. »

1. « Idéaliste et management font bon ménage », *Le Soir*, 8 novembre 2003.
2. http://management.journaldunet.com.

Des propos qui vont dans le sens du témoignage de Peter de Smet[1], directeur de Greenpeace Belgique, où il est entré à 35 ans avec quinze ans d'expérience dans le privé, d'abord dans une enseigne de grande distribution puis dans une agence de publicité et, enfin, dans sa propre agence d'événements spécialisée dans le sport et la nature : « Les gens ne postulent pas chez nous pour le salaire. Si chez nous un salaire de secrétaire est comparable avec ce qui se pratique sur le marché, les fonctions plus élevées sont moins compétitives. L'écart de salaire est de 2,5 entre le plus bas et le plus élevé alors que dans le privé, il se monte à 10 ou plus. Ce qui ne facilite pas le recrutement d'éléments de haut niveau. »

Il reste que le monde associatif est un secteur dynamique qui recrute, puisqu'il a affiché, au cours de la dernière décennie du 20e siècle, une croissance de près de 50 % (contre 19 % pour l'économie française dans son ensemble)[2] et qu'il employait, en 2002, 1,4 million de personnes en France (contre 1,2 en 2000), soit plus que des secteurs comme la banque, le transport ou même le BTP[3]. Et c'est sans compter les 11 millions de bénévoles travaillant dans les associations, qui représentent 820 000 postes équivalents temps plein supplémentaires et un travail d'une valeur économique de 14,2 milliards d'euros[4].

Sébastien Godinot, 32 ans

Coordinateur de la campagne Responsabilité des acteurs financiers chez Les Amis de la Terre

J'ai toujours eu une âme de militant. Adhérent puis bénévole chez Attac, Amnesty, Greenpeace, Ras-le-front, dès le lycée, je me suis rendu compte que pour faire bouger les choses, il fallait mieux s'investir à temps plein dans le secteur.

---

1. « Idéaliste et management font bon ménage », *Le Soir*, 8 novembre 2003.
2. INSEE / Annuaire statistique de la France et étude McKinsey, cités par O. Kayser / Ashoka au Better World Business Forum d'Utopies, janvier 2004.
3. Édith Archambault, *Le poids économique des associations en France*, Centre d'économie de la Sorbonne Université Paris I et ADDES.
4. *Ibid.*

Je coordonne désormais la campagne sur la responsabilité des acteurs financiers au sein des Amis de la Terre, une association de protection de l'homme et de l'environnement, créée en 1970, qui fédère des groupes locaux et internationaux, présents dans 72 pays, avec 1,5 million de membres. Le poste de chargé de campagne comprend la constitution de l'expertise sur le sujet en question (recherche d'information, réalisation de rapport, missions de terrain, etc.), l'organisation de la campagne (animation de réseau avec les groupes locaux et les différentes associations qui travaillent sur la même problématique), la mise en place de la stratégie de communication médias et auprès des militants associatifs, la recherche de financement et bien entendu l'interpellation des décideurs publics et privés…

Nous avons trois leviers pour pousser les acteurs que nous ciblons à bouger : notre crédibilité sur le sujet, la notoriété de l'association auprès du grand public et notre capacité de pression ou de nuisance. Notre pouvoir de conviction est d'autant plus important que, aussi surprenant que cela puisse paraître, nous connaissons les enjeux sociaux et environnementaux des activités que nous visons… mieux que nos interlocuteurs dans ces secteurs ! Par exemple, dans le cas d'une banque, on marque des points quand, en travaillant avec les associations locales qui ont la vision terrain des implications directes de certains projets d'investissements sur les populations locales, nous avons la capacité de faire remonter aux dirigeants des informations auxquelles ils n'ont pas accès.

Notre valeur ajoutée est liée à notre volonté d'analyser et d'aborder les sujets dans leur globalité. D'une part, parce que malgré notre positionnement très écologique de départ, nous nous efforçons, pour chaque campagne, d'aborder également les aspects sociaux et politiques ; et, d'autre part, parce que nous travaillons à la fois au niveau local, national et international. Cette approche est plus exigeante et plus difficile à « vendre » car elle complexifie les choses, mais c'est la seule manière d'être cohérent et d'éviter le syndrome Not In My Backyard. Dans mon cas, l'intérêt du poste est également lié au sujet, car nous sommes les seuls à mettre en avant le lien entre la finance et le développement durable. Il y avait un vide à combler et notre action est assez efficace. Ainsi nous avons contribué à faire avancer la COFACE : amélioration de la transparence et élaboration de politiques sectorielles imposant des critères environnementaux et sociaux aux choix d'investissements. Le changement prend du temps : cela fait cinq ans qu'on pousse la Banque Mondiale à arrêter de financer les énergies fossiles, on va y arriver, mais il va falloir dix ans... Il faut beaucoup de ténacité mais, d'un autre côté, comme les sujets évoluent en permanence, il faut rester à l'affût des nouvelles orientations des secteurs, on apprend énormément de choses.

Au départ, c'est le positionnement radical des Amis de la Terre qui m'a plu et je m'y plais d'autant plus que mon métier est tout à fait en phase avec ma formation... En effet, après l'EM Lyon, j'ai complété mes études de commerce par un DESS de droit de l'environnement avec en parallèle un diplôme universitaire Pollutions et Nuisances. Cette formation me permet d'être crédible et de jouer sur les trois tableaux économique, scientifique et juridique. Ma prise de conscience s'est faite progressivement. La plupart des stages professionnels que j'ai faits pendant mes études de commerce étaient tournés vers l'environnement mais dans des grandes entreprises (par exemple, chez EDF dans le département nucléaire, chez Vivendi Environnement sur la gestion des déchets, au sein de l'aéroport international à Strasbourg sur la mise en place d'un service environnement), ce qui m'a permis de savoir que ce secteur n'était pas pour moi. Je savais que je serais plus efficace et plus à l'aise dans le milieu associatif, entouré de personnes mobilisées et impliquées dans ce qu'elles font. En sortant du DESS, j'ai tout d'abord été objecteur de conscience chez Handicap International à Lyon puis je suis rentré aux Amis de la Terre. J'ai trouvé mon métier en me laissant guider par ma passion et aujourd'hui je me sens comme un poisson dans l'eau.

Même si je gagne près de deux fois moins que mes amis de l'EM Lyon et que je passe beaucoup de temps au travail (dont certains week-ends), je ne me considère jamais comme une victime car j'ai beaucoup de marge de manœuvre. Si je suis débordé c'est moi qui l'ai choisi. Au final, je pense que c'est le plus beau métier du monde !

Mes messages clés

C'est impossible de travailler dans le milieu associatif sans avoir mis les pieds dans une association avant. Et puis, il faut connaître son sujet car on est jugé sur notre expertise – d'autant plus qu'aujourd'hui il est facile de trouver une tonne d'informations sur tous les sujets. C'est difficile de prétendre être intéressé par un sujet sans en connaître une ligne.

Sachez vous constituer un réseau. Le milieu associatif est un petit milieu, un peu cloisonné, les structures se côtoient peu mais il y a tout de même des passerelles. Alors intéressez-vous et informez-vous.

Suivez vos envies et soyez tenace. Quand j'ai choisi de retourner à l'université après l'école de commerce, cela a été très mal perçu. On me disait que j'allais « gâcher » mon diplôme mais je ne me suis pas laissé entraîner par la pression… et du moment où j'ai arrêté mon choix je me suis senti plus à l'aise. J'ai eu la chance d'avoir des parents qui ont pu m'aider à financer mes études et cela m'a grandement facilité la vie. Dans tous les cas, une certaine exigence est nécessaire pour vraiment savoir ce que l'on veut faire : il faut se creuser la tête, se remettre en question, aller jusqu'au bout, puis s'informer et demander des conseils, se construire son propre parcours, même atypique. C'est un métier où il y a beaucoup de lobbying, et la motivation est le principal moteur !

6

LES MÉTIERS DE L'HUMANITAIRE ET DE LA SOLIDARITÉ

« Soyons clairs ! Les raisons de s'engager dans l'humanitaire, et d'en faire son métier, peuvent correspondre à des choix politiques, idéologiques ou confessionnels. En y réfléchissant bien, elles restent avant tout personnelles. Si les motivations, au départ, peuvent être multiples, le résultat est toujours enrichissant. À une seule condition : ne pas se tromper. Alors avant de partir en mission, souvent dans des conditions pénibles et rudes, il est urgent de se poser une question, une seule : ai-je vraiment envie d'y aller ?

Aider les autres, est-ce fondamental pour moi ? Si votre réponse est sincère et positive, votre engagement sera extraordinaire. Juste extraordinaire. »

PHILIPPE GLOAGUEN, FONDATEUR ET RESPONSABLE DES GUIDES DU ROUTARD

Le secteur associatif est l'un des premiers employeurs de France : il représente 9 % de l'ensemble des emplois salariés, hors fonction publique, et 25 % des emplois du secteur sanitaire et social[1]. Il

1. « L'utilité sociale », hors-série *Pratique*, n° 11, septembre 2003.

propose donc également, outre les fonctions administratives de direction et les postes nouveaux liés à l'émergence des stratégies de développement durable dans les entreprises (produits-partage, partenariats stratégiques, etc.), des postes de terrain plus classiques qui permettent aussi de transformer la solidarité, l'humanitaire, l'insertion ou même l'environnement (voir à ce sujet le chapitre 15) en un vrai métier qui mérite salaire (avec la nuance apportée précédemment quant au niveau des rémunérations dans les associations).

Cela concerne surtout les grandes associations qui peuvent se permettre d'avoir des équipes de permanents, pour mener des missions de terrain à l'étranger (solidarité internationale, humanitaire) ou des missions en France, sur des sujets de proximité comme le développement local, l'insertion, etc. Encore une fois, ces postes ne sont pas vraiment nouveaux et une littérature abondante existe sur le sujet (voir la section « bibliographie et ressources » en fin d'ouvrage). Nous n'allons donc dresser, dans les sections suivantes, qu'un rapide panorama des options possibles.

LES MÉTIERS DE LA SOLIDARITÉ INTERNATIONALE

Pour les missions humanitaires à l'étranger, les ONG recrutent en priorité des profils médicaux et paramédicaux mais aussi d'autres intervenants dont les expertises techniques sont indispensables : enseignants, logisticiens, gestionnaires, administrateurs, professionnels du BTP... Autant dire que la bonne volonté ne suffit pas : il faut également maîtriser un métier et aussi disposer d'une bonne autonomie, d'une grande capacité d'adaptation et pouvoir faire face au stress des situations d'urgence qui peuvent se présenter.

La sélection est rigoureuse (seulement 5 % des candidats sont acceptés[1]) et les postulants sont nombreux. Ceux qui disposent

1. www.letudiant.fr.

d'un bagage technique, associé si possible à une expérience humanitaire (acquise par du bénévolat, des petits projets locaux ou des stages), seront évidemment favorisés. Depuis les années 1980, les ONG exigent, en complément du savoir-être de l'individu et d'une volonté de se mettre au service des autres, plus de professionnalisme et de compétences, ce que les directeurs des ressources humaines du secteur appellent un « engagement professionnalisé ». En retour, les travailleurs de la solidarité parviennent à faire reconnaître leur expérience dans ce domaine comme une plus-value professionnelle par d'autres secteurs.

Au total, la solidarité internationale représenterait aujourd'hui 5 000 emplois en France[1], un secteur d'emploi réduit, d'autant plus que 80 % des travailleurs humanitaires restent des volontaires[2].

Premières pistes

Naturellement, les recrutements concernent surtout les plus grosses associations comme la Croix-Rouge (www.croix-rouge.fr), Action contre la Faim (www.actioncontrelafaim.org), Handicap International (www.handicap-international.org), Médecins du monde (www.mdm-international.org), Médecins sans frontières (www.msf.fr), Amnesty International (www.amnesty.asso.fr), Pharmaciens sans frontières (www.psfci.org), le secours catholique (www.secours-catholique.asso.fr), Première Urgence (www.premiere-urgence.org), Solidarités (pour l'aide humanitaire d'urgence, www.solidarites.org), Atlas Logistique (spécialisé dans l'aide technique et logistique aux projets humanitaires, www.atlas-logistique.org), Oxfam (www.oxfaminternational.org/fr), etc. Vous trouverez des listes plus complètes d'ONG sur des sites associatifs au service de l'action humanitaire comme www.collectif-asah.org/annuaire ou encore www.idealist.org/fr.

---

1. *Les Métiers de la solidarité*, une publication Ritimo en partenariat avec le DESS Développement, coopération internationale et action humanitaire de Paris I, mai 2004.
2. *Ibid.*

Si vous souhaitez travailler pour une ONG de solidarité internationale, consultez le site de la coordination nationale des ONG françaises de solidarité internationale (www.coordinationsud.org), une référence en la matière, qui propose en permanence une présentation détaillée des ONG, ainsi qu'une liste d'offres d'emploi, par domaine d'activité, par fonction, par zone géographique et par statut (salarié, bénévole, stagiaire, emploi jeune, etc.).

Parmi les autres sites intéressants, nous vous conseillons ceux du Centre de recherche et d'information pour le développement (www.crid.asso.fr), du Réseau des centres de documentation pour le développement et la solidarité internationale (www.ritimo.org), du Centre d'information sur le Volontariat International ou CIVI (www.civiweb.com, www.mission-humanitaire.com ou, plus international, www.experiencedevelopment.org).

Si vous avez déjà un emploi mais souhaitez travailler ponctuellement dans la solidarité internationale, nous vous conseillons de prendre contact avec l'association Congé Solidaire (www.congesolidaire.org), qui donne depuis 1999 la possibilité à des salariés de mettre leurs compétences personnelles et professionnelles au service d'une association humanitaire, sur leur temps personnel mais avec la participation financière de leur entreprise.

Les institutions publiques

Il est également possible d'opter pour les institutions publiques, nationales ou internationales, spécialisées dans la coopération internationale et l'aide au développement. Dans les administrations – par exemple, au ministère de l'Économie et des Finances (www.minefi.gouv.fr), au ministère des Affaires étrangères (www.diplomatie.gouv.fr), à la direction générale de la coopération internationale et du développement (www.diplomatie.gouv.fr, rubrique « Coopération et développement »), dans les Services de coopération et d'action culturelle (SCAC), dans les ambassades ou dans les consulats (www.diplomatie.gouv.fr, rubrique « Annuaires, adresses »), dans les centres culturels français à l'étranger... –, la tendance de ces dernières années est plutôt à la réduction d'effectifs pour cause de rationalisation budgétaire.

Le recrutement se fait par des concours très sélectifs ou par affectation de personnels formés à la haute administration. De plus, les contractuels se raréfient. Du coup, les SCAC, par exemple, font régulièrement appel à des volontaires internationaux. Le volontariat international remplace le service national en coopération, après la fin de la conscription : les premiers départs de volontaires ont eu lieu en février 2001 et 2 600 personnes sont parties en 2002 dont 60 % en entreprise (www.civiweb.com).

Il est aussi possible de se tourner vers des structures telles que l'AFD, l'Agence française de développement (www.afd.fr), un établissement public placé sous la tutelle de plusieurs ministères, constitué de plus de 1 500 personnes et qui intervient dans plus de 60 pays : il est intéressant de noter que l'AFD, qui affiche une volonté de rajeunir sa pyramide des âges, a lancé récemment le programme « vivier » à l'attention des jeunes diplômés.

Les organismes internationaux

Du côté des organismes internationaux, enfin, les principaux recruteurs sont aussi les plus importants : des organisations comme le Programme des Nations Unies pour le développement (www.undp.org) qui emploie, à titre indicatif, plus de 7 000 personnes dans 136 pays, l'Unesco (www.unesco.org), le haut commissariat des Nations Unies pour les réfugiés (www.hcrfrance.org), l'Unicef (www.unicef.org/french), la Banque mondiale qui a mis en place un très intéressant programme d'intégration de ses futurs salariés, le « young professionals program » (www.worldbank.com) et sa filiale d'investissements, la Société financière internationale ou SFI (www.ifc.org/careers).

La plupart de ces sites proposent des rubriques très détaillées comprenant des offres d'emploi mais aussi des offres de stages ou encore de volontariat : par exemple, l'ONU propose un programme ambitieux de volontariat administré par le PNUD (www.unv.org).

Marie Engel, 31 ans

Responsable des partenariats à l'Unicef

Je travaille pour l'Unicef à Genève. En tant que responsable des partenariats, mon rôle vise, d'une part, à renforcer les compétences des responsables de la marque Unicef et des responsables des Comités nationaux de l'Unicef (identification des besoins de formation, création des outils et des modèles de formation, animation de sessions de formation), et, d'autre part, d'approcher des partenaires potentiels, de proposer de nouvelles idées de partenariats et des offres pour les entreprises autour des projets de l'Unicef.

Je crois que mon envie de travailler dans une ONG ou une organisation de l'ONU date de mon adolescence. C'est un mélange de beaucoup de choses : sans doute l'influence du mythe des French Doctors, ou l'exemple de ma tante qui partait donner des cours en Afrique l'été, et aussi le fait d'avoir vécu des situations personnelles dangereuses en Colombie... En fait, c'est cette sensation permanente de joie de vivre et d'être en vie, qui me rappelle que très loin sur Terre il y a encore beaucoup trop de personnes qui luttent tous les jours pour leur survie. J'ai donc choisi ce métier parce qu'il donne un sens et un supplément d'âme à ma vie. J'ai beaucoup reçu et je continue à beaucoup recevoir, je crois donc que c'est à mon tour de continuer la chaîne. On consacre beaucoup de temps de vie à un emploi et j'ai l'impression que le mien contribue à rendre le monde un peu meilleur, en tout cas avec et pour les enfants puisque, grâce aux fonds collectés, l'Unicef peut mettre en place ses programmes en faveur de l'enfance dans le monde.

Je suis diplômée d'HEC et j'ai suivi des cours de licence d'histoire à la Sorbonne. HEC m'a permis de faire des expériences internationales qui m'ont confortée dans ma volonté de m'investir dans le secteur de la solidarité : j'ai pu ainsi participer à un échange universitaire au Mexique, ou encore faire des missions humanitaires avec la Croix Rouge en Biélorussie et avec Équilibre en Yougoslavie... Le réseau des anciens HEC a également facilité mes premières démarches auprès des entreprises. Et ce que j'ai appris m'est évidemment utile au quotidien : les cours de droit pour maîtriser la rédaction et la supervision des contrats, les cours de marketing pour comprendre les enjeux et les intérêts des entreprises lorsqu'on leur propose un partenariat ou du co-branding avec l'Unicef... Mais je dois dire que ce n'est pas évident d'obtenir un poste dans une agence des Nations Unies, car on est mis en compétition avec un grand nombre de candidats qualifiés du monde entier. Aujourd'hui, le principal défi que je rencontre dans mon métier c'est d'essayer de faire se rencontrer les intérêts et les contraintes de l'Unicef avec ceux des entreprises, de savoir être ferme et souple à la fois... tout l'art de la négociation en quelque sorte. L'autre défi, c'est de savoir investir son temps et son énergie dans les bonnes priorités, rentables pour l'Unicef.

Mes messages clés

Je conseillerais à un jeune diplômé de faire une expérience terrain en France ou à l'étranger avant de s'engager dans le côté plus « administratif » du secteur de la solidarité, en tout cas en ce qui concerne les grandes organisations dont les programmes sont dans les pays en développement.

L'autre option est d'acquérir des méthodes de travail et d'organisation dans des entreprises privées, afin d'apporter ensuite cette expérience dans des associations du secteur de la solidarité qui ont besoin d'être encore plus performantes que les entreprises. En effet, les actionnaires des associations sont encore plus exigeants puisque ce sont les bénéficiaires mêmes des projets. Dans le cas de l'Unicef, nos actionnaires sont les enfants du monde : l'exigence morale vis-à-vis de ces enfants est très forte et se ressent dans toutes nos actions.

LES MÉTIERS DU DÉVELOPPEMENT LOCAL ET DE L'INSERTION

L'autre piste, davantage axée sur la solidarité, est celle des métiers spécialisés dans le développement local et l'insertion. Ce secteur est vaste et l'on compte aujourd'hui quelque 800 000 travailleurs sociaux en France[1], sur les questions de chômage, de précarité, de problèmes familiaux, de logement, de santé...

Les principales organisations qui peuvent proposer des postes de salariés, de bénévoles ou de stagiaires sont :

- Les associations spécialisées comme la Fondation Abbé Pierre (www.emmaus-France.org), ATD Quart Monde (www.atd-quart-monde.asso.fr), l'armée du Salut (www.armeedusalut.fr) et les petits frères des Pauvres (www.petitsfreres.asso.fr).
- Les collectivités locales dont la plupart proposent des postes liés au développement territorial, à l'emploi et à l'insertion (voir notamment les villes membres de l'Alliance Villes Emploi, www.ville-emploi.asso.fr) et les organismes sociaux publics comme le ministère de la Ville (www.ville.gouv.fr et www.cohesionsociale.gouv.fr), le ministère du Travail, de l'Emploi et de la Cohésion sociale (www.travail.gouv.fr), les directions régionales des affaires sanitaires et sociales qui mènent notamment des actions de promotion de la santé destinées aux populations en situation de précarité (voir, par exemple, www.ile-de-france.sante.gouv.fr), la Caisse d'allocations familiales qui mène aussi une action sociale familiale (www.caf.fr) et les organismes de logement social (voir le site www.union-hlm.org qui propose un annuaire des organismes et une bourse de l'emploi). Sur ce dernier sujet, notons que les bailleurs sociaux s'engagent depuis quelques années en masse dans le développement durable : des grands groupes publics ou privés allant de l'OPAC de la ville de Paris au groupe 3F en passant par la SIEMP ou GCE Habitat (groupe Caisse d'Épargne) ont ainsi établi des chartes d'engagement sur le sujet, et même quelques plus petites structures faisant figure de pionnières comme les Foyers de Seine-et-Marne (www.sa-fsm.com). Ce dernier secteur s'avère particulièrement intéressant en termes de perspectives d'emploi, puisqu'on compte plus de 800 organismes HLM au sein de l'Union sociale pour l'habitat – des entreprises publiques ou privées implantées partout en France, et qui, pour

1. www.letudiant.fr.

obtenir des terrains des collectivités, vont toutes progressivement devoir structurer une démarche de développement durable…

- Certaines entreprises publiques, comme la Caisse des dépôts (www.caissedesdepots.com), dont une partie des missions contribue à l'intérêt général (développement local, insertion, logement social, etc.), l'EDF (www.edf.com), qui a notamment mis en place un service minimal et un accompagnement spécifique pour les familles en difficulté, et les entreprises à vocation sociale ou d'insertion (pour en savoir plus, voir les chapitres suivants).
- Les fondations des grandes entreprises qui emploient généralement une ou deux personnes. Une liste complète des fondations et de leurs champs d'action est disponible auprès de l'Admical qui édite un répertoire annuel du mécénat (www.admical.org). Vous pouvez également vous référer à la liste des entreprises membres de l'Institut du mécénat de solidarité, une association loi 1901 créée par l'ancien patron d'Axa, Claude Bébéar, pour soutenir les initiatives du monde entrepreneurial qui contribuent à améliorer la cohésion sociale (www.humagora.com).

7

LES ENTREPRISES À VOCATION SOCIALE

Des organisations d'un nouveau genre sont apparues ces dernières années. Dotées selon les cas d'un statut d'association loi 1901 ou d'un statut d'entreprise, elles ont été créées par des « entrepreneurs sociaux ».

ENTREPRISES SOCIALES

Ces organisations ont pour but de faire avancer les choses dans un domaine précis, souvent à forte dimension sociale, qu'il s'agisse des Droits de l'homme, de la pauvreté, de l'exclusion, etc. Leurs fondateurs et dirigeants partagent l'idée que l'on peut résoudre les problèmes sociaux avec des idées innovantes et de la passion à revendre !

Suivant le conseil d'Einstein, ils cherchent à réinventer les systèmes qui les ont produits. Ce ne sont ni des idéalistes ni des hippies mais des entrepreneurs dans le plus pur sens du terme. Ils savent mobiliser les ressources humaines et financières nécessaires pour atteindre un but et remplir une mission, et fondent des organisations efficaces qui produisent de la valeur ajoutée sociale ou sociétale, tout en créant de l'emploi et en générant des revenus.

Le palmarès annuel du magazine américain *Fast Company*[1] retient ainsi cinq critères pour caractériser ces entreprises sociales : l'esprit d'entreprise, l'innovation (dans les idées, les outils, les modèles utilisés), l'impact social (avec un attachement à mesurer les résultats obtenus et les changements véritables), un mélange d'ambition et de réalisme, et, enfin, la capacité à s'autofinancer (sans compter sur l'argent des fondations ou du gouvernement) pour assurer la pérennité de l'organisation.

UN FORT DYNAMISME

Les entrepreneurs sociaux continuent de faire des émules depuis le boom économique de la fin des années 1990 et l'échec avéré des gouvernements, tous bords politiques confondus, à résoudre les problèmes sociaux, qui ont poussé les citoyens à s'engager très concrètement, sur le terrain.

Pourtant, ce mouvement reste méconnu : « La dernière décennie a produit plus d'entrepreneurs sociaux que de terroristes, souligne le journaliste américain David Bornstein[2], et, pourtant, nul ne pourrait s'en douter en suivant les informations dans les médias. »

Ce dynamisme n'est pas près de s'atténuer puisque, potentiellement, l'entreprise sociale couvre un champ important : entreprises d'insertion, entreprises adaptées (qui permettent à des personnes handicapées de disposer d'un emploi durable), entreprises de services à des personnes fragilisées (personnes âgées, handicapées, enfants, etc.), entreprises de commerce équitable, associations, coopératives, etc.

1. « Social Capitalist Awards », dossier du magazine *Fast Company*, janvier 2004.
2. *How to Change the World : Social Entrepreneurs and the Power of New Ideas*, Oxford University Press, 2004.

On estime[1] qu'il existe, dans le seul champ de l'insertion, 5 000 entrepreneurs sociaux en France, qui emploient 70 000 salariés. Et les entreprises sociales seraient désormais 40 à 50 000, avec environ 700 000 emplois, selon Hugues Sibille, adjoint du président du Crédit coopératif et président de l'Agence de valorisation des initiatives socio-économiques (Avise). Consécration suprême : l'édition 2007 du Salon des entrepreneurs, au Palais des congrès de Paris, leur a pour la première fois ouvert un espace spécifique, tandis qu'HEC et l'ESSEC leur consacrent désormais des formations dédiées (« alter-management » et « entrepreneuriat social » respectivement). Malgré ce développement, de nombreux besoins ne sont pas couverts alors qu'ils représentent un potentiel important de création d'emplois et de liens sociaux comme l'insertion, le service à domicile, la solidarité, l'aide aux personnes fragilisées, etc.

Cette évolution se traduit, entre autres, par la publication d'un Guide de l'entrepreneur social financé par la Caisse des dépôts[2] ou encore par la création de la branche française de l'association internationale Ashoka (www.ashoka.org), née en 1980 en Inde et dont la vocation est justement de soutenir et d'accompagner les entrepreneurs sociaux, ces gens qui, comme le dit le fondateur d'Ashoka Bill Drayton, « savent, au tréfonds de leur personnalité, depuis qu'ils sont tout petits, qu'ils sont venus au monde pour le changer ».

DE PETITES STRUCTURES

Les entrepreneurs sociaux sont généralement à la tête de petites organisations qui n'emploient que deux ou trois personnes, mais ce mouvement compte déjà quelques figures de proue qui recherchent, à l'occasion, de nouveaux collaborateurs.

1. *Le Guide de l'entrepreneur social 2004-2005* (coédition : Caisse des dépôts et Avise). Bon de commande sur www.avise.org (rubrique « Publications »).
2. *Ibid.*, p. 58-59.

Fondatrice de l'ADIE, l'Association pour le droit à l'initiative économique (www.adie.org), Maria Nowak a ainsi été la première en France à s'inspirer du modèle de micro-crédit développé par Mohammed Yunus et la Grameen Bank. L'ADIE a pour mission d'aider les personnes en difficulté (les trois quarts des personnes soutenues par l'ADIE sont RMIstes ou chômeurs de longue durée) en leur ouvrant l'accès au crédit, à des formations, à l'accompagnement individuel et à un soutien collectif dont ils ont besoin pour créer leur propre emploi. Depuis sa création en 1990, l'association a permis la création de plus de 45 000 emplois, avec un réseau de délégations présentes dans 22 régions et une équipe composée de 300 permanents et 1 000 bénévoles.

Unis-Cité est un autre exemple d'association innovante. Elle a été créée en 1993 par trois jeunes étudiantes de l'ESSEC et une Américaine diplômée de Yale (www.unis-cite.org) pour promouvoir et organiser le service civil volontaire pour les jeunes. Inspirée de l'association américaine City Year, Unis-Cité propose aux jeunes de 18 à 25 ans de consacrer six à neuf mois de leur vie à la solidarité, en France, et ainsi d'expérimenter une nouvelle forme de « service volontaire de solidarité ».

En équipes de six à huit personnes, ces jeunes, dont les origines sociales et scolaires sont très variées, mènent environ six projets, d'une durée de deux à huit semaines, aux côtés de structures agissant dans les domaines de l'action sociale et/ou du développement durable (associations locales ou nationales, maisons de retraite, crèches, écoles ou collèges, organismes sociaux...). En douze ans, Unis-Cité a essaimé en régions et est désormais un réseau d'associations locales présent en Île-de-France, Rhône-Alpes, Nord - Pas-de-Calais, Méditerranée, Alsace, etc. Pas étonnant dans ces conditions que l'association fasse office de « pilote » aux yeux des pouvoirs publics depuis que Jacques Chirac, suite aux émeutes dans les banlieues fin 2005, a annoncé la création d'un service civil volontaire dans l'Hexagone.

Jean-Guy Henckel est également une personnalité marquante de l'entrepreneuriat social en France. Il est le fondateur des jardins de Cocagne, dont le premier a ouvert ses portes en 1991 à côté de Besançon (www.reseaucocagne.asso.fr). Les jardins de Cocagne sont des jardins collectifs où travaillent des femmes et des hommes en situation précaire (sans domicile, chômeurs de longue durée, bénéficiaires du RMI, etc.) Ces jardiniers, issus d'horizons différents, encadrés par des maraîchers professionnels, cultivent des légumes de saison selon les principes de l'agriculture biologique.

Chaque semaine, des paniers de légumes sont distribués à des clients adhérents qui ont acheté une « part légumes » qui correspond, à la belle saison, à la consommation moyenne d'une famille de quatre personnes. Les jardins de Cocagne ont donc une vocation multiple d'insertion (aide à l'emploi et à la réalisation d'un projet personnel), de production de légumes bio, et de création d'un réseau solidaire reliant toutes les personnes investies (jardiniers, maraîchers, adhérents, voisins, professionnels).

Comment les découvrir

Les entreprises à vocation sociale sont, on l'a dit, au cœur d'un mouvement dont l'ampleur va croissant. Il s'agit souvent de petites structures, assez récentes, qui ne sont donc pas évidentes à repérer. Cependant, ils font quelquefois l'objet d'articles dans la presse car leurs initiatives sont innovantes et ne manquent pas d'attirer l'attention des journalistes. Des réseaux, réels ou virtuels, leur sont également consacrés : www.ashoka.org, www.changemakers.net, www.grainesdechangement.com, et tous les sites web dédiés au développement durable (pour en savoir plus, reportez-vous au chapitre 10). Vous y découvrirez de « belles histoires » qui sont aussi, parfois, de formidables réussites, réelles ou potentielles.

Par exemple, Carmen Colle, fondatrice et présidente de World Tricot, une entreprise spécialisée dans la « belle maille », exporte aux États-Unis et au Japon, et compte Christian Lacroix ou Chanel parmi ses clients. Ancienne animatrice de quartier à Lure, dans la Haute-Saône, elle a voulu trouver une solution concrète aux difficultés économiques des femmes qu'elle rencontrait en créant, en 1987, une association spécialisée dans la formation professionnelle à un métier typiquement féminin, en voie de disparition en France : le tricot de très haute qualité.

En 1990, World Tricot a dû changer de statut et devenir une entreprise pour faire face à son développement : Carmen Colle s'est retrouvée femme d'affaires malgré elle, payée au même salaire que ses cinq salariés. Quelques années plus tard, l'entreprise emploie quarante personnes. Menacée ces dernières années par un conflit avec Chanel – l'un de ses principaux clients accusé d'avoir contrefait plusieurs prototypes –, World Tricot reste une initiative rare dans le domaine de l'entrepreneuriat social, qui montre que l'insertion par le travail n'est pas forcément synonyme de produits bas de gamme, et nous enseigne qu'une entreprise peut allier une vocation sociale à des produits innovants et de très haute qualité, capables par eux-mêmes d'attirer et de fidéliser une clientèle exigeante.

Marie Trellu, 35 ans

Consultante, cofondatrice et présidente d'Unis-Cité

Je suis consultante en politiques publiques et entrepreneuriat social au sein du cabinet Cikanam, que j'ai créé fin 2001 : j'interviens auprès d'entreprises, sur leurs politiques de mécénat social ou de RSE, de collectivités publiques ou gouvernements sur des questions de politiques jeunesse, volontariat, ou service civil, et j'accompagne la chaire Entrepreneuriat social de l'ESSEC dans sa mission de développement de l'entrepreneuriat social : j'y ai créé un incubateur social, pour accompagner des entrepreneurs sociaux, créateurs d'organisations à finalité sociale innovantes, ainsi qu'un référentiel de bonnes pratiques en matière de gouvernance, transparence, et gestion associative, qui sera bientôt diffusé largement, et servira de base à un dispositif d'évaluation des pratiques de gouvernance associatives.

Mon expérience du monde associatif et de l'implication sociétale des entreprises vient d'Unis-Cité, que j'ai créée en sortant de l'ESSEC en 1994, avec deux amies de promo et une Américaine venue en France pour adapter le modèle de service civil volontaire développé par l'association City Year. J'avais été impliquée dans des actions locales et internationales de solidarité (soutien scolaire, ouverture d'une antenne des Restos du Cœur, sensibilisation à l'hygiène, à la vaccination et au sida en Afrique), mais mon engagement dans Unis-Cité n'a jamais été pensé en termes de carrière ! J'ai cru à la force d'une idée : pendant six ans, j'ai consacré tout mon temps à ce projet en gagnant petitement ma vie, sans penser à l'étape suivante.

Fin 1999, j'ai eu envie de prendre du recul, consciente que la vision d'Unis-Cité (voir le service civil des jeunes en France reconnu et généralisé) allait demander plusieurs années de lobbying pour devenir réalité. Une fondation et un ministère m'ont demandé de les accompagner dans deux projets d'insertion et de promotion de la création d'entreprises chez les jeunes : cela m'a donné l'occasion de me lancer en indépendante. Cela me permet de garder un pied dans les trois secteurs – public, privé « for profit » et privé « non profit » –, en travaillant sur des sujets qui ont tous une finalité sociale, et en gardant du temps pour suivre les progrès d'Unis-Cité et le développement du service civil des jeunes (je suis aujourd'hui membre de section au Conseil économique et social et administratrice, en tant que présidente d'Unis-Cité, de la nouvelle Agence pour la cohésion sociale et l'égalité des chances).

Ma plus grande satisfaction est d'avoir le sentiment de contribuer à ce que le monde de demain soit un peu meilleur. Lorsqu'on a la chance de pouvoir faire des études supérieures et d'avoir des réseaux en conséquence, autant les utiliser pour des causes qui en valent la peine. La première difficulté que je rencontre est d'expliquer ce que je fais ! C'était déjà le cas quand nous avons lancé Unis-Cité : je n'étais pas « directrice d'association » et ce n'était pas non plus un « engagement extraprofessionnel », puisque ce projet m'occupait à temps plein et me permettait de gagner ma vie, même faiblement. L'association Ashoka, dont j'ai soutenu le lancement en France, apporte aujourd'hui une solution en tentant de développer la profession d'« entrepreneur social ». La deuxième difficulté est de faire reconnaître la valeur du secteur associatif en dépassant l'idée reçue qu'il est non professionnel et inefficace. Au quotidien, mon plus gros défi est l'insécurité financière car j'ai le statut de travailleur non salarié. Par rapport au revenu moyen des diplômés de l'ESSEC, je pourrais dire que je fais des sacrifices mais l'épanouissement humain et intellectuel que j'en retire vaut largement plus que le différentiel financier. En fait, mon plus gros sacrifice aujourd'hui concerne le temps libre :

l'équilibre entre vie privée et vie professionnelle est difficile à trouver lors que votre métier est la continuité d'un engagement personnel.

Mes messages clés

Les opportunités dans l'économie sociale et solidaire sont nombreuses. Des milliers d'associations, de coopératives, de mutuelles et de fondations travaillent sur des sujets passionnants. Il existe vraiment mille façons d'avoir un impact positif sur la société, y compris dans les entreprises capitalistes classiques. Sans changer de métier, vous pouvez lui trouver un sens nouveau !

8

LE COMMERCE ÉQUITABLE

Les entreprises de commerce équitable sont bien souvent considérées comme faisant partie intégrante de la vague de l'entrepreneuriat social que nous avons évoquée dans le chapitre précédent, tout comme les entreprises axées sur de nouveaux services dont la valeur ajoutée est concentrée sur le développement durable (pour plus d'informations, reportez-vous au chapitre suivant). Mais ces deux mouvements nous paraissent suffisamment importants pour que nous leur consacrions chacun un chapitre.

LE COMMERCE INNOVANT

Le commerce équitable est une forme de commerce innovant visant à utiliser les échanges économiques pour améliorer les conditions de vie des populations les plus pauvres.

En réalité, le commerce équitable a été imaginé dans les années 1970 pour répondre à un problème social inhérent à l'explosion du commerce international. En effet, pour certaines denrées alimentaires de base, la plupart des producteurs sont de petites exploitations familiales des pays du Sud (elles représentent 70 % des producteurs de café, par exemple) et vivent dans une situation précaire, sans emprise sur les cours mondiaux, et sous la coupe des gros intermédiaires locaux peu scrupuleux. De plus, les petits producteurs sont à la merci du moindre accident climatique (inondation ou sécheresse), biologique (maladie des plantes ou des hommes), économique (mévente des produits ou fluctuation à la baisse) voire politique (guerre civile).

Endettement, pauvreté, malnutrition, sous-développement, recours à des cultures illicites mais plus rentables (comme la coca) et, finalement, migration vers les bidonvilles : les effets pervers de cette situation sont désormais connus et fondent la pertinence du commerce équitable.

Le commerce équitable repose sur quelques principes simples, réaffirmés par la Fair-Trade Labelling Organisation ou FLO (www.fairtrade.net) :

- favoriser l'organisation des producteurs et des salariés pour leur permettre de prendre en main leur développement ;
- travailler avec les plus marginalisés et leur garantir des revenus minimaux quelles que soient les fluctuations du marché mondial ;
- protéger l'environnement afin de garantir la santé des producteurs et le développement durable des exploitations ;
- respecter les critères sociaux fondamentaux ;
- assurer la qualité des produits ;
- informer les consommateurs des vertus du commerce équitable afin qu'ils contribuent, par leurs achats, au développement de la démarche.

LES ORGANISATIONS SPÉCIALISÉES

Historiquement, la démarche de commerce équitable la plus connue est celle du café Max Havelaar. Cette démarche a pris le nom d'un héros humaniste de la littérature néerlandaise qui découvrait, au cours d'un voyage dans les colonies hollandaises du 19e siècle, les souffrances endurées par les paysans producteurs de café, soumis au dictat des torréfacteurs.

Depuis 1988, Max Havelaar est donc également une association ayant pour objectif premier de permettre aux petits producteurs de café de vivre décemment de leur travail. À partir de critères sociaux qu'elle a établis, l'association a créé un label qu'elle a apposé sur les paquets de café mais aussi sur le miel, les bananes, le cacao, le thé, le jus d'orange ou le sucre qu'elle commercialise dans une quinzaine de pays. Initialement implanté aux Pays-Bas, le label connaît aujourd'hui un véritable succès en Europe : cette expansion lui permet de toucher plus de 700 000 familles en Afrique, en Asie et en Amérique latine qui peuvent, grâce aux suppléments de prix, financer des infrastructures de développement.

Face à ce succès, l'association s'intéresse aujourd'hui à de nouveaux produits tels que les agrumes, le riz ou le coton (www.maxhavelaarfrance.org). En France, le label a gagné une reconnaissance officielle, notamment depuis qu'est organisée en mai la Quinzaine du commerce équitable. Cette démarche sort de l'ornière alternative où elle était historiquement cantonnée, avec des produits d'artisanat ou des boutiques spécialisées pour un public militant et occasionnel.

Les boutiques les plus connues – il en existe plus de cent en France – sont celles de l'association Artisans du Monde (www.artisansdumonde.org). D'autres organisations à but non lucratif se consacrent à la promotion du commerce équitable, généralement avec de petites équipes du fait de leur statut. Il s'agit notamment de la Plate-forme française pour le commerce équitable (www.commercequitable.org), créée en 1997, qui vous sera utile pour identifier les principaux acteurs du réseau (importateurs, détaillants et boutiques, associations de promotion et de labellisation, structures de solidarité impliquées sur le sujet, etc.), et du collectif De l'éthique sur l'étiquette (www.ethique-sur-etiquette.org) qui rassemble des associations et des syndicats se consacrant surtout à l'interpellation des grandes entreprises sur ces questions.

Plus commerciale, l'entreprise Solidar'monde (www.solidarmonde.fr) a été créée en 1984 par la fédération Artisans du Monde : il s'agit d'une centrale d'achat spécialisée dans le commerce équitable des produits alimentaires et artisanaux, dont elle assure l'importation depuis les pays du Sud et la commercialisation en France, dans des boutiques spécialisées. Dans le même esprit, en Suisse et en Belgique, l'association de solidarité d'origine britannique Oxfam a créé les Magasins du Monde (www.madeindignity.be), une enseigne à but non lucratif également spécialisée dans le commerce équitable.

Un projet visant à combiner la certification biologique et la certification équitable pour les aliments a également vu le jour en 2003 en France, inspiré d'une initiative similaire lancée un an auparavant en Grande-Bretagne par Soil Association (un organisme de certification et de promotion de l'agriculture biologique) et Fairtrade Foundation (la fondation pour le commerce équitable). Le label BioEquitable garantit qu'un des ingrédients, représentant au moins 25 % du produit, est 100 % bio et équitable. L'association BioEquitable, basée en Avignon, a été créée pour gérer le concept ainsi que le logo et la charte qui lui sont rattachés, et l'organisme de certification Ecocert a été chargé d'établir le cahier de charge et de le contrôler.

Pierre Salcio, 37 ans

Directeur des relations extérieures et de l'action territoriale chez Max Havelaar

Je travaille depuis deux ans chez Max Havelaar. Ma mission consiste, d'une part, à générer l'adhésion et le soutien des publics qui ont de l'influence (leaders d'opinion, collectivités territoriales, pouvoirs publics, têtes de réseaux, consommateurs, syndicats, ONG, etc.) afin d'accroître notre notoriété et notre crédibilité et, d'autre part, à animer un réseau d'associations locales dont l'objectif est de faire connaître Max Havelaar au grand public et d'impliquer le consommateur dans ces démarches. Je dirige une équipe de quatre personnes – principalement des jeunes diplômés avec une première expérience professionnelle.

J'exerce un métier traditionnel, le lobbying, mais plutôt que de l'appliquer à un produit chimique par exemple, il est appliqué au commerce équitable et au développement du label Max Havelaar. De la même façon, sur la partie action territoriale, mon métier est tout simplement l'animation de réseau !

J'ai fait une école de commerce, puis un 3e cycle en environnement et aménagement du territoire. Le déclic s'est produit, à la sortie de l'école de commerce, lors d'un stage catastrophique à la Seita. Faire du marketing sur des cigarettes… je ne pouvais vraiment pas avoir un job comme ça ! J'ai donc commencé à me poser des questions sur les valeurs que je recherchais dans mon métier et sur le domaine dans lequel je voulais travailler. C'est alors que j'ai décidé de faire mon 3e cycle en environnement.

Ensuite, je me suis tourné vers les collectivités. J'ai travaillé pendant 10 ans sur les partenariats public / privé appliqués à l'environnement, puis au développement durable, dans des structures associatives de conseil aux entreprises et aux collectivités, comme Orée (association d'entreprises et collectivités, partenaires pour l'environnement) ou le réseau IDEAL pour les collectivités locales. Puis, après quelques années, j'ai éprouvé le besoin de me connecter au grand public, car pour moi, c'est là que se trouve le véritable enjeu. Travailler chez Max Havelaar et sur la consommation responsable m'offre l'opportunité de rapprocher consommateur et citoyen et de m'ouvrir aux problématiques économiques et sociales du développement international.

Je dois avouer néanmoins avoir fait quelques erreurs de parcours dont une chez Nature & Découvertes. J'ai été séduit par le côté « nature » de l'enseigne sans me demander réellement si j'étais fait pour travailler dans la distribution. Le poste de directeur de magasin dans un centre commercial, même s'il est un peu amélioré dans une entreprise qui a des valeurs, n'était pas pour moi ! La leçon que j'en tire est qu'il est primordial d'être clair sur les contours de son métier et qu'il n'y a pas que les valeurs de l'organisation dans laquelle on travaille qui comptent, il faut aussi se demander si le métier vous convient.

Dans mon parcours, la première difficulté que j'ai eu à surmonter est liée à ma formation de généraliste. On dit avoir besoin de généralistes mais le paradoxe est qu'il y a tellement peu de places que ceux qui trouvent le plus facilement du travail sont encore les spécialistes. J'ai eu un problème de légitimité au début de ma carrière, lié à mon âge, au fait que le développement durable était un sujet émergent mais également lié au fait que je n'étais pas un spécialiste de l'environnement.

Ce qui est également difficile dans nos métiers, c'est qu'il n'existe pas de réels débouchés (en termes d'évolution de poste et de salaire) et que les ponts entre les domaines ne sont pas évidents, comme de passer de l'ONG à la collectivité ou à l'entreprise. Mais je dois dire que je m'éclate vraiment dans ce que je fais : ma fonction m'offre l'opportunité d'être en contact avec toute une diversité d'acteurs et je suis en cohérence avec moi-même. J'ai vraiment le sentiment d'être acteur de ma vision du monde...

Mes messages clés

Il faut appréhender de manière globale son projet professionnel et définir ce que l'on veut à la fois en termes de tâches, d'environnement de travail, de valeurs... et peut-être aussi de projet de vie.

Ensuite, constituez-vous une expertise dans un domaine et appliquez-la au développement durable... Mais surtout, ne partez pas dans le développement durable sans avoir un métier d'abord. Ne vous leurrez pas sur les débouchés, en tout cas pour le moment...

Et enfin, sachez construire, mobiliser et entretenir votre réseau !

L'INTÉRÊT DU CONSOMMATEUR

Progressivement, grâce aux efforts de toutes ces structures, le commerce équitable rencontre aussi l'intérêt des consommateurs et sort de la confidentialité : en sept ans, la notoriété du commerce équitable est passée de 9 % à 81 %, et 76 % des Français connaissant ce type de commerce ont l'intention d'en acheter dans les mois à venir[1].

1. Sophie Peters, « Le commerce équitable sort de la confidentialité », *Les Échos*, 27 avril 2007.

Les premiers à avoir fait le pari de la démarche en France ont été des PME régionales spécialisées sur le marché du café, comme Malongo (www.malongo.com) près de Marseille ou Lobodis (www.lobodis.com) en Bretagne, qui y ont vu, à juste titre, une façon de se distinguer des géants du secteur qui imposent leurs marques à coup de budgets publicitaires ou promotionnels.

Les distributeurs ont suivi, avec notamment Monoprix qui a été le premier à afficher le label Max Havelaar sur le café de sa marque Monoprix bio. Le café est rapidement devenu la deuxième vente du rayon, un vrai succès qui a convaincu l'enseigne urbaine d'aller plus loin et d'accueillir, en exclusivité pendant plusieurs mois, les produits alimentaires (cafés, thés, chocolats mais aussi riz, jus de fruits ou cœurs de palmier) et plus récemment les cosmétiques de la marque Alter Eco (www.altereco.com) lancée par Tristan Lecomte (voir son portrait en p. 226), un jeune diplômé d'HEC qui s'est spécialisé sur ce sujet depuis sa sortie de l'école et dont l'entreprise connaît désormais l'un des plus beaux succès de ce petit marché. À noter aussi parmi les autres PME qui ont le vent en poupe du fait de leur engagement sur le commerce équitable : Jardin bio, spécialisée dans les produits alimentaires, cosmétiques et textiles biologiques vendus en grandes surfaces (www.jardin-bio.fr), et la jeune coopérative Ethiquable (www.ethiquable.com).

Même si le commerce équitable gagne progressivement les grandes marques ou enseignes non alternatives (Accor, Leclerc voire McDonald's pour l'alimentation, et Armor Lux, Célio ou Etam pour le textile), les petites structures d'importation-distribution de produits du commerce équitable, souvent jeunes et dynamiques, sont de plus en plus nombreuses. Cela est notamment dû au fait que beaucoup de jeunes diplômés des grandes écoles, cherchant à donner un sens à leur carrière, se lancent dans la création d'entreprises spécialisées.

Parmi celles qui ont d'ores et déjà pignon sur rue, on compte le vépéciste Artisanat-SEL (www.artisanatsel.com), Andines (www.andines.com), Boutic Ethic, une boutique créée en 1997 par trois frères et sœurs (www.bouticethic.com), Sira Kura (www.sira-kura.com), le site commercequitable.com (monté en 1999 par Jérémie Deravin, jeune diplômé en psychosociologie et Isabelle Trunkowski, diplômée en socio-anthropologie, à leur retour d'un voyage en Asie), l'association étudiante Equiterre qui a monté une boutique en ligne (www.equiterre.com), Guayapi Tropical, une société créée en 1990 qui importe et commercialise des plantes sauvages, alimentaires et cosmétiques, d'Amazonie ou du Sri Lanka ainsi que des thés biologiques en privilégiant les méthodes traditionnelles et le respect de l'environnement (www.guayapi.com), avec une mention spéciale pour Ideo (www.ideo-wear.com), une marque de vêtements en coton biologique et équitable fondée en 2002 par une autre jeune diplômée d'HEC, Rachel Liu, associée à la styliste Antoinette Giorgi.

L'EMPLOI

Les possibilités d'emplois dans ces structures spécialisées ou sérieusement engagées existent mais sont évidemment limitées : il faut tomber au bon moment et avoir le profil recherché. Ces petites organisations peuvent préférer des candidats avec quelques années d'expérience dans le marketing ou le développement commercial au sein d'une structure plus traditionnelle.

Gardez cependant à l'esprit que vous ne perdrez jamais rien à tenter votre chance, et à multiplier les expériences (par exemple, en faisant du bénévolat dans les structures associatives) et les rencontres dans le domaine qui vous intéresse. Et si votre interlocuteur n'a pas de poste à vous offrir, demandez-lui conseil : il est forcément en contact avec d'autres structures spécialisées, qui peuvent aussi être en phase de recrutement...

Tristan Lecomte, 33 ans

Président-directeur général d'Alter Eco

« Mieux vaut allumer une bougie que de maudire les ténèbres », voici mon credo. J'ai découvert le commerce équitable grâce à un article que m'a donné l'une de mes sœurs deux ans après la fin de mes études à HEC. Je travaillais alors à l'audit interne chez l'Oréal, ce qui n'était définitivement pas pour moi ! J'étais donc à la recherche d'un métier qui me convenait mieux et c'est à la lecture de cet article, à 23 ans, que j'ai décidé de me lancer.

Au début, mon entourage ne me prenait vraiment pas au sérieux, mes collègues me demandaient : « Quand vas-tu recommencer à travailler ? » Au-delà de mes études de commerce, je crois que ce qui m'a le plus aidé c'est mon activité associative sur le campus. J'avais monté une association, Solidarité France Népal, c'est grâce à ça que j'ai appris à monter un projet, à faire des budgets, à y croire, à pousser les gens à y croire…

Pendant les trois premières années, je ne me suis peu ou pas payé et même retrouvé au bord de la faillite. De 1998 à 2002, l'activité avec la boutique et le site Internet ne marchait pas du tout et ce que je vendais n'avait pas de réalité économique. La situation n'était ni satisfaisante pour nous (j'avais 25 salariés), ni pour les producteurs pour lesquels le retour était très faible. Je m'accrochais à bout de bras pour essayer de faire croire que l'idée fonctionnait mais, épuisé, j'ai dû fermer boutique et redémarrer à zéro. Je suis parti travailler chez PricewaterhouseCoopers qui a accepté de me financer pendant un an pour que je puisse recommencer l'activité. J'ai alors décidé de changer de modèle et de vendre mes produits à travers la grande distribution, chez Monoprix… et là, l'activité a décollé. D'un million d'euros en 2002, le chiffre d'affaires n'a pas cessé d'augmenter pour atteindre 17 millions d'euros en 2006… Nous avons 51 salariés aux profils très divers (écoles de commerce, sciences-po, universitaires parlant plusieurs langues, etc.) et nous sommes « envahis » par les femmes – ce qui nous pousse à faire de la discrimination positive en faveur de la gent masculine. Nous arrivons à être rentables en faisant de faibles marges mais d'importants volumes. Aujourd'hui, le retour pour les producteurs est significatif, d'un point de vue économique évidemment mais également parce que, pour eux, être sur les linéaires de Carrefour et de Monoprix est un vrai signe de reconnaissance de la qualité de leurs produits. Nous avons maintenant lancé de nouveaux produits dans le domaine des cosmétiques et démarré une filiale aux USA et en Australie, c'est dur mais ça décolle. Je crois qu'après avoir débuté un projet, il faut s'y mettre à fond sans se poser trop de questions et un jour, ça marche !

Notre défi maintenant est de développer la notoriété d'Alter Eco et de nous démarquer en tant qu'acteur spécialisé du commerce équitable par rapport aux autres produits labellisés Max Havelaar : on audite, on accompagne les producteurs, on fait du vrai travail de terrain…

D'ailleurs, mes plus grandes satisfactions sont les échanges humains avec les producteurs quand je leur rends visite, que je vois leur organisation se renforcer, s'émanciper. Ce sont justement les valeurs humaines qu'ils mettent en avant et c'est peut-être la plus grande leçon que j'ai apprise à leurs côtés. Plus pragmatiquement, les produits sont achetés 88 % plus cher que la moyenne du marché et les producteurs reçoivent en complément une prime pour financer des projets de développement local (certification bio, amélioration des pratiques…). En parallèle, nous échangeons beaucoup avec les différentes coopératives pour créer une vraie dynamique de développement. En aval, du côté des consommateurs, nous cherchons à sensibiliser le public au rapport entre consommation et citoyenneté afin de contribuer à faire émerger une prise de conscience sur l'impact de nos choix de consommation. La prochaine étape ? Parmi les grandes questions d'avenir sur lesquelles on s'interroge aujourd'hui : comment, à partir de l'expérience du commerce équitable qui concerne les échanges Nord / Sud, pouvons-nous aider les producteurs français ?

Mon métier correspond à 100 % à mes valeurs personnelles, qui sont d'inspiration religieuse au départ et qui se sont transformées en engagement sociétal et politique. Je veux être utile à la société et au monde… Cela m'aide à savoir à quoi je sers sur Terre. Ma vie professionnelle me nourrit dans la vie personnelle… un peu trop parfois ! Et mes nombreux voyages n'arrangent rien. C'est la contrepartie (ou le piège) de travailler pour sa passion – mais c'est peut-être plus lié au métier d'entrepreneur qu'au secteur. Côté salaire, je gagne deux fois moins que la moyenne des PME en France mais c'est normal : de la même manière que dans les ONG, plus tu montes dans la hiérarchie, plus le décalage se creuse avec le salaire moyen à expérience / compétences comparables. Je vois cela comme des concessions plutôt que des sacrifices car le salaire est contrebalancé par l'intérêt du boulot… Quand tu n'aimes pas ce que tu fais, tu ne peux pas le faire bien !

Mes messages clés

Montez votre entreprise ! Il y a plus d'opportunité à entreprendre car c'est un petit secteur à développer. Sinon, venez faire du commercial chez nous !

LES GRANDES ENTREPRISES

Vous pouvez également vous tourner vers des entreprises plus importantes car le commerce équitable pèse désormais suffisamment auprès des consommateurs pour que les géants du café et de la distribution, notamment, se lancent dans la démarche.

L'une des démarches les plus abouties est celle du géant américain du café Starbucks (www.starbucks.com), souvent pris pour cible par les altermondialistes mais dont le P-DG fondateur Howard Schultz ne cesse pourtant de recevoir des prix pour sa politique éthique globale. Devenu le plus gros mécène américain de l'organisation humanitaire CARE, Starbucks a aussi été la première entreprise privée aux États-Unis à proposer des stock-options chaque année à l'ensemble de son personnel.

L'enseigne vend depuis plusieurs années, dans ses 2 000 boutiques à travers le monde (et depuis peu en France), un « Starbucks Fair Trade coffee » issu du commerce équitable et certifié par l'association indépendante TransFair (www.transfair.org), et un café « Shade Grown Mexico », issu d'un partenariat avec l'ONG environnementale Conservation International et cultivé, comme son nom le suggère, à l'ombre des arbres, par de petits producteurs de la Sierra Madre de Chiapas, dans le Sud du Mexique, selon des méthodes compatibles avec un développement durable de la forêt tropicale locale (www.conservation.org).

Les deux géants agroalimentaires, Procter & Gamble et Kraft Foods, leaders sur le marché du café, ont également initié des démarches en direction du commerce équitable. Ils se sont engagés respectivement à proposer un café certifié, sous la marque Millstone, dans les restaurants et sur Internet (www.millstone.com), et à encourager financièrement, en partenariat avec l'ONG Rainforest Alliance, les producteurs sud-américains à faire évoluer leurs méthodes de production vers une plus grande responsabilité sociale et environnementale (www.kraft.com et www.rainforest-alliance.org). Même si un soupçon d'opportunisme plane sur ces initiatives (en France, entre 2002 et 2005, le chiffre d'affaires du café équitable est passé de 23 à 53 millions sur un marché global en baisse de 4 %[1]) et si certains accusent ces grands groupes de semer la confusion avec des cafés « durables » ou « responsables », tout cela a au moins le mérite de faire évoluer les consciences jusque dans les entreprises les plus « classiques » de ces secteurs.

Dans l'Hexagone, la grande distribution n'est pas en reste puisque la plupart des enseignes proposent désormais du café et quelques autres produits équitables à marque propre (Monoprix et Auchan ont ouvert la voie dès 2004, Intermarché, Cora, Casino, Système U et Leclerc ont suivi). L'avenir pourrait être évidemment à la généralisation, dans le sillage de l'enseigne anglaise Marks & Spencer qui a annoncé début 2007 son intention de passer tout son coton, après son thé et son café, en commerce équitable : premier pas dans ce sens, Carrefour s'est décidé, en novembre 2006, à ne plus proposer que des bananes bio-équitables labellisées Max Havelaar.

Tout cela ne signifie pas que des postes spécifiques existent systématiquement dans ces entreprises. Mais ces projets « commerce équitable » ou « développement durable » sont de plus en plus présents dans le travail de certains chefs de produits ou dans d'autres postes classiques, de direction marketing par exemple.

Là encore, n'hésitez aucunement, si ces aspects vous intéressent, à le signifier clairement à vos interlocuteurs lors d'entretiens préalables à un stage ou à un emploi, ni d'ailleurs à les interroger sur les projets de leur entreprise dans ce domaine.

1. Alexandre Zalewski, « Le commerce équitable a vu son chiffre d'affaires décupler en France entre 2001 et 2005 », *Métro*, 4 mai 2006.

9

LES NOUVEAUX SERVICES RESPONSABLES

Les nouveaux services aux entreprises ou aux personnes axés sur le développement durable, qui sont aussi variés que les besoins auxquels ils répondent, représentent une part de plus en plus importante des entreprises à vocation sociale ou environnementale et méritent un chapitre spécifique.

LES SERVICES DESTINÉS AUX ENTREPRISES

Il y a quelques années, une première catégorie d'entreprises est ainsi apparue pour aider les entreprises à mieux exercer leur responsabilité sociale et environnementale, vis-à-vis de leurs salariés.

Les Petits Chaperons Rouges (www.lpcr.com) ou Crèche Attitude (www.creche-attitude.com) ont ainsi été créés dans le sillage d'entreprises étrangères comme l'Américain Bright Horizons (www.brighthorizons.com) pour accompagner les grands groupes dans la création et la gestion de leur crèche, suite à la réforme du plan crèche en France.

D'autres entreprises, comme Culture Zen (www.culturezen.com) ou AmmaZen (www.ammazen.com), proposent des massages relaxants (nuque et épaules seulement !) aux cadres ou aux ouvriers stressés sur leur lieu de travail. Ce service est également proposé par des sociétés spécialisées dans les solutions et les formations en gestion du stress.

La diversité est ici la règle. On peut donc également mettre dans cette catégorie :

- Les entreprises de coursiers à vélo comme Urban Cycle (www.urbancycle.com).
- Les sociétés qui proposent aux entreprises de les aider à compenser leurs émissions de CO_2 en finançant des projets de développement qui aident à la diminution des émissions globales (reforestation, valorisation des énergies renouvelables...). Depuis la première édition de ce livre, ce service s'est développé en France : initialement proposé par des ONG de développement comme GERES (www.co2solidaire.org), il est désormais porté par deux acteurs principaux, Action Carbone (une association créée par le photographe Yann Arthus Bertrand avec l'ADEME : www.action-carbone.org) et une PME engagée, Climat Mundi (www.climatmundi.fr). C'est un véritable marché émergent qui ne devrait pas s'arrêter là si l'on en croit l'exemple de l'Angleterre où l'on compte déjà plus de vingt organismes proposant aux particuliers ou aux entreprises de compenser leurs émissions de CO_2 !
- Pour aider les entreprises à réduire les émissions de CO_2 liées aux trajets de leurs salariés (un préalable indispensable à la compensation !), certaines sociétés se sont créées pour accompagner ce qu'il est convenu d'appeler des Plans de déplacement d'entreprise (PDE) : c'est le cas par exemple de Mobility Plus (www.deplacements.net) depuis sa création en 2001.
- Les sociétés qui aident les entreprises à recycler leurs cartouches d'imprimante usagées, comme Carte Verte Environnement, créée en 2000 (www.carte-verte.fr).
- Les entreprises qui proposent des fournitures de bureau écologiques, comme Pandava en Belgique, créée il y a vingt-cinq ans (www.pandava.com) ou, plus récemment apparues sur le marché français, Un Bureau sur la Terre (www.unbureausurlaterre.com) ou

Tout Allant Vert (www.toutallantvert.com). Autre créneau nouveau, depuis l'ouverture du marché de l'électricité aux entreprises en été 2004 (ouverture étendue aux marchés des particuliers en 2007) : l'électricité verte (www.electricite-verte.com), que propose par exemple le courtier en énergie Poweo (www.poweo.fr) avec son option Planète 21, garantissant à l'entreprise cliente que 21 % de l'électricité qu'elle consomme est produite à partir de sources d'énergie renouvelables (hydraulique, éolienne, biomasse), ou encore la société spécialisée Enercoop (www.enercoop.fr).

Patrick Boudard, 34 ans

Fondateur et associé d'Urban Cycle

Le vélo a toujours été pour moi le moyen de transport privilégié, je n'ai passé mon permis de conduire qu'à 30 ans passés ! À force de pratique, le vélo est vraiment devenu ma passion. J'aimerais qu'un jour, on arrive à remplacer les deux-roues motorisés par des vélos... C'est moins polluant, moins bruyant, ça fait moins de poussière, il y a moins d'accidents et en tout cas ils sont moins graves !

J'ai fait un an en math sup puis une licence de maths, mais je n'étais pas vraiment fait pour les études, l'esprit de compétition... Donc il a fallu que je bosse. Un jour, en me baladant près de Réaumur, j'ai vu un coursier passer devant moi et je me suis dit qu'il devait bien exister des coursiers à vélo : j'ai trouvé la seule boîte à Paris qui offrait ce service et j'y suis resté trois ans. Et puis elle a fait faillite suite à des problèmes internes de gestion. On s'est retrouvé sans travail mais nous formions une bonne équipe de coursiers, on avait de bonnes relations avec les clients et on connaissait le métier : il ne nous restait plus qu'à nous mettre à notre compte. Nous avons donc créé Urban Cycle en 2001, à trois, avec trois coursiers en plus et quelques clients. La création de la société s'est faite assez facilement – sans trop de problèmes administratifs. Le tout, c'est de se lancer. Aujourd'hui, nous sommes quinze coursiers plus les trois fondateurs. Je m'occupe de recevoir les appels et de distribuer les courses, Philippe s'occupe plus de l'aspect commercial et Boris plutôt du côté administratif, même si nous tentons d'être polyvalents. Le fait d'être trois associés est un sacré avantage car on se partage les tâches. En s'organisant bien, on arrive même à ne pas trop bosser le week-end. Ça fait maintenant plus de six ans qu'on est là... et encore pour un bout de temps ! Ce qui est le plus satisfaisant quand on a sa propre entreprise, c'est de pouvoir concrètement aider les gens : nous avons un turnover important et cela nous permet de rendre service à des étudiants qui cherchent un travail à temps partiel en plus de leurs études, des chômeurs en galère, des indépendants (artistes, graphistes, etc.) qui ont besoin de faire le pont entre deux projets, tous ceux qui ont besoin d'un petit coup de main pour un certain temps. En même temps, certaines personnes travaillent avec nous depuis plus de trois ans, et on peut se targuer d'avoir atteint l'un de nos objectifs, la création d'un nouveau métier : coursier à vélo et fier de l'être (une association de coursiers à vélo parisiens est même actuellement en cours de création) !

Nous avons mis en place un système de rémunération avec des primes à chaque fin de mois... je suis content quand on fait un beau chèque aux coursiers. On essaye de maintenir un esprit d'équipe, d'être détendu et de ne pas se prendre au sérieux. Urban Cycle, c'est à la fois une entreprise et une équipe de riders passionnés de vélo, qui vont aussi s'éclater ensemble pendant le week-end ou les vacances. Depuis six ans, je sais pourquoi je me lève le matin !

Les seules difficultés que nous rencontrons sont les idées reçues sur les courses à vélo : par exemple, les gens ont peur qu'on ne respecte pas les délais. Il faut dire que le milieu de la course à Paris est vraiment désorganisé, c'est inimaginable. Nous avons comme clients des entreprises ou des organisations qui choisissent Urban Cyle parce que nous proposons un service de courses écologiques, comme l'association de défense de l'environnement WWF, mais au bout du compte, c'est parce qu'on propose un service de qualité qu'on a des clients et non parce qu'on est en vélo. On explique à nos coursiers que le contact avec les clients est important et le fait de maintenir une bonne ambiance au sein de l'équipe fait que nos coursiers ont souvent le sourire ! Et puis on a des employés bien dans leur peau qui ne sont pas enfermés toute la journée.

Mes messages clés

N'hésitez pas, montez, vous aussi, une entreprise de coursiers à vélo ! Car plus il y en aura, plus on sera crédible. Il y a plein de choses à faire, il suffit de se lancer.

LES SERVICES AUX ENTREPRISES ET AUX PARTICULIERS

Une deuxième catégorie d'entreprises offre des services similaires, qui ne sont pas réservés aux seules entreprises, les particuliers pouvant aussi y avoir recours.

Il s'agit, par exemple, de Caisse-Commune (www.caisse-commune.com), qui propose depuis 1999, à Paris, une formule de location de voitures rationnelle et écologique, spécifiquement étudiée pour un usage urbain : l'autopartage. Grâce à une formule d'abonnement, l'usager peut emprunter une voiture pour n'importe quelle durée (une heure, un jour, un mois...), 24 heures sur 24, sur simple appel. Dans le même esprit, plusieurs structures proposent désormais leurs services en matière de covoiturage (voir notamment www.covoiturage.com, www.LaRoueVerte.com, www.123envoiture.com, www.easycovoiturage.com).

Toujours pour simplifier la vie de leurs clients et leur faire gagner du temps, deux entreprises récemment créées en France proposent ainsi :

- aux particuliers, de leur faire gagner du temps en accomplissant des tâches à leur place (par exemple, attendre la visite d'un agent EDF, refaire des papiers d'identité, envoyer quelqu'un récupérer des clés ou un document oublié, etc.) ;
- aux grandes entreprises, de manifester leur responsabilité sociale en créant un « kiosque de services » (pressing, retouche de vêtements, formalités administratives, coiffeur, etc.) sur leur lieu de travail, qui permet aux salariés de mieux équilibrer

vie privée et vie professionnelle : il s'agit de To Do Today (www.todotoday.fr) et de WellDone ! (www.welldone.fr).

Autre exemple d'entreprise créée récemment et possédant une valeur ajoutée solidaire : Equitel, un service innovant de téléphonie solidaire (www.equitel.fr) qui, en partenariat avec des opérateurs comme 9 Telecom, dont le développement commercial repose sur une réduction du coût des télécommunications par rapport aux tarifs habituels, propose aux particuliers et aux entreprises de transformer une partie de ces économies sur leur facture en dons à des ONG comme le WWF, Frères des hommes, Ensemble contre le sida, Action contre la Faim, etc.

Pour assurer la transparence de son offre, Equitel informe ses clients de l'évolution des projets financés par les dons grâce à un espace réservé à cet effet sur la facture téléphonique et à travers un lien permanent sur leur site Internet.

Inspirée du modèle de Working Assets, une entreprise californienne pionnière de la consommation responsable (www.workingassets.com), qui propose un système équivalent adossé à des services bancaires et téléphoniques, Equitel est emblématique de ces entreprises nouvelles, mettant l'efficacité économique au service du changement social, qui devraient se multiplier en France dans les années à venir.

Anne-France Bonnet, 43 ans

Cofondatrice d'Equitel

Equitel est une agence spécialisée dans le montage de partenariats associant une marque à une cause ou à une ONG, pour un bénéfice mutuel. Elle a été créée en septembre 2001 sur l'idée que la solidarité et le commerce ne sont pas forcément antinomiques, mais au contraire peuvent se nourrir l'un et l'autre.

C'est cette mise en relation de l'entreprise avec le secteur non marchand de la solidarité qui m'a fait faire le grand saut. Diplômée de l'EM Lyon en 1987, j'ai commencé ma carrière dans l'univers de la grande consommation. Une quinzaine d'années de marketing sur des marques textiles et alimentaires ont suivi. À l'époque, on parlait peu (ou pas) de développement durable, de responsabilité sociale d'entreprise, ou de consommation engagée. Les voies du business et de la solidarité étaient parallèles et ne se croisaient que rarement... Or, c'est ce point de rencontre qui m'intéressait.

Notre idée de départ s'est trouvée rapidement confortée par le nouvel environnement auquel les entreprises font face. La pression des consommateurs et du législateur, et le débat croissant autour de la responsabilité sociale des entreprises, les incitent en effet à chercher des voies nouvelles pour donner plus de visibilité aux actions qu'elles engagent en interne. Associer sa marque, un produit ou un service à une cause, pour un bénéfice mutuel, est l'une de ces voies.

Du conseil à la mise en œuvre, notre métier est d'accompagner les entreprises qui proposent à leurs clients de soutenir des causes par leurs actes de consommation.

En tant qu'interface, nous travaillons aussi bien avec les équipes communication et marketing de nos clients, qu'avec nos partenaires, à savoir les associations bénéficiaires des opérations que nous traitons.

Les 100 000 clients donateurs et les 800 000 euros collectés au profit de 23 projets de solidarité, en 3 ans, nous confirment que cette nouvelle voie a du souffle... et des résultats. Et je vis mon aventure professionnelle comme une réconciliation. Une réconciliation qui a eu évidemment des conséquences : quitter la sécurité d'un salaire régulier, abandonner le statut que vous donne une marque réputée, assumer de travailler sans modèle... Mais je me suis créée le job dont je rêvais, tout simplement.

Mes messages clés

Pour faire correspondre votre aventure professionnelle à vos valeurs et à vos engagements, restez aux aguets, écoutez les autres, écoutez vos intuitions, refusez le statu quo, et sortez du cadre... Et n'oubliez jamais : on est vraiment bon dans son métier que lorsque l'on est cohérent avec ce que l'on fait.

LES SERVICES AUX PARTICULIERS

Enfin, une troisième catégorie propose des services destinés aux particuliers, pour favoriser la solidarité.

L'entreprise la plus exemplaire de cette série, nous semble-t-il, est L'Âge d'Or Services, créée en 1991 à Troyes par un jeune entrepreneur de 21 ans, Fabrice Provin, et devenue depuis la première entreprise d'aide à la personne en France (www.agedorservices.com).

L'Âge d'Or Services a pour principal but d'aider les personnes âgées, dépendantes ou en perte d'autonomie, pour qu'elles puissent continuer à vivre chez elles dans de bonnes conditions et le plus longtemps possible.

Organisé en un réseau qui regroupe près de 110 franchises employant 300 personnes en France et en Belgique, L'Âge d'Or Services mène des prestations d'accompagnement et de services à domicile auprès de plus de 20 000 clients en s'appuyant depuis quelques années sur un actionnaire important : CNP Assurances (premier assureur de personnes en France).

Fabrice Provin, 37 ans

Fondateur de L'Âge d'Or Expansion

Je suis fondateur et directeur général de L'Âge d'Or Expansion, une société qui développe, avec un système de franchises, un concept d'aide et d'assistance aux personnes âgées et handicapées pour favoriser leur maintien à domicile.

J'ai créé cette société en 1991 avec l'objectif de prévenir l'isolement et la solitude des personnes âgées en leur apportant des services qui les ouvrent vers l'extérieur, comme l'aide à la mobilité. Finalement, nous avons inventé un métier en professionnalisant des services qui, auparavant, étaient offerts uniquement par des associations. D'ailleurs, les difficultés que nous avons rencontrées à nos débuts étaient directement liées au fait que nous avions lancé un modèle d'entreprise encore inexistant. Tout d'abord, nous avons dû faire face aux attaques des artisans taxis qui dénonçaient une concurrence déloyale (quatre procès au total !). Ensuite, il nous a fallu attendre six ans pour obtenir de l'administration que nos clients puissent bénéficier d'une réduction d'impôts pour l'utilisation de nos services – tout ça parce nous étions une entreprise et que notre activité n'était pas, du coup, reconnue comme de l'aide aux personnes âgées.

Je vous avoue sincèrement que je vis de ma passion. Cette activité est directement issue d'une volonté personnelle qui remonte à ma plus tendre enfance. J'ai commencé à rendre service aux personnes âgées de mon quartier à l'âge de 12 ans, avec ma mère, et j'ai naturellement continué pendant mes études. Mais c'est quand j'ai trouvé mon premier emploi que j'ai réellement compris la nécessité de les aider : ces personnes, que j'allais voir régulièrement auparavant, se retrouvaient encore plus démunies du fait de mon indisponibilité nouvelle. À 21 ans, j'ai donc décidé de renouer avec ce que j'aimais faire et de créer L'Âge d'Or Services.

La valeur humaine est très forte dans notre métier. Je suis vraiment heureux de savoir que le concept que j'ai mis en place aide très concrètement des milliers de personnes âgées mais aussi d'avoir pu, en même temps, créer des emplois et valoriser des activités que l'on considérait à l'époque comme des « petits boulots ». Maintenant, notre plus gros défi est de continuer à développer notre palette de services pour répondre à la demande croissante des personnes âgées et d'accroître rapidement notre réseau de franchises partout en France, pour convaincre des partenaires nationaux de nous faire confiance.

Je crois que les sacrifices que j'ai dû faire à la création de L'Âge d'Or Services sont simplement ceux que rencontre tout créateur d'entreprise : peu de temps libre et peu d'argent ! Mais ces sacrifices valaient réellement le coup, d'autant plus qu'ils n'ont porté préjudice ni à ma vie personnelle, ni à ma santé. À présent, je considère mon travail plutôt comme un loisir !

Mes messages clés

Sans hésiter : choisissez votre métier ou votre activité en privilégiant les valeurs plutôt que le business.

10

LA PRESSE OU L'ÉDITION ENGAGÉES

Les médias ont un rôle prépondérant à jouer dans la compréhension et la diffusion du concept de développement durable. Mais, jusqu'à présent, la plupart des articles de presse et des programmes de télévision se sont surtout focalisés sur les désastres écologiques et les scandales sociaux, plutôt que sur les problèmes de fond que le thème du développement durable a révélés. Comme le dit Chris Rose, l'ancien directeur de Greenpeace en Angleterre : « C'est un peu comme si l'on prétendait traiter d'économie en ne parlant que des hold-up dans les banques. »

Or, si les médias rendent souvent très bien compte des problèmes de nos sociétés, ils n'informent pas assez sur les pistes permettant de les résoudre : en clair, ils tendent encore à préférer l'information à sensation à celle qui propose des solutions.

COMMUNIQUER SUR LE SUJET

L'information est pourtant la clé du changement et les médias ont une influence immense sur nos modes de pensée et nos modes de vie. Avis aux journalistes, ou futurs journalistes, que le sujet intéresse : il y a encore fort à faire, et la tendance ne risque pas de s'inverser !

Même si les choses évoluent très lentement, les magazines grand public abordent de plus en plus (et de mieux en mieux) le commerce équitable et la consommation responsable, et les magazines économiques font de même avec le développement durable et la façon dont il influence les stratégies des entreprises.

En outre, compte tenu du déficit de confiance et de crédibilité dont souffre le secteur auprès du grand public, un certain nombre d'entreprises de médias commencent elles-mêmes à s'engager dans une démarche responsable, ce qui ouvre la voie à toute une série de postes touchant au sujet, et pas seulement parmi les journalistes ! Un groupe de travail rassemblant des entreprises du secteur a ainsi été créé en 2003 en Angleterre (avec la BBC, Sky, EMI, The Guardian, ITV, Pearson, Reuters...) pour travailler sur ces questions, et le cabinet SustainAbility a publié coup sur coup, en 2002 et 2004, deux rapports sur l'engagement nécessaire du secteur (*Good News & Bad – The Media, Corporate Social Responsibility and Sustainable Development* puis *Through the looking glass – Corporate Responsibility in the Media and Entertainment sector,* avec WWF – téléchargeables sur www.grainesdechangement.com/mediasresponsables).

Et des bonnes pratiques apparaissent dans les entreprises elles-mêmes : plusieurs entreprises dont The Guardian et la BBC publient désormais des rapports très complets et transparents sur leur responsabilité sociale et environnementale, abordant les dilemmes liés à leur activité (comme les conflits d'intérêt), chiffrant leur performance sur des sujets aussi variés que le respect des codes de conduite, la diversité des programmes ou les réclamations des publics... Plus récemment, fin 2006, Rupert Murdoch, le P-DG du géant News Corp. (qui possède notamment la chaîne Fox News, les studios de cinéma 20th Century Fox, le fournisseur d'accès Internet MySpace, de nombreux journaux, studios et chaînes de TV aux USA, en Inde, en Chine, en Grande-Bretagne, en Australie, etc.) a annoncé sa volonté de mettre au point une stratégie environnementale pour l'ensemble de son groupe, en utilisant les stratégies mises au point par son fils James, à la tête de la télévision par satellite BSkyB. Un revirement surprenant de la part du *tycoon* des médias qui était plutôt connu comme un sceptique du changement climatique et qui s'affiche désormais aux côtés d'Al Gore ! « Nous allons devenir absolument neutres en carbone, pour l'ensemble de nos activités dans tous les pays », a déclaré Murdoch, reconnaissant ainsi l'influence de son fils (et probable héritier) qui a fait de BSkyB la première chaîne neutre en CO_2 début 2006, en travaillant à la fois à réduire les émissions de l'entreprise et à compenser les émissions résiduelles en finançant des projets d'énergie renouvelable, comme cela est détaillé dans les rapports de responsabilité sociale publiés par Sky depuis 2004.

Enfin, une certification ISAS BC 9001 (www.certimedia.org) visant à garantir la qualité des radiodiffuseurs a été lancée, en Suisse, par la fondation Médias et Société (sur des sujets comme la qualité et la précision de l'information, la satisfaction des publics, la diversité des programmes, l'innovation et la création, la promotion et le respect de règles éthiques, l'utilité sociale du média...).

LES DIFFÉRENTS MÉDIAS

Sur le web, le site de référence est celui de Novethic, une société composée de journalistes et de chargés d'études, créée en 2001 par la Caisse des dépôts, qui se consacre justement à l'information en ligne et en français relative au développement durable (www.novethic.fr). En anglais, évidemment, les sites web d'information sont plus nombreux : les plus anciens et les plus connus sont sustainablebusiness.com, csrwire.com, Environmental News Network (www.enn.com), GreenBiz (www.greenbiz.com), Green Money Journal (www.greenmoneyjournal.com) ou Ethical Corporation qui publie également un magazine papier (www.ethicalcorp.com).

De même, un certain nombre de magazines ou de newsletters existent en version papier en anglais, comme le vétéran Business Ethics (www.business-ethics.com), Green@work (www.greenatworkmag.com) et les magazines anglais *Ethical Consumer* (www.ethicalconsumer.org) ou *Green Futures* (www.greenfutures.org.uk).

Aux États-Unis, le magazine économique généraliste *Fast Company* (www.fastcompany.com), qui connaît un gros succès depuis son lancement en 1996, consacre une bonne partie de ses pages aux stratégies responsables des entreprises les plus innovantes, en cohérence avec sa vocation qui consiste à « chroniquer tout ce qui change la façon dont les entreprises avancent, identifier les pratiques qui donnent au travail ses nouvelles formes ; mettre en valeur les individus, les équipes, les produits et les idées qui définissent les entreprises de demain ».

En France

Concrètement, la France n'est pas particulièrement en avance. Les médias spécialisés et exclusivement consacrés au développement durable sont rares[1], d'autant plus qu'il s'agit d'un petit créneau de marché et qu'un certain nombre de ces médias spécialisés ont disparu peu après leur création, qu'ils aient été publiés en français (comme le magazine *Jonas*) ou en anglais (comme *Tomorrow Magazine*).

En français, il existe quelques magazines, généralement assez récents et, le plus souvent, associatifs, comme *Ekwo* (www.ekwo.org), *Le Nouveau Consommateur* (www.nouveauconsommateur.com), *La Revue durable* (www.larevuedurable.com), un projet suisse, ou encore le magazine citoyen online *Place Publique* (www.place-publique.fr). Des magazines plus spécialisés sur les entreprises, voire plus techniques, ont également vu le jour parmi lesquels *Valeurs vertes* (www.valeursvertes.com), *Environnement Magazine* (www.environnement-online.com) ou *Ithos*, « le magazine du développement durable, viable, soutenable… », publié par l'agence de communication institutionnelle Creacom EDC (www.e-thosmagazine.com).

Avec le « boom » médiatique du sujet, qui ressemble fort à une nouvelle « nouvelle économie », des initiatives sont créées tous les jours, attestant au moins de l'intérêt croissant pour les questions de développement durable qui ne manquent pas de susciter des vocations entrepreneuriales et, en l'occurrence, éditoriales. Ainsi, au seul premier trimestre 2007, on a vu apparaître des titres aussi variés qu'*Autobio* (premier magazine automobile spécialisé sur les nouvelles

1. La plupart des entreprises et des organisations citées dans ces sections proposent aussi, sur leurs sites, des rubriques d'information générale.

énergies) ou *NeoSapiens* (premier magazine sur l'engagement, qu'il s'agisse d'environnement, de social ou d'humanitaire).

Évidemment, le marché est encore tout petit et la rentabilité n'est pas acquise : souhaitons donc à ces initiatives de ne pas connaître le sort malheureux de *Jonas*, un magazine mensuel ambitieux sur l'écologie et les modes de vie responsables, lancé en 2001 avec un tirage important, à l'attention du grand public, à grands renforts de publicité, mais qui n'aura vécu que quelques numéros...

Côté télévision, seule la chaîne thématique *Demain !*, créée dans le giron de Canal + et cédée par ce groupe en 2004 suite au décès de sa fondatrice et animatrice, est dédiée à la création et la reprise d'entreprises, à l'initiative, à la formation et à l'emploi ainsi qu'au développement local. Mais notons qu'un nombre croissant de chaînes, notamment celles historiquement consacrées au monde naturel comme Ushuaïa TV ou Planète, commencent à lorgner sérieusement du côté du développement durable !

D'un autre côté, et fort heureusement, les médias généralistes ouvrent de plus en plus souvent leurs pages (et même leurs couvertures !) aux sujets liés au développement durable, allant parfois aussi jusqu'à créer une rubrique dédiée, ce qui permet aux journalistes intéressés par ces questions de faire passer leurs articles.

Tous les journaux et magazines ont fait paraître quelques articles sur le développement durable, le commerce équitable ou la consommation responsable ces derniers temps, mais on signalera tout particulièrement les sympathiques multirécidivistes que sont *ELLE, Enjeux Les Échos, Libération, Marie-Claire, Le Parisien, Le Nouvel Observateur, Alternatives Économiques, Terre Sauvage, Le Figaro Madame* et même *Paris Match* (!) qui s'est illustré plusieurs années durant par de très bons dossiers publiés au moment du Jour de la Terre, célébré chaque année le 22 avril...

Certains magazines non spécialistes publient occasionnellement des suppléments, voire des numéros thématiques, sur la question, notamment à l'occasion de la Semaine du développement durable : ainsi, en 2004, le magazine de sport *Surf Session* a publié, en partenariat avec l'association Surfrider Foundation, un hors-série estival consacré à l'environnement et à la protection de la « planète océan ».

De même, plusieurs émissions de TV et de radio sont apparues récemment, exclusivement consacrées au développement durable sur de grandes chaînes généralistes : il s'agit, par exemple, de « CO_2 Mon Amour » (Denis Cheissoux, France Inter), de « Terre Mère » (Jean-Louis Caffier, LCI), d'« Écolographie » (Michel Field, Europe 1), etc.

Un certain nombre de journalistes free-lance se sont progressivement spécialisés et parviennent à écrire principalement sur ces questions qui les passionnent, en alternant articles pour la presse et pour des sites web spécialisés, animation de conférences et de séminaires, publication d'ouvrages pédagogiques et collaboration avec les journaux corporate d'entreprises engagées sur le sujet...

Parmi les projets intéressants à signaler aux jeunes, ou moins jeunes, journalistes qui souhaiteraient écrire sur le développement durable, on notera tout particulièrement le prix Reporters d'espoir (www.positive-network.org), créé en 2004, qui montre que la tendance très connue aux États-Unis du « journalisme civique » prend enfin racine en France, quoique timidement (voir à ce sujet www.grainesdechangement.com/mediasresponsables).

DANS L'ÉDITION

Enfin, dans le monde de l'édition, il existe peu d'entreprises ou de collections dédiées au sujet, d'autant que le marché français reste moins mature que, par exemple, le marché britannique où Greenleaf Publishing est parvenu à pérenniser son activité (www.greenleaf-publishing.com).

Tous les éditeurs ou presque ont publié des ouvrages ayant trait au développement durable (voir la Bibliographie en fin d'ouvrage), mais peu affichent un intérêt particulier pour ce thème. Signalons quand même, outre la collection dans laquelle paraît ce guide[1],

1. Collection « Graines de Changement » chez Village Mondial.

l'existence de la fondation Charles Leopold Mayer pour le progrès de l'homme (www.fph.ch et www.editions-mayer.com) qui a publié un certain nombre d'ouvrages de qualité sur l'écologie industrielle, le commerce équitable, la banque éthique, etc., et les éditions Terre Vivante (www.terrevivante.org) qui publient de nombreux livres et la revue *Les Quatre Saisons du Jardinage*.

Pour conclure, soulignons que l'édition en tant que secteur d'activité est, elle aussi, de manière croissante, invitée à faire face à ses responsabilités : Greenpeace a ainsi lancé depuis quelques années la campagne internationale « Plumes Vertes » appelant les auteurs et les éditeurs à se mobiliser pour lutter contre la destruction des forêts. L'édition est en effet l'un des plus gros clients de l'industrie papetière et le papier utilisé pour les livres est couramment issu du bois provenant de forêts anciennes dont 80 % ont déjà disparu à la surface du globe. De nombreux auteurs et éditeurs se sont déjà engagés (dans de nombreux pays comme le Canada, l'Angleterre, l'Italie, l'Allemagne, etc.) à utiliser du papier recyclé ou labellisé FSC, dont l'auteur du très populaire *Harry Potter*... En France, signalons l'initiative de l'éditeur scolaire Bordas (www.editions-bordas.fr) qui a été le premier, en 2007, à annoncer qu'il passait l'ensemble de sa production sur papier recyclé ou labellisé FSC, exemplarité envers les jeunes générations oblige !

Guillaume Allary, 33 ans

Éditeur, réalisateur de documentaires, journaliste

Mes activités d'éditeur (chez Hachette littératures), de journaliste de presse écrite (Elle, Transfuge, Nouvel Observateur), et de réalisateur de documentaires (France 5, TV5, Arte) ne font pour moi qu'un seul métier qui consiste à donner de la voix à ceux qui font avancer les choses et à diffuser dans les meilleures conditions les histoires qui méritent de l'être. Je dois repérer les sujets intéressants, convaincre les médias pour lesquels je travaille de les traiter, et les rendre attrayants sans les pervertir.

Dans le choix des sujets comme dans leur traitement, j'ai une liberté totale sachant que je dois faire en sorte que le produit fini (film, livre, article) touche le maximum de gens et qu'il devra être validé, selon les cas, par la directrice de la maison d'édition pour laquelle je travaille, un rédacteur en chef des journaux dans lesquels je signe ou un chargé de programmes des chaînes pour lesquelles je filme.

Il y a deux ans, lors de la première version de ce livre, je remarquais que les médias commençaient tout juste à traiter de sujets « citoyens ». Chaque titre de presse comptait déjà son spécialiste développement durable, certains réalisateurs de documentaires ou éditeurs avaient comme créneau de rendre publics des combats, des hommes ou des femmes essayant de rendre le monde meilleur, mais le public pour ces sujets « citoyens » n'était pas encore important, ou du moins pas encore identifié. Les rédacteurs en chef, directeurs de maisons d'édition, responsables de programmes n'étaient donc pas très chauds pour donner à ces sujets une place à la hauteur des enjeux qu'ils soulèvent. Il n'y avait presque aucun papier sur le microcrédit, peu sur les entreprises éthiques et pas le même intérêt pour les sujets sur le réchauffement du climat. Avoir une dimension citoyenne dans son travail médiatique consistait donc, pour une grande part, à faire « passer » ces sujets dans les différents médias.

Aujourd'hui, les choses ont changé : les médias accordent globalement plus de place aux sujets « citoyens » qui sont donc plus faciles à passer. Il faut s'en féliciter mais aussi remarquer que cette avancée ne s'est faite qu'au prix d'un formatage de ces sujets aux contraintes médiatiques en vigueur, à savoir que les médias de masse privilégient toujours les traitements brefs, jouant sur l'émotion brute (l'indignation, la peur) ou la légèreté (le people). Bref, même si les médias accordent de plus en plus de place aux sujets « citoyens », le traitement de ces sujets comme des autres est, lui, de moins en moins « citoyen ».

Le défi n'est donc plus tant de réussir à passer des sujets « verts » ou « éthiques » que de réussir à les traiter de façon citoyenne, c'est-à-dire avec le sérieux qu'ils méritent. Je veux dire par là que s'intéresser aux questions d'écologie au rythme des ralliements people, aux modèles économiques alternatifs le temps d'une remise de prix Nobel ou aux carburants verts en 15 secondes dans un journal télévisé, rend un faux service à ces causes car cela les transforme en phénomènes de mode, et donc les fragilise. De plus en plus, on se heurte à cette loi médiatique : la place accordée à un sujet dépend de l'impact médiatique de ceux qui l'incarnent (fussent-ils ignorants de ces questions) et de sa capacité à toucher la sensibilité du public (fût-ce au prix de raccourcis mensongers). Et plus un média est grand public, plus ces contraintes pèsent. Vous pouvez monter un dossier sur le réchauffement climatique avec simplement des experts dans Le Monde ou sur France 5, plus difficilement sur M6 ou dans Elle où l'on voudra une touche « glamour », c'est-à-dire que la cause soit « incarnée » (idéalement par un people).

La question « éthique » ou « citoyenne » se pose dans les médias, comme dans toute industrie, non pas tant dans la nature du produit fabriqué (des livres, des films, des journaux ou des petits pois) mais dans la façon dont il l'est. La première question à se poser est donc celle de savoir s'il n'y a pas tromperie sur la marchandise, c'est-à-dire s'il s'agit d'une information fiable, recoupée, et si possible originale. Sachant que, dans beaucoup de médias, la frontière entre communication et information est très floue et que les journalistes n'ont pas toujours le temps (ou la volonté) de vérifier leurs informations ou d'en produire de nouvelles, il est évident que l'information originale, fiable et recoupée – nous pourrions dire « éthique » s'il n'était pas évident que toute information devait être produite selon ces règles de bonne conduite – est un bien rare.

Les grands médias créent des espaces réservés aux questions de développement durable, multiplient les événements spéciaux autour de l'écologie mais sans tenir compte du fait que ces sujets imposent de reconsidérer la hiérarchie et le traitement de l'information : c'est pour cela que j'ai progressivement dérivé mes activités vers l'édition et le documentaire qui offrent, aujourd'hui, des conditions de fabrication de l'information nettement plus citoyennes en permettant de traiter en profondeur (films de 52 minutes ou livres de plus de 100 pages) un grand nombre de sujets.

J'ai fait des études d'économie à Dauphine avant de suivre un cursus de philosophie à la Sorbonne puis à Normale sup qui m'a amené à enseigner quelques années cette matière. Par goût, j'ai toujours travaillé à mi-temps pendant mes études, sur le lancement d'un journal (Technikart), comme pigiste dans d'autres publications (Sciences Humaines, Femme actuelle), dans un syndicat de producteurs de cinéma, une école de scénaristes, etc. Le tournant décisif a eu lieu après Dauphine quand, entre un DESS de finance et un DESS de marketing, j'ai choisi une licence de philo. À partir de ce moment, que ce soit pendant mes années d'études ou d'enseignement en philosophie, j'ai consacré de plus en plus de temps à mes activités dans les médias jusqu'à ce qu'elles m'occupent entièrement.

La plus grande difficulté a été de quitter le confort d'une carrière toute tracée et rémunératrice pour un secteur qui a une passion dévorante pour la précarité. Mais j'ai toujours fait plusieurs choses à la fois et cela ne me dérange pas de « jongler » entre plusieurs employeurs, sachant que selon les périodes, j'ai toujours une activité qui me sert de « base ». Depuis un an, l'édition occupe la majeure partie de mon temps, tout en me laissant la possibilité d'écrire des articles et, occasionnellement, de réaliser un documentaire. Mes activités font écho à mes engagements personnels par le fait que les sujets que je propose sont ceux sur lesquels, en tant que citoyen, j'aimerais être informé. Ma principale satisfaction est de repérer, de rencontrer et de faire connaître des gens qui font avancer les choses. Par un film, un article ou un livre, je peux aider leurs combats. J'ai eu la satisfaction, par exemple, de constater qu'un reportage que j'avais réalisé au Niger sur l'esclavage a contribué au vote, quelques mois plus tard, d'une loi abolissant cette pratique ; que le premier roman de Faïza Guène, Kiffe kiffe demain, a fait découvrir la littérature à de nombreux jeunes de banlieue et a provoqué l'émergence d'une nouvelle « scène littéraire » ; ou encore que le succès du livre de Milana Terloeva sur la Tchétchénie a rendu concret un projet d'ouverture d'un centre culturel à Grozny, premier espace démocratique dans ce pays.

Le défi le plus intéressant est de prouver que des sujets « responsables » peuvent aussi être vendeurs, qu'on peut être pédagogique sans ennuyer, voire, dans certains cas, faire avancer les choses en s'amusant. Mon seul sacrifice tient à ma façon de travailler : je pourrais publier plus de livres, faire plus de films, écrire plus d'articles, donner plus de cours (j'anime une conférence de lecture / écriture à Sciences-Po Paris) et donc gagner plus d'argent. Mais j'ai du mal à considérer cela comme un sacrifice car ce métier n'a d'intérêt que si l'on écoute vraiment les autres, que si l'on s'intéresse aux problèmes dans leur complexité – ce qui demande du temps.

Mes messages clés

Je ne crois pas, qu'à long terme, on puisse être compétent dans une activité qui ne vous ressemble pas, fût-elle lucrative. Je vous encourage donc à vous poser la question en termes d'efficacité : dans quelle activité suis-je le plus à l'aise, le plus en phase avec moi-même ? Croire qu'il faut travailler dans une ONG pour avoir une activité « éthique » est un peu naïf. On peut avoir une action citoyenne tout aussi efficace dans une PME.

Enfin, au risque de dire une banalité, la seule chose vraiment enrichissante est la rencontre, et il n'est pas besoin d'aller au bout du monde pour en faire.

11

LE DESIGN ET L'ARCHITECTURE RESPONSABLES

Loin de la vision futile du design, tributaire de la mode, qui avait cours dans les années 1980, le développement durable invite designers et architectes à penser différemment leurs créations, autour de deux notions clés que certains avaient fini par oublier : la finalité et l'usager.

AU DÉPART, UN QUESTIONNEMENT

Les problèmes que nous posent objets et bâtiments, vus à travers le prisme du développement durable, sont complexes :

- Les améliorations qu'ils apportent à la vie des êtres humains, y compris à celle des générations futures, justifient-elles la consommation de ressources et d'énergie nécessaire pour les produire ?
- Comment construire des immeubles qui pèsent moins lourd sur la planète, en termes de consommations d'énergie, d'eau, etc. ?
- Peut-on s'inspirer des créations naturelles, de l'œuf à la termitière, pour concevoir des objets ou des bâtiments moins gourmands en ressources naturelles et plus harmonieux avec leur environnement ?

- Comment protéger et respecter, à l'heure de la mondialisation des styles et des productions, la diversité culturelle et les spécificités des traditions ou des communautés locales ?

Ces questions renouent avec une certaine tradition qui fait du design ou de l'architecture un humanisme appliqué à la conception d'objets et de bâtiments en harmonie avec leurs utilisateurs et leurs environnements. L'éco-design (ou éco-conception) et l'éco-architecture sont des disciplines encore émergentes, tout particulièrement en France, mais absolument essentielles.

ÉCO-PRODUITS

Côté design, on sait désormais qu'il faudrait à l'humanité trois planètes pour survivre si tout le monde adoptait le mode de vie et de consommation d'un Français : il y a donc urgence à créer des objets plus utiles et moins futiles, moins gourmands en matières premières et en énergie tout au long de leur cycle de vie, plus durables et moins producteurs de déchets.

Un nombre croissant d'entreprises s'engagent donc dans cette voie, de manière plus ou moins visible, en intégrant les aspects environnementaux très en amont dans la conception des produits qu'elles proposent, puisque 90 % des impacts environnementaux d'un produit sont déterminés lors des toutes premières étapes de la conception[1].

Certaines font de cet engagement un élément fondateur de leur positionnement et de leur différence sur le marché. C'est le cas de la marque californienne de vêtements de sport que nous avons déjà évoquée précédemment, Patagonia (www.patagonia.com), qui a notamment innové en se lançant dans le coton biologique et la fabrication de laine polaire à base de bouteilles en plastique recyclées, et dont la filiale européenne est basée en France.

---

1. www.demi.org.uk.

C'est aussi le cas du fabricant sud-africain de radios et de lampes écologiques Freeplay (www.freeplay.net), dont les bureaux commerciaux européens sont basés en Grande-Bretagne. Créée en 1995 à l'attention des villages africains sans électricité pour qu'ils puissent bénéficier de programmes radio éducatifs (prévention du sida, par exemple), la radio Freeplay, qui connaît aussi un grand succès dans les pays occidentaux, fonctionne à l'énergie mécanique (une manivelle que l'on remonte pendant trente secondes permet jusqu'à une heure d'utilisation) ou solaire (grâce à de petits panneaux photovoltaïques installés sur la radio).

Ce type de démarche gagne progressivement de nombreux marchés et de nouvelles sociétés apparaissent chaque jour, un peu comme dans les domaines du bio ou du commerce équitable. Si vous souhaitez trouver un poste d'éco-designer, nous vous conseillons donc d'explorer par vous-même, en magasin ou sur le web, les rayons et les marchés qui vous intéressent, puis d'étudier de plus près les entreprises ainsi repérées pour voir si elles disposent d'une structure en France, en vérifiant plus précisément s'il s'agit d'un site de production ou d'un bureau d'importation-commercialisation (ce qui ne correspond pas aux mêmes opportunités de postes).

Pour information, nous vous donnons une liste non exhaustive d'exemples innovants, sur des marchés très différents :

- Le fabricant de produits détergents écologiques Ecover, basé en Belgique, qui est devenu en vingt ans le leader européen du marché (www.ecover.com), remplace, dans ses produits, les ingrédients pétrochimiques traditionnels par des matières renouvelables et biodégradables (des détergents écologiques comme l'extrait d'écorce d'orange ou le sucre anionique, et même des éléments abrasifs doux comme la poudre de bois de hêtre ou de coquilles de noix de coco), utilise des emballages entièrement recyclables et a même fait construire, en 1992, puis 2007, les deux premières « éco-usines » de Belgique puis de France (à Boulogne-sur-Mer).
- Costa Rica Natural Paper fabrique des cahiers (et autres fournitures scolaires ou professionnelles) à partir de papier recyclé et de déchets provenant des cultures de banane, de tabac et de café – des déchets agricoles qui, normalement, pourrissent dans les

champs et les rivières – et reverse un pourcentage des ventes pour promouvoir l'agriculture durable (www.ecopaper.com).

- La société Biocorp, créée aux États-Unis par un couple de Français, propose des couverts jetables à base d'amidon de maïs et d'autres composants biodégradables, et a notamment décroché le marché des JO verts de Sydney (www.biocorpusa.com).
- Créée en 1996, l'entreprise suédoise EcoLean s'est inspirée d'un des emballages les plus parfaits conçus par la nature (l'œuf, fait de carbonate de calcium et de liants) pour concevoir un matériau d'emballage à faible impact sur l'environnement (www.ecolean.com), puisqu'il est composé à 70 % de craie, très adaptable aux besoins (il peut remplacer le plastique, le carton et même l'aluminium) et, de surcroît, pouvant être facilement incinéré, recyclé, voire même jeté (il est photodégradable et les rayons du soleil le transforment en sable en quelques semaines). EcoLean exporte partout dans le monde et travaille notamment en France avec quelques grandes enseignes de distribution comme Carrefour.
- Fabriquées en France, les chaussures Bionat (www.bionat.fr) ont un design branché et sont conçues pour protéger l'environnement et la santé (tannage végétal, sans chrome ni métaux lourds, teintes naturelles, semelles en pur lait d'hévéa plutôt qu'en latex de synthèse, pas de voûte plantaire, etc.).
- La société Q Collection, créée en 2002 à New York par un designer et un chimiste, s'est spécialisée dans la conception et la production de mobilier haut de gamme et « branché » (canapés, fauteuils, luminaires, etc.). Elle a mis l'accent sur l'utilisation de matériaux écologiques et sains, ainsi que sur la réduction des composants toxiques contribuant, par exemple, à la pollution de l'air intérieur. Le slogan de la marque est « *Fine design in harmony with our world* » (www.qcollection.com). De manière générale, l'univers du *design* est en train de s'approprier très vite ces thèmes : pour rester au courant de ce qui se fait de mieux, pensez à vous connecter de temps à autre sur www.sustainablestyle.org.
- L'entreprise Interface, leader mondial des dalles de moquette de bureaux (www.interfaceinc.com, www.interfacesustainability.com),

qui produit en Angleterre et en Hollande et compte des bureaux commerciaux dans la plupart des pays d'Europe, y compris en France, s'est engagée en 1994 dans une démarche qui l'a conduit notamment à proposer un revêtement de sol en vinyle recyclé (ce qui permet d'éviter de brûler du PVC, dont la combustion est hautement toxique), une dalle de moquette fabriquée à partir de PLA, un matériau renouvelable dérivé du maïs, et même à développer le leasing des dalles de moquette. Ainsi, il peut louer les dalles à ses entreprises clientes, puis en assurer l'entretien pour en prolonger la durée de vie et, enfin, les récupérer en fin de vie pour les recycler et, à terme, produire de nouvelles dalles à partir des anciennes.

- Toujours dans le domaine des produits pour le bureau, Steelcase, numéro 1 mondial du mobilier de bureau et de l'aménagement des espaces tertiaires, a lancé en 2004 et 2005 deux chaises éco-conçues (Think et Please 2), en travaillant notamment à l'élimination de matériaux polluants (PVC, colles, etc.), l'utilisation préférentielle de matériaux recyclés, l'allégement général du siège et des volumes d'emballage, et la recyclabilité (www.steelcase.com).
- En France, toute une série de petites entreprises innovantes sont apparues récemment, fondant leur différence sur l'éco-conception de produits pour la maison : c'est le cas par exemple de la coopérative Origin, spécialisée dans le mobilier écologique (www.origine-scop.com), ou encore d'Ekobo, qui travaille avec des communautés basées notamment au Vietnam pour produire, de manière artisanale, des bols, plateaux, saladiers et autres produits de décoration intérieure « design » en bambou (www.ekobo.org). Plusieurs de ces entreprises sont regroupées dans le collectif Créateurs d'Autrement (www.createursdautrement.com).
- Certains distributeurs fondent même leur positionnement sur leur capacité à concevoir ou à sélectionner pour leurs clients des produits responsables et éco-conçus :
- Par exemple, la marque-enseigne japonaise Muji mise sur un design minimaliste (www.muji.net) avec l'idée de revenir à la valeur réelle et fonctionnelle des choses, « masquée par un

design trop sophistiqué ou un emballage inutile », en choisissant attentivement les matières, en supprimant les décorations et les emballages superflus, en privilégiant les couleurs naturelles, en concentrant ses efforts sur l'utilisation efficace des ressources et la réduction des déchets, en favorisant le recyclage et la réutilisation, qu'il s'agisse de papeterie, de produits pour la salle de bain, de vêtements ou de vaisselle.

- Dans le même esprit mais avec une offre différente, les deux enseignes créées par François Lemarchand, Nature & Découvertes (www.nature-et-decouvertes.com) et Résonances (www.resonances.fr), proposent une sélection de produits respectueux de l'environnement pour la maison et les loisirs, respectivement axés sur la découverte de la nature et sur l'adaptation à la vie moderne d'objets issus du patrimoine culturel.
- À l'étranger, les distributeurs en ligne Real Goods (www.realgoods.com) et Natural Collection (www.naturalcollection.com) proposent eux aussi de nombreuses familles de produits éco-conçus ou responsables et fondent leur positionnement sur cette dimension.

L'ÉCO-CONCEPTION

La démarche d'éco-conception a aussi gagné de nombreux grands groupes dont le positionnement n'est pas particulièrement fondé sur l'engagement écologique. En effet, la perspective positive d'économies sur les consommations de matières premières ou, moins positive, de réglementations plus contraignantes sur les emballages ou le recyclage des produits en fin de vie, pousse les entreprises à s'engager dans cette voie :

- Le fabricant automobile Renault s'est engagé sur la voie de l'éco-conception, non seulement pour assurer la recyclabilité de ses produits (l'objectif est que 95 % d'un véhicule soit recyclable) mais aussi pour alléger les véhicules et réduire la consommation de carburant et les émissions polluantes des modèles existants, en développant de nouvelles technologies comme la pile à combustible (voir notamment le site dédié à la démarche, www.developpement-durable.renault.com).

- Le fabricant de photocopieurs Xerox est allé encore plus loin en mettant en place en 1991 la récupération et la réutilisation de ses cartouches d'encre (aujourd'hui, plus de 60 % des cartouches de la marque sont recyclées). Il a révolutionné son marché en remplaçant la vente de photocopieurs par un service de location qui permet à l'utilisateur de ne payer qu'en proportion des copies réalisées, et de bénéficier d'un service d'entretien et de maintenance. De son côté, Xerox peut récupérer et démonter les machines obsolètes qui ne partent plus en décharge. Du coup, le design a été revu de manière que les pièces puissent être soit directement réutilisées sur la prochaine génération de photocopieurs, soit recyclées pour produire de nouvelles pièces (sur certains modèles comme DocuColor, 95 % des pièces sont désormais réutilisables et 45 % sont recyclables).
- Dans le domaine de la distribution, l'enseigne urbaine de supermarchés Monoprix mène également une démarche d'éco-conception assez poussée (www.monoprix.fr), sur les produits de sa marque et, en particulier, sur les produits Monoprix Vert, en privilégiant l'utilisation de matières recyclées dans le produit ou l'emballage, les procédés de fabrication limitant les impacts sur l'environnement, une composition respectueuse de l'environnement, la réduction du volume et du poids des emballages, la possibilité de recycler l'emballage dans le cadre du tri sélectif et les produits écolabellisés NF environnement ou écolabel européen.
- La Coopérative d'achat mutualiste des instituteurs de France ou Camif (www.camif.fr), troisième entreprise française de vente par correspondance, concrétise son engagement d'entreprise citoyenne, issu de ses racines coopératives, dans une offre riche en produits conçus dans le respect de l'environnement et des personnes : mobilier éco-conçu en bois provenant de forêts gérées de façon durable, chaussures en cuir avec un tannage végétal, blouson en polyester recyclé, meubles électroménagers économisant l'énergie, etc.

Ces efforts se traduisent souvent par l'introduction assez forte de la dimension environnementale dans les différentes fonctions généralement liées au développement des produits : design industriel mais aussi marketing, packaging...

Comme le dit Alice de Brauer, responsable de la politique industrielle environnement du groupe Renault[1] : « L'environnement doit intégrer toutes les fonctions. Il n'y a pas un problème "environnement" mais il y a de l'environnement dans tous les problèmes. Et c'est quand même plus facile d'apprendre l'écologie à tous les métiers que tous les métiers aux écologistes. »

Là encore, gardez en tête que les choses évoluent très vite : si une entreprise ou un secteur vous intéresse, **recherchez sur Internet** ou dans les rapports de développement durable tout ce qui concerne ses efforts environnementaux en termes de conception des produits, **comparez** à ce que font les concurrents ou les meilleurs dans ce domaine... et **n'hésitez pas** à poser des questions en entretien sur la politique de l'entreprise dans ce domaine, ses intentions, ses objectifs, etc.

LES AGENCES DE CONSEIL EN ÉCO-DESIGN

Avec l'émergence progressive de l'éco-conception, des structures spécialisées dans le conseil sur ces questions sont apparues. Ces agences, qui ne sont pas encore très nombreuses en France, mais devraient se développer à l'avenir, travaillent à réduire les impacts environnementaux à toutes les étapes du cycle de vie d'un produit (utilisant notamment l'outil global qu'est l'Analyse de cycle de vie ou ACV) et à résoudre un petit nombre de problèmes environnementaux préalablement identifiés, en s'assurant toutefois que les pistes proposées n'aggravent pas d'autres impacts.

---

1. Interview à Uneterre.net, 1999.

Nous avons déjà cité les plus connues de l'Hexagone au chapitre 4 (Le conseil spécialisé en développement durable), car elles ont d'autres activités que l'éco-conception au sens strict (audits environnementaux de sites, bilans carbone ou même conseil stratégique) et leurs équipes sont plus fréquemment composées d'ingénieurs que de designers. Il s'agit des agences O2 (www.o2france.com), Ecoceff (www.ecoeff.com) Ecobilan (www.ecobilan.fr).

L'activité est plus développée à l'étranger. Parmi les structures innovantes sur ces questions, on citera notamment, aux États-Unis, l'agence californienne Studio Eg (www.studioeg.com) et le cabinet MDBC créé par l'éco-architecte Bill McDonough et le chimiste allemand Michael Braungart (www.mbdc.com) mais aussi, en Europe, le cabinet allemand EPEA (Environmental Protection Encouragement Agency), également créé par M. Braungart (www.epea.com), ou le Product-Life Institute créé en Suisse par Walter Stahel (www.product-life.org). Signalons que Bill McDonough et Michael Braungart ont également créé une certification innovante en matière d'éco-conception : baptisée *Cradle-to-cradle*, elle garantit que l'impact environnemental et sanitaire d'un produit a été optimisé tout au long de son cycle de vie afin que la production et l'utilisation du produit soient neutres, voire bénéfiques, pour la planète et les personnes (voir c2ccertified.com).

Progressivement, les designers s'intéressent aussi, au-delà des aspects plus techniques liés à l'éco-conception, à l'utilité sociale des produits qu'ils conçoivent, dans l'esprit du manifeste international *First things first*, publié en 2000 dans le magazine canadien *Adbusters* (www.adbusters.org) par des designers et des graphistes qui se sont engagés à mobiliser leur talent, non plus « pour vendre des biscuits pour chiens, du café, des diamants, des détergents, du gel pour les cheveux, des cigarettes, des cartes de crédit, des pantalons, des bières light et des véhicules de loisir » mais au service « de causes qui méritent davantage notre capacité à résoudre des problèmes, notre expertise et notre aide ». Car, pour certains, l'éco-design commence avant tout par une réflexion sur la raison d'être et l'utilité intrinsèque des objets, en amont même de leur création.

Comme le souligne Philippe Starck, trublion du design moderne dont il incarne les aspirations et les contradictions[1] :

> *« Le designer doit d'abord s'interroger sur la légitimité du produit, c'est ce qui lui donne sa véritable existence. Et suivant la réponse qu'il donnera à cette question, l'un des actes les plus positifs que le designer puisse faire, c'est le refus. Refus parce que l'objet existe déjà et fonctionne extrêmement bien – le répéter ne serait qu'un acte vénal porteur de conséquences graves en termes d'appauvrissement des richesses de la Terre, et aussi en termes d'abrutissement et d'appauvrissement des gens car il doit être relayé par des services qui abrutissent les gens jusqu'à ce qu'ils achètent – je parle de la publicité, de la presse en général... »*

Sur ces sujets encore émergents, la pédagogie reste essentielle mais, dans les formations de designers et les manifestations consacrées au design, ces questions sont abordées de manière inégale (voir le chapitre sur les formations dans la deuxième partie) : signalons quand même, au Royaume-Uni, The Centre for Sustainable Design (www.cfsd.org.uk), qui est un centre de recherche, de formation et d'information sur le sujet, mais aussi, en France, la place croissante donnée à l'éco-design par la Biennale internationale de design organisée par l'école des Beaux-Arts de Saint-Étienne (www.institutdesign.com).

L'ARCHITECTURE ÉCOLOGIQUE

Côté architecture, la construction est désormais désignée comme « l'industrie des 40 % » parce qu'elle représente 40 % de la consommation totale de ressources (matières premières et énergie), 40 %

1. Entretien avec Élisabeth Laville, paru dans la *Lettre d'Utopies spécial* « Design responsable », été 1999.

des émissions totales de CO_2 et 40 % du total des déchets (déchets produits lors de la construction mais aussi lors de la démolition des bâtiments). Il est donc urgent de concevoir et de construire des immeubles avec des matériaux plus écologiques et moins toxiques pour leurs occupants, et des systèmes naturels d'éclairage et de climatisation plus économes en énergie.

Malgré le développement désormais significatif en France de la démarche HQE (haute qualité environnementale), soutenue par les pouvoirs publics, le nombre de cabinets d'architectes et de bureaux d'études spécialisés sur ces questions est encore réduit.

Pour preuve, l'ordre des architectes n'a publié que récemment, en juin 2004, son premier livre vert[1], *Les Architectes et le développement durable*, qui fait des propositions concrètes pour dynamiser le sujet... Il faut dire que les maîtres d'ouvrage privés et les entreprises s'intéressent de plus en plus à l'architecture écologique, pour leurs sièges sociaux, leurs magasins, leurs usines ou leurs entrepôts.

LES SECTEURS LES PLUS CONCERNÉS

Certains secteurs d'activités, comme l'hôtellerie, les hypermarchés et les centres commerciaux, la gestion d'actifs immobiliers ou encore les matériaux de construction, sont particulièrement concernés, soit parce qu'ils sont la cible d'attaques répétées de la société civile, soit parce que certains ont anticipé les contraintes et initié de « bonnes pratiques » sectorielles.

Les hypermarchés et les centres commerciaux sont attaqués par des associations environnementales qui leur reprochent la non-intégration de leurs bâtiments dans le paysage. De même, les gestionnaires d'actifs et les entreprises de matériaux de construction doivent faire face à des questions relatives au risque sanitaire et

1. En téléchargement sur le site de l'ordre des architectes : www.architectes.org (rubrique « Publications »).

environnemental, notamment depuis le scandale de l'amiante, un matériau toxique qui fut très utilisé dans les années 1960 et 1970 pour les travaux de toiture et d'isolation.

À l'inverse, on a vu le secteur touristique se mobiliser et plusieurs enseignes hôtelières s'engager dans la voie de l'architecture durable – le groupe Accor a même décroché le marché des JO de Sydney pour avoir proposé de construire des hôtels écologiques, récupérant et recyclant les eaux de pluie, fonctionnant partiellement à l'énergie solaire, etc.

Partout dans le monde, des enseignes de distribution (comme WalMart ou Sainsbury), des banques (comme ING, Triodos ou la Banque Populaire d'Alsace), des grandes entreprises (comme Nike Europe ou Time Warner), des sites industriels (voir notamment les usines écologiques d'Ecover ou de Ford, et l'entrepôt « vert » de Patagonia aux États-Unis) affichent leur volonté de construire des bâtiments écologiques comme une preuve supplémentaire de leur engagement.

Pour en savoir plus sur ce sujet d'actualité, quelques livres seulement sont disponibles en français (voir la bibliographie en fin d'ouvrage) et des sites web d'information générale commencent à apparaître (par exemple, www.cr3e.com, plutôt focalisé sur l'habitat, et www.constructiondurable.com, sur l'intérêt de la construction écologique pour les entreprises) mais cela reste peu important au regard des informations disponibles en anglais (voir notamment www.greenerbuildings.com, www.buildinggreen.com et www.greenaffair.com).

LES ACTEURS ENGAGÉS

Les acteurs travaillant sur ces questions dans les différents pays sont principalement les organismes nationaux d'élaboration de normes ou de standards comme les associations HQE (www.assohqe.org) ou Qualitel (www.qualitel.org) en France, le Building Research Establishment en Angleterre (www.bre.co.uk), Minergie en Suisse (www.minergie.ch) ou encore Leadership in Energy and Environmental Design aux États-Unis (www.usgbc.org/leed/).

Une bonne façon de repérer les acteurs (architectes, bureaux d'études ou propriétaires et maîtres d'ouvrage) engagés sur ces sujets consiste à consulter les sites des associations et des initiatives sectorielles, comme Property Environment Group en Angleterre (www.pegonline.net), Entreprises & Construction durable en France (www.constructiondurable.com), le Green Building Council aux États-Unis et dans quelques autres pays du monde (www.usgbc.org et www.worldgbc.org).

Parmi les rares cabinets d'architectes travaillant significativement sur le sujet, on trouve notamment, aux États-Unis, le leader ultra-spécialisé McDonough + Partners (www.mcdonough.com), le SITE Environmental Design à New York (www.siteenvirodesign.com), et, en France, Architecture Studio (www.architecturestudio.com) qui a développé un savoir-faire sur certaines réalisations.

Quelques organisations plus pointues, rarement françaises, travaillent sur des aspects plus techniques, comme The Rocky Mountain Institute (www.rmi.org) aux États-Unis, The Athena Sustainable Materials Institute au Canada (www.athenasmi.ca), Beddington Zero Energy Development, qui développe des sites pilotes en Angleterre (www.bedzed.org.uk), ou des bureaux d'études comme Tecsol en France, qui est spécialisé dans le domaine de la maîtrise de l'énergie et des énergies renouvelables (www.tecsol.fr), ou encore Tribu (www.tributribu.com). Signalons aussi le travail très intéressant fait sur ces questions par l'association Negawatt (www.negawatt.org), créée en 2002.

En France, la démarche a surtout été portée, historiquement, par les pouvoirs publics, qui ont longtemps été les seuls à recourir à la construction durable pour les lycées notamment, et par des organisations associatives, comme l'Agence nationale pour l'amélioration de l'habitat (www.anah.fr), l'Observatoire de la qualité de l'air intérieur (www.air-interieur.org), l'association Terre vivante (www.terrevivante.org) ou encore Bâtir-Sain, l'association pour le développement de la construction biologique et écologique (www.batirsain.free.fr), sans oublier les revues alternatives comme la maison écologique (www.la-maison-ecologique.com).

Mais les temps changent et, avec le développement de la certification HQE et l'engagement de nouveaux maîtres d'ouvrage publics (logement social par exemple) et privés (hôtels, supermarchés, sièges sociaux, usines, etc.), des professionnels (architectes, bureaux d'études mais aussi entreprises générales et artisans chargés de la mise en œuvre) se spécialisent sur la construction durable. Même des acteurs importants du secteur comme OTH (ingénierie – ww.oth.fr) ou Bouygues (www.bouygues-construction.com) commencent à afficher des engagements sur la construction durable, de même que, sur le créneau de la maison individuelle, Geoxia (marque Maisons Phénix – www.geoxia.fr) ou, plus alternatif et pointu, le réseau Maisons de Qualité (www.maisons-qualite.com)... **Restez donc vigilant** si le sujet vous intéresse, courez les conférences et soyez attentif aux intervenants, abonnez-vous aux newsletters spécialisées que vous pouvez trouver sur le sujet (par exemple celle de www.constructiondurable.com qui est gratuite) et surfez régulièrement sur les sites de l'incontournable Moniteur qui traite de plus en plus de HQE (www.lemoniteur-expert.com)... et encore une fois **n'hésitez pas à poser des questions** durant l'entretien sur l'importance stratégique de la construction durable pour l'entreprise dans laquelle vous postulez.

Laurent-Marc Fischer, 42 ans

Éco-architecte et associé chez Architecture Studio

Je fais partie des huit associés d'un des plus grands cabinets d'architectes en France, Architecture Studio, qui emploie plus de 100 personnes. J'y suis plus particulièrement en charge des questions d'architecture écologique, qu'on appelle en France la haute qualité environnementale (HQE). J'ai pris ce rôle en raison d'une prédisposition personnelle et aussi parce que l'opportunité s'est présentée de suivre une formation sur ce thème pour un projet qui devait avoir une dimension environnementale : le collège Mirecourt dans les Vosges.

Je voulais être architecte depuis l'âge de 8 ans, sans trop savoir pourquoi. Pour l'anecdote, à 10 ans, j'avais inventé un système de chasse d'eau à double contenance pour économiser l'eau ! Au fil des ans, plus j'en apprenais sur le métier, plus ça me plaisait... Je suis passé par trois écoles d'architecture différentes : je suis parti de l'une et j'ai été viré de l'autre. Aujourd'hui, les jeunes attendent tout de la formation et pas assez, à mon avis, de ce qu'ils peuvent découvrir par eux-mêmes. Or, ce qui m'a le plus apporté, c'est d'avoir beaucoup travaillé dans des cabinets d'architectes durant mes études, dont Architecture Studio où je suis entré ensuite. Avec des amis, nous avions aussi monté un atelier étudiant autonome : nous invitions nos propres enseignants et organisions des voyages d'études à l'étranger. Maintenant les voyages d'études se sont institutionnalisés : il faut en profiter mais toujours aller au-delà de ce qui est offert.

Avant, pendant et après mes études, ma passion pour l'architecture s'est nourrie de ma rencontre avec Xavier Arsène-Henry, un professeur qui m'a transmis son enthousiasme et une vision humaniste du métier. Chez Architecture Studio, j'ai retrouvé cette philosophie humaniste alliée à une vision contemporaine : le métier d'architecte doit être au service des autres. Lorsqu'on est sur un projet, on ne travaille pas uniquement pour notre client mais pour la société, la cité, la rue dans lesquelles va s'inscrire le bâtiment. Dans la lignée de cette approche, la démarche HQE nous pousse à une remise en cause et nous fait prendre conscience qu'un bâtiment n'a pas que des aspects positifs. Par exemple, aujourd'hui on se rend compte, avec l'amiante ou le plomb, qu'un bâtiment peut tuer. Pour faire des bâtiments de qualité, la bonne volonté ne suffit plus : l'architecte doit prendre en compte les questions environnementales, économiques et sociales autant que les questions d'esthétisme. Aujourd'hui, mes satisfactions sont liées à mon métier d'architecte, tout simplement. Par exemple, quand une grand-mère d'une maison de retraite me dit : « je suis très contente d'être dans votre bâtiment », alors que ce projet environnemental fonctionne avec un rafraîchissement expérimental totalement naturel. Aujourd'hui, le champ des réflexions environnementales s'est élargi à la ville, des principes de développement du 20e siècle, comme l'étalement urbain, sont remis en cause par cette approche. Nous travaillons à ces nouvelles formes urbaines avec des projets aussi différents qu'une évolution de Kaboul ou d'un village au bord de la Loire.

Mes messages clés

N'ayez pas peur de remettre en cause vos convictions, pour les approfondir, vérifier qu'elles ne sont pas dues à un effet de mode et être sûr de conserver un esprit indépendant. Ensuite, impliquez-vous et allez toujours au-delà de ce qu'on vous demande !

Dans un environnement où l'on cherche à tout normaliser, gardez aussi toujours à l'esprit que vous travaillez in fine pour les êtres humains. Dans l'architecture écologique, il y a quelques intégristes qui ne pensent qu'à parfaire le système, en perdant de vue la finalité ! Je crois que l'important, c'est d'agir, avec la volonté de progresser, mais en acceptant d'être imparfait. Il ne faut pas avoir peur de revendiquer la faille, c'est le signe de notre humanité...

Enfin, osez ne pas vous concentrer tout de suite sur le sujet qui vous intéresse. Ce n'est pas par l'architecture qu'on peut réinventer l'architecture : il faut savoir s'intéresser à d'autres choses, qui sont périphériques...

12

LA MODE ET LE TEXTILE ÉTHIQUES

Après les chapitres consacrés à l'éco-design et au commerce équitable, il nous paraît pertinent de proposer un développement rapide et quelques pistes sur la mode éthique. L'industrie textile a été l'une des premières cibles des activistes des Droits de l'homme et, tout particulièrement, de la campagne européenne du collectif De l'éthique sur l'étiquette (www.cleanclothes.org). Ajoutons qu'elle doit faire face à des impacts environnementaux significatifs : **le coton, par exemple, représente 3 % des terres cultivées dans le monde mais 26 % des pesticides utilisés**[1]...

LES ENGAGEMENTS

Depuis, un grand nombre d'entreprises et d'enseignes textiles se sont engagées notamment dans des programmes ambitieux d'audits sociaux pour vérifier que leurs fournisseurs respectent bien les conventions internationales des Droits de l'homme.

Parmi les plus avancées dans ce domaine, on trouve des marques comme Nike (www.nikebiz.com), The Gap (www.gap.com),

1. Melissa Everett, *Making a living while making a difference – the expanded guide to creating careers with a conscience*, New Society Publishers, 1999.

Levi's (www.levistrauss.com), Carrefour qui a initié un partenariat innovant avec la Fédération internationale des ligues des Droits de l'homme (FIDH) pour travailler sur son code de conduite et sur son programme d'audits (www.carrefour.com) mais aussi C&A (voir www.c-and-a.com et également www.socam.com, le site de la Socam, une filiale de C&A composée d'anciens acheteurs du groupe qui conduisent désormais les audits sociaux pour son compte).

Là encore, si vous souhaitez travailler pour une entreprise textile, n'hésitez pas à vous renseigner ni à poser des questions sur l'implantation géographique des sites de production ou des fournisseurs éventuels, sur l'existence et l'histoire des codes de conduite éventuels mais aussi et surtout sur les programmes d'audits sociaux mis en place pour en vérifier l'application. Les fonctions achats et juridiques sont, dans ces entreprises, les plus impliquées dans la démarche, avec le marketing et la communication si les entreprises valorisent leurs efforts auprès des clients.

À ces enseignes il convient d'ajouter des marques plus pointues, qui ont fait de leur engagement éthique et écologique la pierre angulaire de leur positionnement. Nous avons déjà mentionné, dans le chapitre consacré aux entreprises sociales, le fabricant de maille haut de gamme World Tricot, une entreprise créée de toutes pièces en Haute-Saône en 1987 par une animatrice de quartier qui voulait aider des femmes en difficulté en leur donnant un vrai métier, qui vend désormais ses produits à Dior, Chanel, Lacroix ou Gaultier.

UN SECTEUR INNOVANT

Dans ce domaine, les initiatives se multiplient : il y en a pour tous les styles et pour tous les goûts. Par exemple, Wellman (www.wellmaninc.com), un spécialiste américain du plastique recyclé qui a notamment développé des textiles à base de bouteilles en plastique recyclées, a lancé un défilé de mode annuel de vêtements faits avec ces tissus, auquel ont d'ores et déjà participé des créateurs célèbres comme Oscar de la Renta, Tommy Hilfiger ou Diane Von Furstenberg[1].

On a aussi vu apparaître, plus récemment, sur les étagères de la boutique parisienne Colette et d'autres *concept-stores* européens branchés, des vestes de survêtement Misericordia, réalisées par des élèves en couture d'une institution religieuse péruvienne à laquelle sont reversés les fruits de la vente (www.misionmisericordia.com).

Nous pouvons aussi citer de nouveau les initiatives du fabricant californien de vêtements de sport Patagonia, très soucieux de l'environnement (www.patagonia.com), mais aussi celles de la marque de vêtements en coton bio et équitable Ideo (www.ideocollection.com), de l'enseigne suisse Migros, qui a conçu le label écologique et social ECO pour ses vêtements en coton (www.engagement.ch), du leader américain du t-shirt American Apparel, qui prône des pratiques sociales décentes (www.americanapparel.net), de l'enseigne japonaise Muji dont le design minimaliste passe aussi par des efforts sur les teintures ou les fibres utilisées pour les vêtements (www.muji.net), de la marque de chaussures bio-équitables Veja (www.vejafairtrade.com), de la contre-marque de chaussures de sport « anti-Nike » lancée par l'organisation canadienne Adbusters (www.blackspotsneaker.com), de la ligne de pull-overs écologiques Seyes (www.seyes.fr), de la marque de layette bio-équitable La Queue du Chat (www.laqueueduchat.com) ou encore des marques Ekyog (www.ekyog.com) et Peau-Ethique (www.peau-ethique.com). Un blog dédié à tout ce qui bouge dans la mode éthique existe même désormais en français (http://altermode.over-blog.com).

Moins alternative, la styliste britannique Katharina Hamnett (présente dans plusieurs pays dont le Japon) vient de lancer une nouvelle ligne de vêtements en coton biologique fabriqués en Inde, sans intermédiaire, sur deux sites respectant les standards de l'Ethical Trading Initiative (www.katharinehamnett.com et www.sustainablecotton.org). La marque de chaussures d'origine espagnole

1. *Ibid.*

Camper est un autre acteur important de ce thème (www.camper.com). Depuis toujours, elle est concernée par les problèmes liés à l'environnement (elle utilise des cuirs non traités au chrome ou avec d'autres produits chimiques, mais aussi des fibres naturelles comme le chanvre, elle minimise le nombre de composants pour faciliter le recyclage des chaussures, etc.).

Dans un autre genre, l'enseigne Bébés en vadrouille (www.bbenv.com) propose des vêtements et des accessoires pour les tout-petits, tandis que la boutique en ligne www.lokaterre.com fonde son offre sur le textile avec, dans les deux cas, des produits issus de l'agriculture biologique et du commerce équitable.

La marque française Lafuma (www.lafuma.fr), déjà citée précédemment, a également développé plusieurs initiatives sociales (charte et audits éthiques de ses fournisseurs) et environnementales (éco-conception de certains produits, en partenariat avec l'organisation écologiste WWF).

Au niveau international, les marques branchées mettent leur talent pour créer les modes au service du bio-équitable : c'est le cas notamment d'Edun (la très stylée marque de vêtements en coton bio créée cette année par le chanteur Bono et son épouse Ali Hewson, qui font appel à des entreprises familiales en Afrique, en Amérique latine et en Inde – www.edun.ie), d'Enamore (la marque mi-rétro, mi-punk de la styliste irlandaise Jenny McPherson qui n'utilise que des matières premières biologiques ou recyclées : chanvre, coton, soie et bambou – www.enamore.co.uk), de Mavi Love Soldier (le département « vert » de Mavi, une marque turque de jeans, qui fabrique des jupes originales à partir de vêtements militaires recyclés – www.mavi.com) ou encore de Twice Shy (marque de t-shirts d'artistes, fabriqués en édition limitée avec du coton bio et des teintures écologiques – www.twice-shy.com).

Enfin, certaines marques de sportswear comme Quiksilver, Levi's, H&M, Kana Beach ou Nike lorgnent du côté de Patagonia en intégrant timidement mais progressivement des vêtements en coton ou chanvre bio à leurs gammes, et la marque chic de jeans Diesel propose depuis 2004 des jeans contenant de la fibre Ingeo, à base d'amidon de maïs.

Autant dire que le monde de la création textile bouge tant sur le front social que sur le plan environnemental. Pour preuve, l'Ethical Fashion Show, organisé chaque année à Paris depuis 2004, se veut une vitrine de cette nouvelle mode qui associe engagement éthique, respect de l'environnement et création (www.ethicalfashionshow.com).

Ghislain Morillon et Sébastien Kopp, 58 ans à eux deux

Associés fondateurs et gérants de Veja

GM : Veja est une nouvelle marque de streetwear équitable. En gros, il s'agit d'appliquer les principes du commerce équitable et du développement durable à des produits de mode que sont les baskets. On s'intéresse aux matériaux utilisés (coton bio-équitable, caoutchouc équitable), à l'impact environnemental de leur transformation (teinture), et aux conditions de travail au moment de leur confection.

SK : En ce qui concerne la valeur ajoutée sociale ou environnementale de notre activité, je considère que notre impact se fait plutôt sur l'amont de la chaîne. Le fait de vendre des baskets bio et équitables non seulement améliore la vie des producteurs mais contribue également à améliorer la filière en amont. Nous travaillons avec trois coopératives de matières premières (coton et caoutchouc) et une tannerie de cuir qui utilise des tanins végétaux. Notre idée est que si nous aidons les filières à améliorer leur production, leurs autres clients (des marques de luxe, dans le cas de la tannerie) pourront, eux aussi, améliorer la qualité de leurs produits.

GM : Nous nous sommes connus au lycée. L'idée de la création de Veja nous est venue au retour d'un tour du monde des projets de développement durable menés par des multinationales, que nous avons fait à la fin de notre école de commerce. Notre objectif était de confronter une vision traditionnelle du commerce à la réalité écologique et sociale du monde. Et il faut dire que nous avions vraiment envie de voyager, de prendre le pouls de la planète. Au cours de ce voyage, nous avons pris conscience qu'il était difficile de faire bouger les pratiques dans une structure existante et qu'il serait plus simple de créer une entreprise sur de bons principes, dès le départ.

SK : Ce tour du monde nous a ouvert les yeux sur la réalité des projets de développement durable menés par les entreprises, ce fut une sorte de désenchantement. Rapidement, il n'y a plus eu de doute possible : inutile de mener un combat Don Quichottesque pour faire changer les organisations déjà en place, la seule solution était d'intégrer directement les principes du développement durable pour créer un nouveau type d'entreprise !

GM : Si nous avons eu des difficultés au départ ? Pour ma part, le projet avait un « capital sympathie » plutôt impressionnant. Je n'ai pas eu à faire face aux réticences de mon entourage. Aujourd'hui, notre défi est plutôt de bien gérer la croissance en maintenant le même niveau d'exigence. La chose la plus importante pour nous est de réussir à grandir en étant toujours aussi regardants sur les critères. Il nous faut arriver à concilier les impératifs du marché européen avec la réalité des producteurs du Sud. Les problèmes de délais et de qualité reviennent quotidiennement sur le tapis. Enfin, avec la croissance de l'équipe (nous sommes douze en tout : dix en France et deux au Brésil), nous devons faire face à des difficultés de chefs d'entreprise, de gestion d'équipe, etc. Nos études nous servent évidemment dans le sens où nous avons appris le langage de l'entreprise et que nous avons une petite idée de ce qu'il faut faire, mais ça s'arrête là.

SK : Je serais un peu plus modéré sur nos débuts... Je me rappelle plutôt que lorsque nous parlions de notre projet, personne ne nous croyait. On débarquait sans expérience, dans un pays à risque, en voulant faire du commerce équitable, sur un marché sinistré, celui de la basket. Les avertissements étaient plutôt négatifs ! Aujourd'hui, je crois que je commence à comprendre la difficulté des grandes entreprises à changer. Je dirais que notre premier défi est de toujours innover, d'approfondir encore la démarche et c'est ce qui nous donne envie de continuer... nous ne sommes pas encore assez satisfaits pour arrêter.

GM : Ma plus grande satisfaction au quotidien est de voir l'impact du commerce équitable sur les producteurs avec lesquels nous travaillons car cela réveille en eux des rêves mais aussi des projets concrets pour améliorer leur quotidien. J'ai toujours un immense plaisir à voir les producteurs et à me rendre compte qu'ils sont heureux d'être impliqués dans cette démarche. Entre le Brésil et Paris, nous avons la chance de rencontrer des gens que nous n'aurions jamais connus dans une entreprise classique. Et faire ce grand écart permanent entre deux mondes qui n'ont rien à voir nous permet de prendre du recul. L'autre satisfaction est de voir le climat d'entraide qui règne aujourd'hui dans le monde des entreprises solidaires.

SK : J'ajouterais qu'une de mes grandes satisfactions est d'avoir un métier qui a du sens et d'avoir la chance de travailler dans un domaine où il y a tout à inventer, tout à changer.

Nos messages clés

N'hésitez pas à contacter les gens dont vous aimez le travail. Demandez leur conseil.

Commencez à apprendre un métier et développez une vraie compétence dans un domaine : on a besoin de commerciaux, de comptables, d'agronomes, etc. Aujourd'hui, avec du recul, ce qui nous a manqué, c'est une connaissance d'ingénieur, pour comprendre les process industriels, les matières, car il y a tant de solutions à inventer… Or, si l'on veut vraiment aider et faire progresser les producteurs sur le terrain, il faut comprendre leur métier.

DES COMPORTEMENTS PLUS RESPONSABLES

Il faut ajouter à cette liste quelques marques, souvent jeunes, qui ont très visiblement choisi de militer pour des comportements plus responsables, non pas uniquement dans la conception et la fabrication des vêtements, mais aussi dans les publicités et la façon dont elles s'adressent à leurs clients.

Benetton fait figure de pionnier avec ses publicités iconoclastes sur le sida, la guerre, le racisme, le travail des enfants, les catastrophes écologiques ou les réfugiés (www.benetton.com), dont certaines ont été réalisées en partenariat avec certaines agences de l'ONU (telles que la Food & Agriculture Organization et les Volontaires des Nations Unies), et également avec la publication de l'excellent *Colors Magazine*. En effet, selon les dirigeants du groupe[1], il est urgent de repenser le rôle de la publicité, dans un secteur qui y investit des millions : « Nos publicités ne montrent pas de produits, elles ne nourrissent pas l'idée fictive que vous serez irrésistible si vous portez nos vêtements, elles ne disent à personne d'acheter nos vêtements, même indirectement. L'objectif de ces publicités est de stimuler le débat sur des problèmes dont il est urgent de parler, et auxquels on ne prête, hélas, plus attention quand ils sont abordés dans les médias. [...] Cela n'a rien à voir avec la promotion de nos produits, pour laquelle nous utilisons des moyens traditionnels : des magasins bien situés, des catalogues et des relations presse avec les magazines de mode. »

Quelques autres marques textiles, comme l'Américain Timberland qui mène par ailleurs une démarche ambitieuse de responsabilité sociale et environnementale, en interne et en externe (www.timberland.com) et le Hollandais Mexx (www.mexx.com), ont emboîté le pas sur la communication responsable en refusant de fonder la relation avec leurs clients sur de l'illusion publicitaire, et en remplaçant les « top models » habituels dans ce type de publicités par des *role models*, à savoir de vraies personnalités qui sont, de fait, des exemples positifs capables de cultiver l'estime de soi chez les jeunes. En clair, elles utilisent des modèles de vie et d'actions plutôt que des modèles issus de l'univers de la mode, des caractères inspirants plutôt que des caricatures, des personnages rayonnants plutôt que des beautés plastiques, superficielles.

---

1. Cité dans la *Lettre d'Utopies spécial* « Communication responsable », 1999.

13

LE TOURISME, LE SPORT ET LES LOISIRS RESPONSABLES

Quelques marques de vêtements de sport viennent d'être évoquées et quelques entreprises engagées dans le tourisme responsable ont déjà été mentionnées dans le chapitre consacré aux entreprises pionnières. Nous vous proposons, en complément, un tour d'horizon des entreprises et des organisations du secteur du tourisme, du sport et des loisirs susceptibles d'offrir, à terme, soit des postes consacrés au développement durable, soit des fonctions plus classiques comportant un volet « développement durable ».

Il y a une forme de logique, pour ces secteurs dont l'attractivité est souvent fondée sur l'environnement naturel (pour les sports *outdoor* et les loisirs de « pleine nature ») et sur la culture traditionnelle des communautés locales (pour le tourisme), à s'engager précisément pour protéger ce que les clients viennent apprécier. « *Don't destroy what you came to enjoy* » (ne détruisez pas ce que vous êtes venu apprécier) est d'ailleurs le slogan choisi par la marque de surfwear Quiksilver pour son initiative d'éducation et de sensibilisation à la protection de l'environnement.

LE TOURISME RESPONSABLE

Le secteur du tourisme au sens large, des tour-opérateurs aux hôtels en passant par les guides de voyages, est depuis longtemps déjà sensibilisé au sujet du développement durable. Première industrie mondiale d'exportation, avec un fort taux de croissance, le tourisme a des effets de plus en plus puissants sur l'environnement, l'économie et la société. Dans certains pays, comme le Kenya ou certaines îles, le tourisme est la première ressource nationale.

Porté par la civilisation du loisir et l'augmentation du temps libre, ce mouvement a toutes les chances de s'amplifier dans les années à venir, augmentant logiquement l'impact de cette industrie sur les populations locales, l'environnement et les infrastructures de voyage ou d'accueil. Un nombre croissant d'acteurs sont désormais conscients de l'enjeu : il s'agit certes de préserver le patrimoine mondial mais aussi d'assurer l'avenir même du secteur, qui dépend largement de l'attractivité des sites d'accueil.

À la pointe de cette tendance, une nouvelle offre alternative est apparue : avec un chiffre d'affaires total qui représenterait déjà 1 % du marché touristique[1], l'éco-tourisme, défini comme un tourisme écologique qui limite ses conséquences environnementales et part à la découverte du patrimoine naturel et culturel pour mieux le protéger, se développe ainsi plus vite que le marché (20 % par an contre 7 % pour le tourisme en général, selon le programme des Nations Unies pour l'environnement). Ainsi, en Angleterre, on estime que les voyages vendus comme « éthiques » ou « responsables » devraient ainsi passer de 450 000 en 2006 à 2,5 millions en 2010[2].

Il faut dire que l'industrie est en train de prendre conscience de l'impact potentiel du changement climatique sur ses activités, le paradoxe étant évidemment que « le tourisme est malheureusement l'un des vecteurs des changements en cours et contribue, avec ses

---

1. Selon l'économiste Gilles Caire, *Télérama*, 21 juin 2006.
2. Esther Addley, « Boom in green holidays as ethical travel takes off », *The Guardian*, 17 juillet 2006.

excès, au processus du réchauffement », selon les mots mêmes de Francesco Frangialli, directeur général de l'Organisation mondiale du tourisme (OMT). En 2006, 40 % des 842 millions de personnes ayant séjourné dans un pays étranger ont pris l'avion pour voyager, contribuant ainsi aux rejets de gaz à effet de serre. Certes, pour l'instant, le transport aérien ne représente qu'environ 2 % des rejets de CO_2, mais cette part devrait atteindre 15 % en 2015[1]. Et le tourisme apparaît parallèlement comme l'une des premières victimes des changements climatiques : les bandes côtières et petites îles tropicales, comme les Maldives, devant une grande partie de leur développement au tourisme, seront les premières à pâtir de l'élévation du niveau des océans entraînée par la hausse des températures. En Tanzanie, l'activité touristique est d'ores et déjà « à risque » en raison de la multiplication des sécheresses affectant les grands lacs du pays, attraction touristique traditionnelle. Enfin, les effets des changements climatiques sur le tourisme ne se limiteront pas aux pays du Sud et vont affecter en premier lieu les sports d'hiver en Europe, avec des problèmes d'enneigement croissants pour les stations de montagne (10 % des stations alpines opèrent déjà dans des conditions d'enneigement « limites » et, dans certains pays, les revenus des sports d'hiver représentent une part importante du revenu national, soit 4,5 % du PNB en Autriche[2]).

Depuis Rio

Plusieurs initiatives sectorielles ou transversales ont été développées depuis le premier sommet de la Terre à Rio en 1992 : l'International Tourism Partnership lancé la même année par The Prince of Wales Business Leaders Forum, l'organisation anglaise créée par le prince Charles – la plupart des grandes chaînes hôtelières font partie de cette initiative, comme Hilton, Marriott, Radisson-SAS, Intercontinental mais aussi American Express – (www.tourismpartnership.org) ; la

1. « Le tourisme, victime consentante du réchauffement de la planète », communiqué AFP, 21 mars 2007.
2. Voir le rapport *Changements climatiques dans les Alpes européennes : adapter le tourisme d'hiver et la gestion des risques naturels*, publié par l'OCDE en décembre 2006 (www.oecd.org/env/cc/alps).

Tour Operators Initiative for Sustainable Tourism Development lancée en 2000 par le Programme des Nations Unies pour l'environnement avec des membres comme Accor Tour, British Airways Holidays, Japan Travel Bureau, Orizzonti, TUI Group, Universal Travel System, Venture Travel, World Express (www.toinitiative.org) ; le label Tourism for Development, créé en France en 1997 et dont les entreprises partenaires, parmi lesquelles Afat Voyages, ou TransTour, participent au financement de projets de développement dans les pays du Sud (www.tourismfordevelopment.com) ; ou encore, dans le secteur plus incongru des organisateurs de croisières, l'initiative de l'International Council of Cruise Lines (ICCL) pour inciter ses membres à dialoguer avec leurs parties prenantes et à adopter des **standards environnementaux** (www.iccl.org). Plus récemment, des labels sont apparus pour guider les opérateurs touristiques dans leur démarche environnementale et les touristes dans leur choix : il s'agit par exemple de Green Globe (www.greenglobe.org), lancé en 1999 dans le prolongement d'une initiative du World Travel & Tourism Council (WTTC), ou encore, plus développés dans l'Hexagone et en Europe, de l'Eco-label européen pour l'hébergement touristique (hôtels, bed & breakfast, auberges de jeunesse... – www.ecolabel-tourism.eu), du label Clef Verte (pour les campings et les hôtels respectueux de l'environnement – www.laclefverte.org) et de la certification ATR – Agir pour un Tourisme Responsable (www.tourisme-responsable.org). Signe des temps : en 2006 s'est même tenu, en France, le premier Salon Ecorismo des écoproduits et des solutions environnementales pour l'hôtellerie, le camping, la restauration et le tourisme (www.ecorismo.com).

Ces initiatives collectives sont, on l'a dit, très précieuses pour les candidats potentiels à l'embauche afin de les aider à mieux saisir les enjeux sociaux ou environnementaux des secteurs qui les intéressent mais aussi à repérer les entreprises les plus engagées auxquelles envoyer des candidatures.

Les entreprises les plus engagées

Dans l'hôtellerie, l'une des plus avancées est la chaîne suédoise Scandic Hotels qui a été la première à remplacer les savons que l'on jette sans les avoir vraiment consommés par des distributeurs écologiques et économes fixés au mur, à concevoir une chambre d'hôtel dont 97 % des meubles sont recyclables... et aussi à servir des petits déjeuners bio (www.scandic-hotels.com). Plusieurs groupes internationaux ont également mis au point des politiques ambitieuses, comme le Britannique Six Continents qui possède notamment Inter-Continental, Holiday Inn et Crowne Plaza (www.six-continents.com), l'Américain Saunders (www.saunders.com) ou encore le Français Accor (www.accor.com) qui a conçu en 1998 une « charte environnement de l'hôtelier » et s'engage désormais dans l'architecture écologique et le commerce équitable. Sur un marché un peu différent, les résidences de tourisme, notons aussi l'engagement récent du groupe Pierre et Vacances (www.pierre-vacances.com).

Parmi les guides de voyages, on a déjà mentionné le Routard qui veut sensibiliser les touristes à l'impact de leurs choix sur l'environnement, les sites historiques ou même sur les régimes politiques des pays d'accueil (www.routard.fr) et Lonely Planet qui fait aussi le pari du tourisme intelligent et responsable, en partenariat avec des ONG (www.lonelyplanet.com)... Signalons aussi l'existence d'*Ecotourisme Magazine* (www.ecotourisme-magazine.com) et de plusieurs outils associatifs d'information en ligne comme www.echoway.org.

Enfin, parmi les tour-opérateurs, on citera quelques structures pionnières comme Atalante, l'initiateur de la charte éthique du voyageur qui a donné naissance au programme de certification Agir pour un tourisme responsable – ATR (www.atalante.fr et www.tourisme-responsable.org), de Voyager Autrement, l'offre de voyages solidaires créée en 1999 par Vacances Bleues (www.voyager-autrement.com), de La Balaguère, une entreprise des Pyrénées spécialisée dans la randonnée, les voyages à pied et les voyages solidaires (www.labalaguere.com), de Saïga (www.saiga-voyage-nature.fr), de Voyages pour la Planète (« la première agence de voyage dédiée au tourisme responsable » : www.voyagespourlaplanete.com, dont le fondateur Pascal Languillon est président de l'Association française d'écotourisme : www.ecotourisme.info).

Les gros acteurs du marché ne sont pas en reste : Voyageurs du monde, huitième tour-opérateur français, a ainsi lancé début 2007 une offre de compensation des émissions de CO_2 des voyages en avion de ses clients (www.vdm.com) tandis que Thomas Cook, deuxième voyagiste européen, qui était déjà membre fondateur de Tourism for Development et partenaire d'ECPAT (regroupement d'associations de lutte contre le tourisme sexuel), a initié en 2002 un partenariat avec l'ONG CARE portant principalement sur la mise en place d'une politique de développement durable, en interne et en externe (www.thomascook.fr). Enfin, Nouvelles Frontières a créé en 2003, après le rachat de l'entreprise par le groupe TUI, un poste de responsable développement durable à mi-temps (www.nouvelles-frontieres.fr) : pour Samy Bailly, qui a pris ce poste de coordinateur randonnée, trekking et tourisme durable, après un mastère en développement sportif et touristique durable, à l'université Joseph Fourier de Grenoble, l'objectif est à la fois « d'organiser la collecte des informations concernant les performances environnementales de nos sous-traitants et hôteliers, mais aussi de travailler à la conception de nouveaux produits éco-touristiques, en collaboration, par exemple, avec des associations d'aide au développement ».

À cette liste, il faut évidemment ajouter certains organisateurs de voyages comme l'UCPA (Union des clubs de plein air), que son origine associative et son historique poussent à s'engager contre l'exclusion et pour la protection de l'environnement (www.ucpa.asso.fr).

Alix Houdayer, 29 ans

Responsable développement durable chez Pierre & Vacances

Je travaille depuis deux ans au sein de l'équipe en charge du développement durable chez Pierre & Vacances. Nous sommes deux à travailler à plein temps sur ces sujets dans l'entreprise. Je suis plus particulièrement en charge du partenariat que Pierre & Vacances a signé avec le WWF France et des aspects liés à la gestion environnementale de nos sites. La majeure partie de mes missions consistent donc à éveiller la sensibilité des employés et des clients (dont les enfants) à l'environnement et aux éco-gestes simples pour réduire son empreinte sur la planète. En parallèle, mon rôle est de réfléchir à la façon dont chaque employé du groupe peut intégrer ces bonnes pratiques dans le quotidien de son métier. Par exemple, nous avons initié une démarche pilote de gestion environnementale sur les hôtels du groupe et la première étape a consisté à mener une série d'interventions de sensibilisation et de formation auprès des employés de chaque hôtel. J'ai donc fait la tournée de nos onze hôtels pour créer un temps de dialogue sur des enjeux et des bonnes pratiques à mettre en place par métier dans chaque établissement. Ensuite, chaque directeur aura la responsabilité d'animer la démarche dans son hôtel et un trophée a été mis en place afin de récompenser les meilleurs de la classe.

Je pense que nous pouvons contribuer à faire changer les choses en faisant passer des messages simples, concrets et répétitifs pour impulser l'émergence d'un « réflexe environnement » ! Il ne s'agit pas d'une grande révolution mais on avance pas à pas : c'est l'effet multiplicateur qui fait la force de la démarche. C'est un métier assez nouveau dans les entreprises car, avant, personne n'était embauché pour travailler à 100 % sur ces sujets. Même s'il faut néanmoins rappeler que, dans l'entreprise, il y a toujours eu des gens avec des convictions écologiques qui tentaient de faire vivre leur engagement personnel dans leur métier.

Je ne pensais pas être un jour responsable développement durable dans une entreprise. Néanmoins, j'étais depuis mes 19 ans fermement déterminée à travailler à minimiser l'impact du tourisme sur l'environnement. Le déclic s'est fait en découvrant cet hôtel sur l'île de la Barbade dont la démarche environnementale était très poussée. Situé sur le littoral, dans une zone très urbanisée, cet hôtel était une sorte de poumon vert au beau milieu du ciment – si vert que des tortues venaient pondre leurs œufs sur sa plage. J'ai donc orienté mes études pour atteindre mon objectif : BTS Hygiène propreté environnement, IUP Environnement technologie et société et enfin DESS Tourisme et environnement. Ces formations m'ont beaucoup apporté car elles sont en partie très opérationnelles, spécialisées et à la fois généralistes. J'ai appris des méthodes que j'applique aujourd'hui dans mon métier et j'ai acquis une connaissance assez pointue sur la façon dont fonctionnent les différents services liés de près ou de loin à l'environnement.

J'ai développé mes connaissances sur le tourisme via de nombreux stages dans des hôtels, des resorts, etc. J'ai trouvé mon poste chez Pierre & Vacances sans trop de difficulté en envoyant une candidature spontanée – j'ai commencé par un stage. Ce qui m'a beaucoup aidé, c'est que je savais depuis 10 ans exactement ce que je voulais faire, au point que j'ai tout orienté pour y arriver... Je pense qu'il y a des postes dans le secteur du tourisme et de l'environnement mais pour cela il faut être très mobile et prêt à aller voir à l'étranger.

Mes grandes satisfactions sont de constater la prise de conscience des gens sur les sujets de l'environnement. Par exemple, à la fin d'une récente séance de sensibilisation, les employés de l'hôtel sont venus nous voir pour nous remercier d'avoir pris le temps de leur parler de ces sujets. Même si le niveau de réceptivité varie selon le public et qu'il y a un monde entre la théorie, la bonne volonté et la pratique, ces démarches rejoignent parfaitement mon engagement personnel : la réduction de mon empreinte écologique est l'affaire de chaque instant !

Mes messages clés

Il n'y a pas de chemin tracé, il faut être patient, curieux et aller au fond des choses...

LES SPORTS ET LES LOISIRS RESPONSABLES

Dans le domaine des sports et des loisirs, les acteurs commencent eux aussi à s'intéresser au sujet. Alors que, depuis plusieurs années, le Comité olympique cherche à faire de l'environnement le troisième pilier des Jeux après le sport et la culture (Greenpeace a même contribué à élaborer le cahier des charges environnemental des JO de Sydney en 2000), les Jeux mondiaux de l'environnement ont vu le jour en 2004 (www.jeux-mondiaux-environnement.org).

En outre, quelques associations spécialisées existent : la plus connue est la Surfrider Foundation, l'association des surfeurs pour la protection de l'océan, créée en 1984 en Californie, qui organise partout dans le monde des opérations de sensibilisation des jeunes et de nettoyage des plages, et publie, chaque année en France, une carte des « pavillons noirs » pour signaler les plages du littoral présentant des problèmes de pollution (www.surfrider.fr). D'autres associations de surfeurs s'engageant à protéger à la fois l'océan et leur santé ont également vu le jour, comme Surfers Against Sewage en Angleterre (www.sas.org.uk).

Dans le même esprit, toujours dans le domaine des sports et des loisirs estivaux, un groupe de passionnés de plongée a créé en 2002 la charte internationale du plongeur responsable, pour contribuer à lutter contre la dégradation continue des fonds marins (voir le site de l'association qui assure la promotion de la charte : www.longitude181.com). Celle-ci recommande notamment aux plongeurs de choisir une agence de voyages adhérant à une charte éthique mais aussi un centre de plongée responsable (qui retraite les déchets et les eaux usées, qui contribue au développement local, etc.).

Un autre sport de plein air, le golf, souvent mis à l'index pour ses impacts environnementaux (consommations d'eau et d'engrais pour l'entretien des « greens »), s'est également lancé dans le développement durable avec, par exemple, le programme « Engagement Nature » pour les terrains de golf, initié par l'unité Écologie de l'association européenne de golf en 1997 (www.golfenvironmenteurope.org).

Plus hivernale, l'association Mountain Riders, créée en 2001, qui s'inspire de l'exemple de Surfrider Foundation, a pour objectif de sensibiliser le grand public au respect de l'environnement... en montagne. Sous le slogan « keep it pure » (respectons la montagne), elle organise des distributions de cendriers portables, des événements de sensibilisation dans les stations de ski comme des jeux de piste verts pour les enfants ou des compétitions démonstrations de sports de glisse au bénéfice de l'association (www.mountain-riders.org). À noter : Mountain Riders publie également, depuis 2006, un « guide vert » des stations de montagne... pour aider les vacanciers écolos à faire leur choix !

Aux États-Unis, ces efforts pour préserver la montagne et les sports d'hiver sont devenus plus institutionnels en 2000 avec l'engagement de presque toutes les stations de ski dans le code de conduite « Sustainable Slopes » (littéralement, « pistes durables » !), lancé par l'Association nationale des stations de ski afin de guider ses membres dans leur politique de développement durable (www.nsaa.org). Certaines grandes stations comme Aspen (Colorado : www.aspensnowmass.com, rubrique « Environment ») ou Whistler (Canada : www.whistlerblackcomb.com) font ainsi preuve d'un engagement très marqué et l'association a même lancé en 2004 une grande campagne « *Keep winter cool !* » (que l'on peut traduire par « Gardons des hivers frais ! ») : il est vrai que les stations de ski, notamment en moyenne montagne, sont particulièrement menacées, comme évoqué plus haut, par le réchauffement de la planète lié aux émissions de CO_2. En Europe, les stations commencent aussi à se mobiliser sur le sujet, à l'image d'Avoriaz, la station sans voitures qui organise chaque année, depuis 2006, un forum sur le sujet (www.avoriaz.com/corner-developpement-durable), mais aussi de Saas Fee en Suisse (www.saas-fee.ch/fr) ou de Werfenweng en Autriche (www.werfenweng.org), stations pilotes du nouveau label Perles des Alpes (www.alpine-pearls.com). Autant de démarches qui devraient se traduire, à terme, par quelques postes de chargés de mission environnement ou développement durable dans les offices du tourisme et les mairies...

De nombreuses marques de vêtements de sport *outdoor* se sont à leur tour engagées à soutenir ces initiatives, dans la lignée de l'entreprise californienne Patagonia, déjà citée plusieurs fois tant elle est exemplaire, qui a fait de son engagement écologique le fondement de sa différence et de ses pratiques (www.patagonia.com). Ainsi, en parallèle à ses efforts pour rendre ses processus de production plus respectueux de l'environnement et se lancer dans le coton bio, la marque Quiksilver a lancé la Quiksilver Initiative, qui se consacre à la sensibilisation écologique du public européen (www.quiksilver.com), sous le parrainage de champions sportifs dont le footballeur Bixente Lizarazu et le tennisman Guy Forget, qui pratiquent également le surf.

De son côté, Jake O'Neill, fondateur de la marque qui porte son nom (www.oneill.com), a lancé en 1996 l'Odyssée Marine, un programme pédagogique à l'attention des jeunes – les cours gratuits donnés sur un catamaran portent sur la biologie marine, la navigation mais aussi sur l'écologie pratique. Enfin, la marque de ski Rossignol a elle aussi lancé un programme de sensibilisation à l'environnement baptisé « Respect » (www.rossignolrespect.com).

Mais ces démarches restent émergentes et beaucoup reste à faire en France sur ces questions, à la fois dans les stations de sports d'hiver et dans les entreprises spécialisées dans le secteur du sport et des loisirs : il y a donc fort à parier que de nombreux postes seront créés dans les années à venir mais aussi que de multiples opportunités de travailler concrètement sur le développement durable se présenteront dans le cadre de fonctions plus classiques…

14

LA RESTAURATION ET L'ALIMENTATION RESPONSABLES

Nous avons déjà évoqué les produits alimentaires issus du commerce équitable, ainsi que le « boom » récent des produits bio. L'une des associations les plus sympathiques de ces dernières années, sur ce thème, est Slow Food, née en 1986 en Italie, et qui existe maintenant aussi aux États-Unis et en France. Elle se bat contre la standardisation du goût, contre la manipulation des consommateurs, pour la diversité gastronomique et pour une agriculture écologique (www.slowfood.com).

Mais d'autres initiatives révélatrices de la tendance actuelle existent. Par exemple, certaines associations de promotion de l'agriculture bio et des modes de vie durables, comme World-wide opportunities in organic farms (www.wwoof.org) en Angleterre et Heifer International (www.heifer.org), proposent de vous initier à ces pratiques nouvelles pendant quelques jours ou quelques semaines, grâce à un réseau de fermes pédagogiques qui vous hébergent et vous nourrissent… en échange d'un coup de main !

À ces tendances positives s'ajoutent la multiplication des scandales alimentaires et des critiques contre la « malbouffe » ou les OGM, prenant des formes diverses (allant des livres de José Bové à des films comme *Super Size Me !*, véritable pamphlet anti-McDonald's sorti en 2004, ou encore *Notre pain quotidien* de Nikolaus Geyrhalter et *Le marché de la faim* d'Erwin Wagenhofer, tous deux sortis en 2007 pour critiquer l'industrie agroalimentaire – voir www.ourdailybread.at et www.le-marche-de-la-faim.fr).

Il apparaît de plus en plus clairement que le développement durable transforme notre vision de l'alimentation, et cette dynamique de changement ne manque pas de créer au passage de nouvelles activités, voire de nouveaux postes, dans les entreprises. Un exemple parmi d'autres : suite aux attaques répétées des médias, du public et parfois même des investisseurs, les groupes agroalimentaires emploient de plus en plus de personnes ayant des compétences en matière de nutrition et de cuisine, pour rendre leurs produits meilleurs pour la santé et pour l'éducation du goût (notamment chez les enfants). À ce sujet, la banque d'affaires JPMorgan a publié en 2003 un rapport évaluant les risques de poursuites judiciaires qui pourraient être initiées par des consommateurs obèses à l'encontre des géants mondiaux de l'agroalimentaire.

LES PRODUCTEURS ET LES DISTRIBUTEURS

De manière générale, la nécessité de « mieux manger », pour soi et pour la planète, est de plus en plus reconnue : l'achat de fruits et de légumes locaux et de saison (dont le transport demande 10 à 20 fois moins de pétrole que leur équivalent importé, hors saison, par avion[1]), la plupart du temps biologiques, s'impose progressivement.

Cela génère de nouvelles activités comme celle des jardins de Cocagne, que nous avons déjà évoqués précédemment (www.jardinsdecocagne.free.fr), ou du Campanier (www.campanier.com) qui proposent des services d'abonnement permettant à leurs clientèles urbaines d'avoir, chaque semaine, un panier de fruits et de légumes bio, et de saison, cultivés localement. Autre nouveau

1. Thierry Thouvenot et Gaëlle Bouttier-Guérive (WWF), *Planète Attitude – les gestes écologiques au quotidien*, Seuil, 2004.

mode de distribution qui a le vent en poupe : les AMAP (association pour le maintien de l'agriculture paysanne) reposent sur un partenariat entre de petits groupes de consommateurs urbains et des fermes locales (souvent situées en zone périurbaine), les consommateurs recevant en contrepartie de leur « abonnement » des paniers hebdomadaires composés des produits de la ferme[1]. Début 2006, les AMAP approvisionnaient en France environ 24 000 personnes[2]. Quelques sociétés sont également spécialisées dans la livraison à domicile de produits frais (fruits et légumes, viande, poisson...), parfois biologiques et souvent « en direct de chez les producteurs », locaux dès que possible, comme www.natoora.fr.

Plus généralement, les marques de produits biologiques sont nombreuses et ont de plus en plus de succès auprès des consommateurs, qu'elles soient vendues en boutiques spécialisées ou dans les rayons des supermarchés traditionnels. Sont représentés aussi bien le fabricant Distriborg en France (www.distriborg.com), basé à Laval, qui commercialise les produits Bjorg, une marque vendue en grandes surfaces, Jardin bio, une marque rochelaise également vendue en supermarchés (www.jardinbio.fr), Bonneterre, vendue en boutiques spécialisées (www.bonneterre.fr), que le leader européen d'origine suisse Lima (www.limafoods.com), ou de petites entreprises comme Triballat et sa marque Vrai ! (www.vrai.fr), spécialisée dans les produits laitiers frais bio, et la Compagnie du Riz, spécialisée dans le riz bio et équitable, qui a notamment lancé la marque Autour du Riz (www.autourduriz.com).

La distribution n'est pas en reste, avec des enseignes spécialisées comme les nouveaux Robinson (www.nouveauxrobinson.fr), La Vie Claire (www.lavieclaire.fr), Naturalia (www.naturalia.fr) ou encore les 212 magasins du réseau Biocoop (www.biocoop.fr), qui affichent généralement sur leurs sites web leurs offres d'emploi proposées à la fois pour les sièges administratifs et dans les magasins.

---

1. Voir http://alliancepec.free.fr/Webamap/.
2. Florence Amalou, « Le potager sur abonnement », *Le Monde*, 14 février 2006.

Sur Internet également, sont apparus des distributeurs qui livrent du bio à domicile. Les principaux sont www.biodoo.com, www.biomarkets.com, www.lebio.fr, www.edden-shop.com et www.biorespect.com. Certaines grandes enseignes généralistes comme Monoprix, Casino ou Carrefour ont, elles aussi, lancé de larges gammes de produits biologiques qui connaissent un réel succès et ont permis la création de postes de chefs de produits travaillant exclusivement sur le bio. Notons que Carrefour propose également, sous la marque à succès « Reflets de France », une large gamme de produits du terroir et de spécialités régionales.

Toujours dans le domaine de la distribution, de nouveaux concepts sont apparus récemment, autour de l'idée du « manger mieux » : il s'agit, par exemple, de l'enseigne Résonances (www.resonances.fr), qui propose pour la cuisine des produits régionaux et du terroir, issus d'une tradition et d'un savoir-faire ancestraux, et de l'enseigne Oliviers & Co, créée par Olivier Baussan, le fondateur de la chaîne cosmétique L'Occitane, pour célébrer l'univers des huiles d'olive de Méditerranée et dont l'offre large (huiles d'olive de différentes origines mais aussi livres, accessoires, etc.) fait d'ores et déjà un tabac aux États-Unis (www.oliviers-co.com et, pour la branche américaine, www.oliviersandco.com).

LES PIONNIERS

Enfin, ce tour d'horizon ne serait pas complet sans les pionniers, que nous avons déjà cités, de l'alimentation responsable (dont certains seulement sont présents en France) :

- La marque américaine de crèmes glacées Ben & Jerry's, qui a été la première à intégrer des ingrédients issus du commerce équitable et propose désormais du bio (pour mémoire, elle a été rachetée par Unilever en 2000 – voir www.benjerry.com).
- La marque de yaourts biologiques Stonyfield Farm, récemment rachetée par Danone (www.stonyfield.com).
- La marque alimentaire à but non lucratif créée par Paul Newman qui reverse tous les profits de son entreprise à différentes

causes (www.newmansown.com) et qui compte aussi dans son giron une sous-marque de produits bio créée par la fille de l'acteur (www.newmansownorganic.com).

- La marque de produits bio, également à but non lucratif, du prince Charles d'Angleterre qui est un grand défenseur de l'agriculture biologique (www.duchyoriginals.com).
- La marque française Alter Eco, qui était la première à proposer en grandes surfaces une gamme transversale de produits le plus souvent bio et toujours issus du commerce équitable (www.altereco.com).
- Et, enfin, la chaîne de restauration rapide bio O'Naturals (www.onaturals.com), sans équivalent à ce jour en France, créée aux États-Unis par l'entrepreneur Gary Hirschberg, fondateur de Stonyfield Farm, ardent défenseur du bio.

Certaines entreprises étrangères récentes et très engagées, comme la marque anglaise de jus de fruits et de boissons lactées Innocent Drinks (www.innocentdrinks.com) ou la marque américaine de thé Honest Tea sont désormais vendues en France dans certains restaurants-boutiques « branchés » comme le BHV Café ou Cojean à Paris.

Soyez donc attentifs, en tant que consommateur, aux marques qui vous intéressent et ayez le réflexe de consulter leur site web pour en savoir plus sur leurs valeurs, leurs projets... et n'hésitez pas à les contacter et à leur demander si elles comptent s'implanter en France.

LA RESTAURATION RESPONSABLE

Dans le secteur de la restauration, les choses bougent lentement. En France, sous l'impulsion de l'association Un Plus Bio (unis à plusieurs vers la bio – www.unplusbio.org), l'opération « Manger bio » a pour but d'introduire des produits biologiques dans les repas des enfants. Elle est associée à une démarche pédagogique à l'attention des écoliers, mais aussi des instituteurs et du personnel de restauration. Dans le Gard, où l'opération a été lancée, ce sont plus de 300 000 repas bio qui sont servis par an dans les cantines des écoles.

En France

En France, de nombreux concepts de restauration responsables, aussi variés que doit l'être une alimentation équilibrée, existent : cela va de chaînes lorgnant du côté du « fast-food » avant tout sain et souvent bio, comme Cojean (www.cojean.fr) ou l'entreprise belge Exki (www.exki.fr), au restaurant « Dans le Noir ? » (www.danslenoir.fr), ouvert en 2004 à Paris par deux entrepreneurs avec une association pour les aveugles (les clients mangent dans le noir, « en aveugle », servis par des non-voyants, et 10 % des profits sont reversés à des œuvres pour les non-voyants), en passant par le traiteur associatif la Table de Cana (www.tabledecana.com), créé en 1985 par Franck Chaigneau, ingénieur en informatique et prêtre, pour fournir du travail aux SDF et qui est devenu un réseau national de onze entreprises d'insertion, traiteurs ou restaurateurs, avec plus de soixante salariés. Dans le même esprit, deux entreprises de traiteur « éthique » sont apparues récemment : d'abord, Éthique et Toques, un traiteur haut de gamme qui revendique, depuis 2005, « une cuisine de très haute qualité gastronomique » ainsi que « des matières premières issues du commerce équitable ou de l'agriculture biologique » (www.ethique-et-toques.com) et ensuite, Traiteur Éthique, qui a commencé son activité en 2001 au sein du site événementiel de l'Usine à Saint-Denis (www.traiteur-ethique.com).

À l'étranger

De nombreux concepts similaires devraient voir le jour, à l'instar de ce qui se passe à l'étranger :

- À San Francisco, l'un des restaurants les plus en vogue de la ville, créé en 1991, est en fait la tête de pont d'une série d'entreprises d'insertion lancées par la Delancey Street Foundation (www.grass-roots.org/usa/delancey.shtml).
- À Philadelphie, le White Dog Café est l'un des hauts lieux de la gastronomie américaine (il a été classé dans le top 50 des restaurants du pays) mais aussi un modèle de responsabilité sociale : il reverse 10 % de ses bénéfices après impôts à différentes causes

sociales, offre des avantages sociaux inhabituels à ses équipes, organise des dîners-conférences thématiques et propose à ses clients des programmes de bénévolat communautaire (www.whitedog.com).

- À Londres, la star des chefs britanniques, le jeune Jamie Oliver, a créé en 2002 Fifteen, un restaurant d'insertion qui est devenu l'un des endroits les plus courus de la ville (www.fifteen.com).
- À San Francisco, la chef américaine Alice Waters, l'une des dix meilleures de sa profession au monde selon *Cuisine et vins de France* en 1986, a créé Chez Panisse, élu meilleur restaurant des États-Unis par *Gourmet magazine* en 2001, où elle ne propose que des produits de saison, biologiques, et dont elle se sert comme une vitrine pour son projet qui est de changer la façon dont les Américains se nourrissent, de l'école à l'âge adulte (www.chezpanisse.com). Autant dire que la « délicieuse révolution » (c'est le nom d'un documentaire consacré à Alice Waters) est en route et qu'elle ne manquera pas de créer au passage de nouvelles entreprises et de nouveaux emplois !
- Enfin, à l'heure où l'on parle de plus en plus de manger local et de saison pour éviter les « kilomètres alimentaires » (haricots verts du Kenya, agneau de Nouvelle-Zélande, bar du Chili, mangues du Burkina mûries dans les cales d'un cargo, cèpes ou girolles d'Europe de l'Est, crevettes de Norvège emballées au Maroc puis à nouveau transportées sur leur lieu de consommation, etc.), un nouveau concept de restaurant est apparu, d'abord dans le Vermont aux États-Unis avec Farmers Diner (www.farmersdiner.com) : un restaurant où les repas savoureux sont à 60 ou 80 % préparés avec des ingrédients frais fournis par des producteurs locaux travaillant dans un rayon de 50 kilomètres alentour, le reste provenant de l'agriculture biologique ou de coopératives utilisant des modes de culture plus écologiques. Une façon de réduire l'impact de notre alimentation sur l'environnement et de soutenir l'économie locale ! Un concept qui est arrivé à Londres en 2006 avec le Café Konstam du chef Oliver Rowe (qui s'engage à acheter tous ses ingrédients dans la zone couverte par le métro londonien !) et qui ne devrait pas tarder à franchir le « channel »...

15

LES MÉTIERS DE L'ENVIRONNEMENT

Souvent présenté comme prometteur avec un important « gisement potentiel d'emplois », le secteur de l'environnement fait l'objet de plusieurs livres spécifiques (voir la Bibliographie) et de nombreux sites web d'information :

- le site emploi-environnement (www.emploi-environnement.com) ;
- le réseau Territoires environnement emplois ou TEE (www.reseau-tee.net) ;
- l'Observatoire et réseau des métiers et emplois de l'environnement (www.ifen.fr/orme) ;
- le site dédié de l'Agence méditerranéenne de l'environnement (www.ecometiers.com) ;
- les sites de l'APEC et de l'ANPE (www.apec.fr et www.anpe.fr) ;
- et, pour l'étranger, Earthwork jobs (www.earthworks-jobs.com).

Dans ce chapitre, nous n'allons pas traiter pas le sujet de manière exhaustive mais plutôt vous donner les clés qui vous permettront de mener à bien vos recherches et d'accéder à d'autres sources d'information.

L'ÉCO-EFFICACITÉ

Depuis dix ans, de nombreuses réglementations ont été progressivement mises en place pour obliger les entreprises à traiter les déchets liés à leur activité (parfois même après que le consommateur s'en soit lui-même débarrassé !). Par conséquent, des politiques environnementales parfois ambitieuses ont été initiées, en amont même de l'engouement actuel pour le développement durable, par les entreprises et les collectivités locales. Ces politiques ont certes des coûts mais elles permettent de réaliser des économies significatives, en minimisant les consommations (eau, énergie, etc.) et en réduisant les pollutions ou les déchets (ce qui évite de devoir payer pour les traiter).

C'est ce qu'on appelle **l'éco-efficacité**, un concept rendu populaire auprès des entreprises après le sommet de la Terre de Rio en 1992, à l'initiative du WBCSD (World Business Council for Sustainable Development), une association qui regroupait à l'époque quarante-huit grands groupes industriels (dont Dow, Du Pont et Chevron) et qui a publié un rapport intitulé *Changing course* (changement de cap), mettant l'accent sur l'intérêt économique de la démarche.

Rapidement, de grands groupes comme STMicroelectronics, Monsanto, 3M ou Johnson & Johnson ont adopté le principe des 3 R (Réduire, Réutiliser, Recycler), qui leur permet de diminuer les quantités de produits toxiques émis dans l'environnement... tout en réalisant des économies significatives.

Depuis 1995, le leader des semi-conducteurs STMicroelectronics consacre en moyenne 2 % de ses investissements annuels (3 millions de dollars en 2000) à l'optimisation de ses performances environnementales. Et le jeu en vaut la chandelle : sur la seule année 2000, STMicroelectronics estimait avoir réalisé une économie de 50 millions de dollars notamment grâce aux efforts consentis pour diminuer ses consommations d'eau (– 45 % depuis 1994) et d'énergie (– 28 % depuis 1994). D'après les propres estimations de l'entreprise, cela représente l'équivalent d'une centrale électrique de 100 mégawatts et assez d'eau pour désaltérer 50 millions de personnes pendant un an[1].

Certes, quelques voix s'élèvent aujourd'hui, estimant que les ajustements quantitatifs de cette démarche (moins de produits toxiques, moins de déchets, moins d'énergie fossile) ne seront pas suffisants pour protéger durablement l'environnement, à moins que l'on repense en profondeur les systèmes industriels. Mais ces politiques d'environnement ont eu un effet légèrement positif sur l'emploi : actuellement, **les dépenses directes ou indirectes liées à l'environnement représentent 3,1 % du PIB national**[2] et l'on recense en France un peu plus de 325 000 emplois[3] relatifs à l'environnement (soit 1,3 % de l'emploi total[4]), avec une progression annuelle de près de 6 %[5].

NOUVEAUX MÉTIERS ?

Évidemment, ces emplois ne correspondent pas tous à de nouveaux « métiers de l'environnement » nécessitant une formation spécifique ou une expérience professionnelle conséquente. En dehors de certains secteurs en développement, liés à la recherche (comme la rudologie, qui consiste à créer de nouveaux matériaux à partir de déchets) ou à une approche globale de développement durable de l'environnement (par exemple, le métier d'éco-conseiller ou celui de *trader* en CO_2, qui devrait voir le jour avec l'ouverture en 2005 du marché européen des crédits d'émissions de CO_2), il s'agit

1. Interview du P-DG Pasquale Pistorio, *Les Échos*, 30 août 2000.
2. Institut français de l'environnement – www.ifen.fr.
3. Institut français de l'environnement, chiffres 2000 cités dans http://management.journaldunet.com/0308/0308environnement.shtml.
4. Institut français de l'environnement, Observatoire des réseaux et métiers de l'environnement – www.ifen.fr/orme.
5. Institut français de l'environnement, chiffres 2000, cités dans http://management.journaldunet.com/0308/0308environnement.shtml.

surtout de métiers classiques dont on a redéfini une partie des fonctions pour prendre en considération les effets induits par l'activité et ses impacts sur l'environnement[1].

En outre, la réalité de ces métiers est souvent éloignée de la vision idéalisée des **18 % de jeunes qui aimeraient travailler dans l'environnement**[2] pour être proches de la nature ; les débouchés, qui concernent aux trois quarts le traitement de l'eau et des déchets, restent moins nombreux que les formations.

Le ministère de l'Écologie identifie sur son site (www.ecologie.gouv.fr) quatre catégories de métiers liés à l'environnement :

- les métiers liés à la protection de la nature et à la gestion des ressources naturelles (garde-pêche ou garde forestier, animateur en milieu rural…) ;
- les métiers ayant trait à la prévention et au traitement des pollutions et des risques (analyste de l'air, technicien de traitement des déchets ou de veille sanitaire, agent d'assainissement…) ;
- les métiers contribuant à l'aménagement et au cadre de vie (paysagiste, urbaniste, conseiller en développement local…) ;
- les métiers liés à la sensibilisation et à l'éducation à l'environnement (formateur, éco-conseiller en entreprise, chargé de communication…).
- Concrètement, trois grands secteurs recrutent[3] : le secteur privé dit « éco-industriel », les sociétés de conseil et de services en environnement et le secteur public et associatif.

---

1. Site du ministère de l'Écologie, www.ecologie.gouv.fr, espace Grand public, rubrique « Métiers ».
2. « Le Train de l'emploi », étude réalisée par la Sofres, en 2001, pour *Le Monde* et citée sur www.letudiant.fr.
3. www.apec.fr.

LE SECTEUR PRIVÉ ÉCO-INDUSTRIEL

Le secteur privé dit « éco-industriel » concerne surtout les activités de services (recherche, études, ingénierie) et la fabrication d'infrastructures (usines d'incinération, stations d'épuration...). Il s'agit principalement des grandes entreprises du secteur eau-énergie-déchets. Ces entreprises, qui ont longtemps pensé qu'elles respectaient l'environnement puisqu'elles intervenaient par définition sur des problèmes environnementaux, se sont lancées dans des démarches de développement durable plus approfondies, reconsidérant leurs impacts sur l'environnement mais aussi les enjeux sociaux et économiques de leurs activités.

On pense notamment à Suez (www.suez.com), Veolia Environnement (www.veolia.com) et SAUR, filiale de Bouygues (www.saur.com) en France, et à Anglian Water (www.awg.com), United Utilities (www.unitedutilities.com), Severn Trent (www.severntrent.com) ou TXU (www.txu.com) en Angleterre.

Dans le secteur de l'énergie, on ne peut évidemment manquer de citer Gaz de France (www.gazdefrance.com) et EDF (www.edf.com) qui, comme beaucoup d'entreprises publiques, se sont dotées d'un plan d'action pour le développement durable, généralement appelé « Agenda 21 d'entreprise », qui doit être progressivement intégré par les différentes fonctions (ressources humaines, communication, achats, marketing, etc.).

Naturellement, cette intégration est encore souvent un vœu pieux : dans tous les cas, notre recommandation est une nouvelle fois de ne pas hésiter à se renseigner en amont, puis de questionner très directement (et très diplomatiquement !) ses interlocuteurs, lors d'un entretien d'embauche sur un poste donné, quant au sérieux et à l'ambition de la démarche dans l'entreprise (la réaction de votre interlocuteur vous renseignera au moins sur le niveau de connaissance et de crédibilité de la démarche en interne, ce qui est un indice fiable...), mais aussi quant à l'importance des aspects relatifs au développement durable dans la définition de fonctions du poste en question.

Toujours dans le secteur de l'énergie, les grandes entreprises internationales sont très exposées, de sorte que la plupart affichent aujourd'hui un engagement sur le développement durable. Mais toutes ne se valent pas.

Ainsi, les agences de notation préfèrent encore Shell (www.shell.com) et BP (www.bp.com) à Total (www.total.com), même si le groupe français a fait beaucoup d'efforts pour redresser une image ternie par le naufrage de l'Erika et les rumeurs autour de sa présence en Birmanie. D'autres, comme Exxon, brillent plutôt par leur absence d'initiatives sur le sujet !

Signalons que l'ensemble des entreprises citées ici ont des offres ou des filiales spécialisées dans des aspects plus pointus du développement durable (par exemple, des sociétés spécialisées dans les énergies renouvelables pour les grands groupes énergétiques), qui peuvent représenter une cible de choix pour une recherche d'emploi.

Par exemple, la Compagnie nationale du Rhône (www.cnr.tm.fr), deuxième producteur français d'électricité, a lancé récemment toute une gamme d'électricité « verte », Alpenergie, comprenant 25 à 100 % d'énergie renouvelable. Certains préféreront se tourner vers les nouveaux arrivants suite à l'ouverture du marché, comme le courtier en énergie Poweo (www.poweo.fr) ou la coopérative engagée Enercoop (www.enercoop.fr).

LES SOCIÉTÉS DE SERVICES ET DE CONSEIL EN ENVIRONNEMENT

Le deuxième secteur susceptible de proposer des emplois liés à l'environnement est celui des sociétés de services et de conseil en environnement, qui se sont multipliées ces dernières années. Il s'agit principalement de sociétés d'ingénierie, de bureaux d'études et de cabinets de conseils proposant, par exemple, des études d'impact sur l'environnement ou des analyses de cycle de vie.

La plupart des grands acteurs de ce marché ont déjà été évoqués précédemment dans cet ouvrage. Il s'agit, entre autres, des grands cabinets d'audit comme PricewaterhouseCoopers (www.pwc.fr) ou sa filiale spécialisée Ecobilan (www.ecobilan.fr), mais aussi de prestataires plus pointus comme l'agence d'éco-design O2 France (www.o2france.com), les cabinets de conseil en environnement comme Burgeap (www.burgeap.com), ou encore des bureaux d'études comme Tecsol (www.tecsol.com), spécialisé dans l'énergie solaire.

De nombreuses petites structures existent aussi et interviennent sur des sujets pointus ou plus larges en relation avec l'environnement, auprès des entreprises comme auprès des collectivités. Reportez-vous à la Bibliographie en fin d'ouvrage et utilisez les moteurs de recherche d'Internet pour mener vos propres recherches. Et pensez à appliquer les mêmes précautions que celles mentionnées au chapitre 4, consacré au conseil spécialisé en développement durable.

LE SECTEUR PUBLIC ET ASSOCIATIF

Le troisième et dernier secteur offrant des emplois liés à l'environnement est le secteur public, qui propose des missions liées aux éco-industries (eau et déchets notamment). Cela concerne non seulement les administrations publiques (un programme intitulé « administration éco-responsable » existe même au niveau national et la notion d'État exemplaire est inscrite dans la stratégie nationale de développement durable), mais aussi les associations et les collectivités locales (municipalités, régions, etc.) qui font de plus en plus souvent appel à des chargés de mission en environnement, utilisant notamment le programme des Nouveaux Services Emplois Jeunes qui permet depuis 1997 de bénéficier d'exonération de charges sur les salaires et vise à créer 350 000 emplois dans les secteurs public et associatif destinés à des jeunes âgés de 18 à 25 ans concernant les nouveaux services, dont l'environnement.

Parmi les administrations travaillant sur l'environnement ou le développement durable, on citera surtout, outre les ministères liés à ces questions, des structures régionales comme les conseils régionaux :

- les DIREN (Directions régionales de l'environnement, dépendant du ministère de l'Écologie) ;

- les DRIRE (Directions régionales de l'industrie, de la recherche et de l'environnement, dépendant du ministère de l'Économie et des Finances – voir à titre d'exemple www.ile-de-france.drire.gouv.fr) ;
- ou les agences de l'eau (dont le site www.eaufrance.com propose aussi une liste de métiers) ;
- mais aussi des structures nationales ayant également des bureaux régionaux comme l'Agence de l'environnement et de la maîtrise de l'énergie (ADEME) et ses délégations régionales (www.ademe.fr) ;
- ou l'Office national des forêts ou ONF, dont le site www.onf.fr propose une rubrique de présentation des métiers de la forêt, avec des témoignages de professionnels et les calendriers des concours.

Vous trouverez des liens utiles pour contacter les administrations et les collectivités territoriales sur le site du réseau Territoires environnement emplois (TEE) dont ces organisations sont partenaires (www.reseau-tee.net).

Les municipalités quant à elles s'engagent lentement mais sûrement dans la démarche qui est souvent désignée sous le nom institutionnel d'Agenda 21 local. Pour cibler sa recherche, il peut être utile de vérifier quelles sont les communes membres de l'association des éco-maires (www.ecomaires.com) ou du Comité 21 (www.comite21.org) mais aussi, naturellement, de consulter les sites web des communes.

Voici quelques exemples de villes et de sites ayant développé une stratégie de développement durable : Angers (www.angers.fr), la première ville à avoir publié en France un rapport de développement durable, Valenciennes (www.ville-valenciennes.fr), Montpellier (www.ville-montpellier.fr) dont les efforts ont été récompensés par le label européen des villes durables en 1996, Chambéry (www.mairie-chambery.fr), Bègles (www.mairie-begles.fr) dirigée par le très médiatique représentant des Verts, Noël Mamère, Romans-sur-Isère (www.ville-romans.com) ou encore Villers-Cotterêts, dans l'Aisne (www.mairie-villerscotterets.fr), ville natale d'Alexandre Dumas mais aussi première ville française dont la performance environnementale est certifiée ISO 14001.

La plupart des associations écologistes proposent elles aussi, régulièrement, des stages, voire des emplois, liés à l'environnement... même s'ils se déroulent plus souvent dans des bureaux que sur le terrain (ce qui n'en amoindrit pas nécessairement l'intérêt !).

Là encore, il existe un grand nombre d'associations locales, et rien ne remplace l'investigation personnelle, mais on peut citer les principales associations environnementales françaises, qui animent souvent un réseau local, comme France Nature Environnement (www.fne.asso.fr), Greenpeace (www.greenpeace.fr), les Amis de la Terre (www.amisdelaterre.org), La Ligue pour la protection des oiseaux (www.lpo.fr) ou le WWF France (www.wwf.fr).

Plus généralement, il est assez facile d'obtenir une liste plus complète des associations internationales, nationales ou locales, en croisant les informations disponibles sur des sites comme www.planetecologie.org, www.nature-et-decouvertes.fr qui est aussi un portail naturaliste (rubrique « Les associations ») ou www.assofrance.net, qui se veut le site des associations en France.

Rodolphe Bocquet, 33 ans

Directeur du développement durable et solidaire au conseil régional d'Aquitaine

Ma direction emploie une vingtaine de collaborateurs autour de nos deux missions : accompagner l'émergence des compétences et des filières dans les nouveaux marchés que font naître les contraintes environnementales, et soutenir le développement de projets économiques à finalité sociale. Nos missions demandent à concilier rigueur administrative et créativité, car la collectivité régionale doit souvent jouer un rôle moteur pour la co-construction de politiques en partenariat avec les autres acteurs, publics ou privés, du territoire.

Après mon diplôme d'HEC (1995), spécialisé en finance des marchés, j'ai exercé pendant plus de six ans une activité de trader sur les marchés financiers à la Société Générale. J'y trouvais une réelle satisfaction, dans un contexte d'émulation prononcée, avec une relation extrêmement directe entre performance et sanction. Mais cette activité n'a jamais pu répondre à certaines de mes aspirations d'engagement. Fruit d'un parcours de bon élève, elle ne correspondait pas à une réelle détermination personnelle. Je me posais régulièrement des questions, sans qu'aucun changement n'en découle, dans un premier temps.

Le fait d'avoir conservé une ouverture à d'autres modes de vie, par mon entourage amical notamment, m'a facilité le changement : mes rencontres me confrontaient à des parcours familiaux ou professionnels incarnant certaines de mes aspirations, et cela m'a finalement décidé à trouver les moyens de changer de direction. Il est vrai aussi que le fait d'avoir entre-temps ma réussite dans les activités de trading, en termes financiers et de responsabilités, a grandement favorisé ce passage à l'acte. Après tout, ne m'étais-je pas dit que « si je m'y débrouillais suffisamment bien, ce métier me permettrait de "m'acheter du temps" pour faire enfin ce dont j'avais envie ? ».

J'ai donc pris une année sabbatique pour suivre les mastères d'ingénierie et de gestion de l'environnement de l'École des mines de Paris. Et j'ai ensuite rejoint la délégation régionale de l'ADEME en Aquitaine, pour y assurer pendant trois ans les fonctions de délégué régional. En rejoignant finalement le conseil régional, j'ai souhaité quitter un centre de ressources pour me rapprocher d'un centre de décisions, toujours sur les thèmes du développement durable. Mon champ d'intervention s'y est également enrichi, intégrant la dimension sociale à la dimension environnementale.

J'exerce aujourd'hui une fonction au service de valeurs qui me sont chères (l'harmonie entre l'humain et la biosphère, la diversité culturelle, le lien social), dans une forme à laquelle j'adhère : celle du processus de décision démocratique et du respect de l'entreprise comme formidable moteur d'évolution.

Évidemment, les conditions salariales de mes deux derniers emplois sont sans commune mesure avec mon premier job à la Société Générale. J'ai en revanche gagné en cadre de vie, puisque je vis désormais à Bordeaux et non à Paris. Mais mon activité est marquée par un engagement personnel conséquent, parfois difficile à articuler avec une famille de trois jeunes enfants. La contrepartie est que j'ai l'impression d'être au bon endroit pour apporter ma contribution au monde dans lequel je vis. J'y gagne une certaine sérénité !

Mes messages clés

S'accorder le temps nécessaire à une définition objective de ses facteurs de satisfaction. Prendre conscience que cet objectif peut être atteint dans l'immense majorité des activités (et c'est bien là l'horizon souhaitable !), et que le travail n'est pas la seule sphère permettant d'être en adéquation avec ses valeurs.

Rencontrer un maximum de personnes du secteur visé : les portes s'ouvrent souvent plus facilement qu'on ne l'imagine pour échanger des expériences.

S'autoriser à se déterminer seul(e), en sortant d'une logique de « chemin tracé » en fonction de référents sociaux, et croire en la légitimité de ses aspirations. L'acquisition de cette maturité ne se fait sans doute qu'à l'occasion d'une « crise », surtout quand il s'agit de quitter une situation où vous réussissez plutôt bien. Dans mon cas, j'ai longtemps repoussé certaines aspirations à des lendemains plus harmonieux et j'ai eu progressivement l'impression de m'éloigner toujours plus d'une partie de moi-même. Lorsque j'ai finalement commencé à prêter l'oreille à ces voix intérieures, j'ai été complètement submergé. Mais il m'a fallu plus de six mois, de nombreux questionnements autour de moi et un bilan de compétences pour mettre un peu d'ordre dans ce chamboulement systémique.

Pascal Gabillet, 35 ans
Coordinateur régional environnement
de la chambre régionale de métiers et de l'artisanat
de Bretagne

Je suis entré à la chambre régionale de métiers et de l'artisanat de Bretagne en 1999 avec pour mission de coordonner la promotion des bonnes pratiques environnementales déjà en place dans la région (qui portait principalement sur la gestion des déchets) et de développer des projets complémentaires. Le principal est le programme Envir'A dont l'objectif est d'accompagner les petites entreprises dans l'amélioration de la gestion quotidienne de leurs déchets. Je coordonne le programme avec l'aide de deux chargées de mission travaillant à plein temps au sein de la chambre régionale de métiers et de cinq correspondants à mi-temps dans les chambres de métiers départementales qui animent les actions auprès des collectivités et des entreprises.

Notre but est de faire en sorte que les entreprises changent leurs pratiques. Nous jouons un double rôle de médiateur et de facilitateur. Par exemple, à travers les actions collectives, nous incitons les petites entreprises à se regrouper pour avoir accès aux services des entreprises spécialisées dans la collecte et le traitement des déchets. Par exemple, nous avons lancé en 2002 l'opération « Reflexnature » avec les artisans-photographes dont les déchets sont particulièrement polluants (en tête desquels les bains de développement argentiques). Nous avions en gros 200 photographes en Bretagne qui rejetaient 200 tonnes de déchets dans les égouts chaque année parce qu'il n'existait pas de filière de recyclage. La plus grosse difficulté au départ a été à la fois de mobiliser les petites entreprises et de convaincre les grands groupes de collecte de s'intéresser aux petits volumes : il a donc fallu mettre en place des solutions innovantes... Concrètement, nos actions allaient du lancement de l'appel d'offres auprès des opérateurs au déploiement d'un vaste plan de communication et de sensibilisation. L'opération a connu un vrai succès (60 % des photographes concernés se sont engagés dans l'opération et nous avons collecté 150 tonnes de déchets en 2005), ce qui lui vaut aujourd'hui d'être étendue au niveau national. Nous avons monté des projets similaires sur les secteurs de l'imprimerie, des garages automobiles ou des pressings, et notre dernier projet en date est une opération sur la gestion des déchets sur les chantiers navals (Vague Bleue).

Parfois je me dis que j'étais sans doute prédestiné pour ce poste : quand j'étais petit je voulais être éboueur ! Puis j'ai fait des études scientifiques de chimie en me spécialisant sur le traitement des eaux. Mais, à l'époque, nous n'abordions pas ce sujet sous l'angle environnemental. J'ai commencé ma carrière à la Lyonnaise des Eaux puis au sein du groupe Intermarché lorsqu'ils montaient une cellule environnement sur le traitement des déchets. J'ai toujours travaillé autour de cette problématique.

Il y a un peu d'engagement militant dans mon métier. Je crois à ce que je fais car en travaillant sur l'opérationnel et en construisant avec les entreprises des solutions concrètes qui permettent de changer leurs pratiques, j'ai le sentiment de contribuer à faire avancer les choses dans le bon sens. Mais notre tâche est gigantesque : avec 42 000 entreprises artisanales en Bretagne (dont environ 20 % changent tous les ans) et près de 500 métiers différents dans l'artisanat, les besoins d'information sur des problématiques variées sont permanents.

Mes messages clés

Il faut persévérer car quand on voit le nombre de jeunes diplômés et les postes offerts, on se dit que tout le monde n'aura pas sa chance ; mais les choses évoluent.

S'il y a des domaines dans l'environnement qui demandent des compétences techniques, pour nos métiers, ce qui prime, c'est la motivation, le dynamisme. Il faut savoir être à l'écoute et avoir des talents de communication pour convaincre les entreprises de l'importance de changer leurs pratiques.

DES PISTES POUR L'AVENIR

De nouveaux métiers scientifiques liés au développement durable devraient se développer à l'avenir, même s'ils représentent aujourd'hui une partie infime des emplois. Ils concernent notamment l'ensemble des nouveaux procédés de conception et de production plus respectueux de l'environnement qu'il est impératif de mettre en œuvre… même s'ils restent pour le moment de l'ordre des initiatives pionnières.

L'une des voies les plus prometteuses à cet égard est tout ce qui a trait à la « comptabilité carbone », dans un contexte où, d'une part, les États vont de plus en plus demander aux entreprises de contribuer à l'effort national pour réduire les émissions de CO_2 (à terme, les entreprises qui n'y parviendront pas auront des coûts supérieurs aux autres, du fait de possibles « taxations carbone » ou des conséquences financières de la mise en place des permis d'émission) et, d'autre part, les consommateurs sont de plus en plus sensibilisés au carbone caché dans les produits (par exemple, les « kilomètres alimentaires » et l'annonce faite par des enseignes comme Marks & Spencer ou Tesco, début 2007, de signaler à leurs clients les produits importés par avion). À terme, les entreprises devraient s'organiser pour gérer cette contrainte. Un exemple pionnier dans ce sens est l'initiative prise par l'enseigne Nature & Découvertes début 2007 de créer un poste de responsable de la comptabilité environnementale. Pour Emmanuelle Paillat, qui a décroché le poste après des études de finance à Dauphine et six ans d'expérience dans la consolidation financière et le contrôle de gestion : « L'objectif est de mesurer toutes les émissions de CO_2 liées à l'activité de Nature & Découvertes, avec une analyse détaillée par service et un reporting environnemental mensuel. À terme, nous voulons même pouvoir calculer le coût CO_2 de chaque produit vendu, afin d'informer les clients mais surtout de travailler avec les fournisseurs à l'amélioration de leurs pratiques environnementales : transports, packaging, etc. C'est un sujet nouveau pour moi, mais je travaillais déjà dans l'entreprise et je connaissais bien ses outils de gestion, donc j'ai suivi la formation à la méthode du bilan carbone de l'ADEME, que j'utilise pour développer notre approche de la comptabilité environnementale : contrairement à la comptabilité financière, aujourd'hui il n'y a pas de norme en comptabilité environnementale, ce qui oblige à être créatif et à créer une méthode, propre à l'entreprise. L'important étant que les données soient compatibles d'une période à l'autre. »

Autre piste à fort potentiel : le « bio-mimétisme », théorisé par la biologiste américaine Janine Benyus (www.biomimicry.org), qui consiste à étudier les écosystèmes ou les métabolismes naturels puis à les imiter ou à s'en inspirer pour imaginer des solutions nouvelles de conception ou de production, 100 % efficaces et 100 % écologiques.

Un exemple d'application concrète du bio-mimétisme est fourni par le designer et biologiste américain John Todd qui a conçu, en s'inspirant de la nature, ce qu'il appelle des « machines vivantes » (www.livingmachines.com) : un assemblage de plusieurs centaines d'espèces végétales et animales, sélectionnées pour leurs vertus purificatrices complémentaires, afin de traiter les pollutions de l'eau, comme celle du lac Champlain, dans le Vermont aux États-Unis. En France, quelques bureaux d'études spécialisés proposent ainsi des méthodes « douces » de traitement alternatif de l'eau et de dépollution écologique : il s'agit par exemple de Phytorestore (www.phytorestore.com), ou de l'Atelier d'écologie urbaine (www.aeuconseil.com) – de son côté, Bioteich (www.bioteich.fr) adapte le procédé pour proposer aux particuliers ou aux collectivités des piscines naturelles et écologiques sans aucun produit chimique.

Derrière ces nouveaux modèles scientifiques se cache une idée simple : **les systèmes industriels créés par l'espèce humaine sont les seuls systèmes sur Terre qui produisent des déchets dont ils ne savent pas quoi faire**.

En effet, comme l'explique le physicien Fritjof Capra[1] : « Lorsqu'on examine de près le fonctionnement des écosystèmes, on s'aperçoit que les organismes vivants [...] produisent tous des déchets, exactement comme nous le faisons, individuellement ou dans le cadre de nos organisations humaines. Mais dans un écosystème, les déchets circulent : ceux d'une espèce constituent la nourriture d'une autre espèce. Nous pouvons repenser nos entreprises et nos industries – en fait, nous devons les repenser – de façon que les déchets d'une industrie constituent les ressources d'une autre industrie. »

« Tout déchet est une ressource » : ce principe est central dans l'approche également prometteuse de l'écologie industrielle, qui devrait elle aussi, à l'avenir, ouvrir de nouvelles perspectives de métiers scientifiques en lien avec le développement durable. Les initiatives pionnières les plus intéressantes dans ce domaine sont celles de la « symbiose industrielle » de Kalunborg, au Danemark, où plusieurs entreprises se sont regroupées dans les années 1970, faisant en sorte que les déchets des unes soient utilisés

1. Avant-propos du livre *Upsizing* de Gunter Pauli.

comme matières premières par les autres (www.symbiosis.dk), ou encore des projets développés par la fondation Zero Emission Research Initiative ou ZERI (www.zeri.org).

D'autres organisations ou groupes de consultants scientifiques se consacrent au développement de ces idées, comme l'association internationale d'origine suédoise The Natural Step (www.naturalstep.org) ainsi que les auteurs du livre de référence *Natural Capitalism* (www.naturalcapitalism.org), parmi lesquels les fondateurs, que nous avons déjà évoqués, du Rocky Mountain Institute (www.rmi.org). En France, le Suisse Suren Erkman, expert de l'écologie industrielle et fondateur de l'organisme de recherche genevois CAST (www.icast.org), a créé avec Dominique Bourg, le pôle français d'écologie industrielle (www.france-ecologieindustrielle.fr) mais aussi une première structure de conseil sur le sujet (www.ecologie-industrielle.com). Cette activité émergente compte aussi quelques acteurs de conseil récents comme par exemple e-parc, spécialisé sur la gestion durable des parcs d'activités et zones industrielles (www.e-parc.com).

Citons enfin l'approche de la « **chimie verte** » (*green chemistry*) développée par quelques structures de conseil pionnières comme le cabinet allemand EPEA (Environmental Protection Encouragement Agency) de Michael Braungart (www.epea.com) mais aussi par de nombreuses organisations « officielles » comme l'Agence de protection de l'environnement aux États-Unis (www.epa.gov/greenchemistry). L'idée est de promouvoir une approche innovante qui s'efforce de réduire ou d'éliminer l'utilisation et la création de substances dangereuses à toutes les étapes du cycle de vie des produits chimiques (conception, production, utilisation et fin de vie).

16

TOUT MÉTIER PEUT ÊTRE RESPONSABLE !

Nous venons de citer les principaux créneaux susceptibles de proposer des emplois directement ou indirectement liés au développement durable mais, encore une fois, il est possible de trouver (ou de créer !) dans la plupart des secteurs ou des métiers, des plus attendus aux plus incongrus, un poste avec une forte dimension responsable. Cela dépend évidemment de l'organisation considérée, de ses dirigeants et de leur volonté d'avancer sur la voie du développement durable et, bien entendu, de l'opportunité qui se présente…

Voici quelques exemples pris au hasard pour vous convaincre.

LE SECTEUR DE LA SANTÉ

Le secteur de la santé, par exemple, est indéniablement lié aux problématiques d'éthique mais aussi d'environnement puisqu'on estime aujourd'hui que 20 à 30 % des cancers sont liés à la pollution[1].

L'Organisation mondiale pour la santé (OMS) ne s'y est d'ailleurs pas trompée, en initiant un programme Villes-santé

1. « Santé-environnement : un plan placebo », *Libération*, mardi 22 juin 2004.

(www.villes-sante.com) qui fait la part belle à l'environnement. Certains laboratoires pharmaceutiques, en tête desquels le Scandinave Novo Nordisk (www.novonordisk.com), ont également entamé des démarches de développement durable ambitieuses, en travaillant sur les impacts environnementaux de leurs activités, mais aussi sur des thèmes aussi variés que les tests sur animaux, l'accès aux soins dans les pays du Sud, la question de la dépendance aux médicaments, l'éthique dans les sciences de la vie.

L'engagement environnemental, suivant le principe inscrit dans le serment d'Hippocrate, « d'abord ne pas nuire, ensuite soigner », devrait logiquement être le lot de la plupart des entreprises de santé. Or, nous en sommes encore loin : en France, seule l'éco-clinique Champeau à Béziers fait exception (www.clinique-champeau.fr), avec sa démarche qualité, son bâtiment de Haute qualité environnementale et sa certification environnementale ISO 14000. Aux États-Unis notamment, un nombre croissant d'établissements pionniers s'engagent dans une démarche similaire : par exemple, l'hôpital de Greenwich dans le Connecticut a décidé de ne plus utiliser que des produits d'entretien verts, tout aussi efficaces mais sans risque environnemental ni inconfort olfactif, tandis que l'hôpital de Boulder, dans le Colorado, est le premier établissement de santé aux États-Unis à bénéficier du standard Américain LEED pour la performance environnementale de ses bâtiments.

LE SECTEUR SCIENTIFIQUE

De manière générale, toujours dans le domaine scientifique, la question de la responsabilité sociale et environnementale a le vent en poupe. Pour preuve, la multiplication des réseaux internationaux créés pour guider les scientifiques dans leurs réflexions éthiques voire dans leurs choix de carrière, comme l'Institute of Science in Society (www.i-sis.org), l'International Network of Engineers & Scientists for Global Responsibility (www.inesglobal.com) ou encore le très bon site anglais de l'association Scientists for Global Responsibility (www.sgr.org.uk).

Ce dernier propose des publications et des informations en ligne absolument intéressantes (dont un rapport entier intitulé *An ethical career in science and technology ?*) pour aider les scientifiques à trouver un emploi éthique, à faire acte de responsabilité sociale et environnementale dans l'exercice de leurs fonctions ou, du moins, à mieux gérer les dilemmes éthiques qui peuvent se présenter à eux dans les carrières traditionnelles de certaines filières : la génétique, le changement climatique, l'armement, l'espace, l'expérimentation animale, les technologies « propres » et les énergies renouvelables, les technologies de l'information et la recherche.

Selon cette association, qui cite le mathématicien Michael Atiyah, les scientifiques doivent, plus que d'autres, assumer les responsabilités liées à leur travail pour cinq raisons principales :

1. Ils ont une meilleure connaissance des problèmes techniques que le citoyen moyen. Or, la responsabilité vient avec la connaissance.
2. Ils peuvent apporter une expertise ou une assistance technique pour résoudre les problèmes potentiels.
3. Ils sont les mieux placés pour avertir l'opinion sur des dangers futurs pouvant découler de découvertes actuelles.
4. Ils forment déjà une communauté internationale, au-delà des frontières, et peuvent donc avoir une vision globale des sujets.
5. Pour pouvoir continuer à bien faire leur travail, ils doivent avoir une bonne image auprès du public (ce qui n'est pas toujours le cas aujourd'hui, car la science est tenue pour responsable de l'existence des armes nucléaires ou chimiques, du clonage humain, etc.).

LE SECTEUR LÉGAL

Dans un tout autre domaine, les juristes et les avocats s'intéressent également de plus en plus au développement durable, au-delà des initiatives de mécénat consistant à mettre gracieusement leurs compétences au service de causes sociales ou environnementales, comme l'Environmental Law Foundation en Grande-Bretagne (www.elflaw.org) et au-delà des aspects strictement liés à la responsabilité légale des entreprises. Preuve de cet intérêt croissant, le Conseil des Barreaux de l'Union européenne (www.ccbe.org) a publié en septembre 2003 un guide intitulé *la Responsabilité sociale des entreprises et le rôle de la profession d'avocat* à l'attention des avocats intervenant comme consultants auprès des entreprises.

Les avocats et les juristes peuvent en effet être amenés à travailler partiellement ou exclusivement sur ces questions, dans les entreprises elles-mêmes ou dans des structures de conseil juridique. À titre d'exemple, le cabinet d'avocats de l'ancienne ministre Corinne Lepage est spécialisé dans l'environnement (www.huglolepage.com), tandis que Landwell et Associés, troisième cabinet d'avocats d'affaires en France avec 600 collaborateurs, travaille aussi sur les codes éthiques de ses clients (www.landwell.fr). De plus petits cabinets spécialisés, comme Savin Martinet Associés, sont aussi apparus avec des prestations sur le droit de l'environnement, l'hygiène, l'alimentation, les sites et sols pollués (www.smaparis.com).

Concrètement, les missions sur lesquelles les avocats sont les plus sollicités concernent l'élaboration et le suivi d'un code de conduite à l'attention des fournisseurs (fondés sur les textes réglementaires internationaux, par exemple ceux de l'Organisation internationale du travail pour les aspects sociaux), les chartes éthiques internes et la déontologie propre à l'organisation (les établissements prestataires de services d'investissement – banques, sociétés de Bourse et de gestion de portefeuille – ont en effet l'obligation de nommer un déontologue), l'évaluation des risques sociaux, environnementaux ou de réputation liés à l'activité, la mise en œuvre de programmes de conformité réglementaire, etc.

Patricia Savin, 39 ans

Avocate à la Cour, Docteur en droit,
cogérante et managing partner du cabinet d'avocats
Savin Martinet Associés

Je suis avocate spécialisée en droit de l'environnement, cofondatrice et managing partner du cabinet d'avocats Savin Martinet Associés. Axé sur le droit des risques industriels, et plus spécifiquement hygiène, sécurité, santé et environnement, le cabinet compte en 2007 une vingtaine de personnes.

La profession d'avocat est une profession exigeante tournée nécessairement vers l'autre, ses problèmes, ses difficultés. L'avocat est le « médecin » du quotidien, le conseil, celui qui défend. Sa valeur sociale d'écoute, de présence et d'attention est essentielle. Sa mission est d'aider ceux qui vivent une situation parfois compliquée et délicate à traverser ces moments, et ce dans une confidentialité la plus totale.

Les clients que j'accompagne sont essentiellement des industriels, aménageurs, promoteurs et collectivités locales. Les dossiers sont de deux types : conseil et contentieux. Il arrive, par exemple, que des promoteurs et industriels nous consultent pour identifier les risques environnement aux liés à l'acquisition d'un terrain ou d'une usine. Dans ce cadre, j'analyse de nombreux documents juridiques (contrats, échanges de courriers…) et je rédige ensuite, au vu de cet « audit d'acquisition », un rapport sur les risques encourus. Ensuite, au vu des informations obtenues, j'assiste mon client dans la négociation de garanties demandées au vendeur.

La fonction de conseil peut revêtir une dimension d'accompagnement dans la conduite du changement des industriels. À des degrés différents, ils ressentent tous que le monde a changé et qu'à court terme, ils doivent procéder aux mises aux normes éventuelles qui s'imposent et mettre en œuvre le management environnemental, santé, sécurité au travail approprié. Selon moi, c'est aussi être acteur du changement que d'inciter et d'aider ainsi chacun, quel que soit son point de départ, à changer ses comportements (personnels et industriels) pour contribuer au développement durable…

J'ai choisi ce métier car le droit me plaisait, et puis j'aimais l'environnement et la nature. J'ai donc tout naturellement fait un DEA, puis un doctorat de droit de l'environnement à une époque où l'entourage avisé me déconseillait cette matière « sans avenir, ni débouché ». J'ai souhaité faire vivre le droit de l'environnement, en comprendre la réalité sur le terrain, en mesurer la portée réelle. Or, à l'époque, il n'existait pas réellement de poste de juriste de l'environnement en entreprise, ni de magistrats spécialisés en environnement. J'ai tenté l'avocature, en espérant, qu'un jour, je pourrais exercer seulement en droit de l'environnement… si les dossiers le permettaient. Et j'ai eu cette chance d'avoir, dès le début, des dossiers en droit de l'environnement. Durant mes premières années d'exercice au sein d'autres structures, je regrettais le gâchis phénoménal de papiers et plus généralement le fait que les cabinets ne se sentaient pas concernés par les enjeux environnementaux. Plus les années passaient, plus le fossé entre mes valeurs personnelles et mon exercice professionnel se creusait. Un sentiment de non-cohérence et d'insatisfaction se développait. Il m'a fallu choisir entre accepter une logique et des valeurs qui n'étaient pas les miennes, mais m'assuraient un confort matériel certain, ou tenter l'aventure en m'associant à des confrères qui partageaient d'autres valeurs pour créer un autre modèle économique, managérial et citoyen de cabinet. Nous voulions, Yvon Martinet et moi, créer un cabinet d'avocats qui soit acteur du changement au quotidien et pas seulement spectateur ou accompagnateur de ses clients. En 2003, j'ai donc choisi la liberté, avec sa part de risque, d'exigence... et de grande satisfaction.

« Penser global, agir local » : nous l'avons traduit, à notre échelle, en engageant le cabinet dans une démarche citoyenne impliquant notamment d'identifier avec précision nos impacts environnementaux. La rénovation des locaux a été réalisée avec des produits naturels, le mobilier et les fournitures sont issus de produits recyclés ou engagés dans une démarche environnementale et sociale. Nos émissions de CO_2 *sont compensées par l'installation de fours à haut rendement en Érythrée. Notre facture d'électricité supporte la filière de l'électricité dite « verte »... Et le Cabinet est certifié ISO 14001, ISO 9001 et OHSAS 18001.*

Aujourd'hui, je suis heureuse d'exercer une profession passionnante dans un cabinet qui insiste sur des gestes éco-responsables au bureau (tri sélectif, papier recyclé...) et inscrit sa politique managériale et entrepreneuriale dans le développement durable. Sur le plan social, par exemple, chaque membre du cabinet a suivi une formation de 1er secours.

Ayant la chance de ne pas faire un travail alimentaire, mais un travail que j'aime, je ne raisonne pas en termes de sacrifice, mais en termes d'engagements et de choix voulus et conscients. Alors oui, je passe beaucoup de temps sur les dossiers et à gérer le cabinet. Mais quelle liberté gagnée ! Quel bonheur d'entreprendre et de s'engager pour vivre en cohérence dans sa vérité et ses valeurs.

Mes messages clés

Si j'avais écouté les « bons » conseils, je n'aurais pas fait de thèse de droit de l'environnement et j'aurais travaillé dans le confort matériel certes, mais en contradiction avec mes valeurs et convictions. Je serais passée à côté de tellement de choses et à terme, me serais éteinte sans réelle vie. Aux moments des choix et des prises de décision, la seule personne qui peut réellement savoir ce qui est bon pour nous est soit celui ou celle qui nous aime vraiment pour nous-même et nous connaît parfaitement, soit (et surtout) soi-même si l'on accepte de s'écouter vraiment.

À celui ou celle qui veut trouver sa route ou veut en changer, je dirais « écoute-toi, crois en toi, aime-toi et avance avec confiance dans la vie. N'aie pas peur des changements, des portes qui se ferment. Reste ouvert aux nouveautés, sois en éveil et joyeux. Prépare-toi à travailler beaucoup, vraiment et complètement, la cohérence et l'harmonie sont à ce prix. Sois entrepreneur et acteur de ta vie, elle t'appartient : à toi d'en dessiner les contours et d'y apporter ta couleur ».

Les achats

Sur les sujets tels que les codes éthiques à l'attention des fournisseurs, les avocats travaillent souvent avec une autre profession, de plus en plus concernée également par le développement durable : les acheteurs. Tandis que sur les questions sociales, les entreprises ont accompli des progrès assez significatifs (notamment dans les secteurs les plus exposés : distribution, textile, accessoires de sport, jouets, etc.), un réseau européen d'acheteurs verts, The European Green Purchasing Network, a vu le jour (voir www.epe.be/programmes/egpn/) pour aider ses membres à intégrer les critères environnementaux à leurs cahiers des charges dans des domaines aussi variés que les technologies de l'information, les fournitures de bureau, les transports, le tourisme, les matériaux de construction, l'eau, les produits de nettoyage ou le packaging.

Derrière cette stratégie se cache un double constat : les montants investis par les entreprises pour acheter des biens et des services représentent une part importante de leurs coûts de fonctionnement, et les collectivités gèrent également, de leur côté, d'importants volumes d'achats, représentant jusqu'à 25 % du PNB.

En France aussi, les choses bougent : ainsi le Code des marchés publics 2006 renforce les possibilités pour les acheteurs publics de réaliser des achats durables ou responsables, conformément à la stratégie nationale visant à rendre l'administration éco-responsable (voir www.ecoresponsabilite.ecologie.gouv.fr). Du coup, beaucoup de guides d'achats publics éco-responsables ont été publiés pour les acheteurs, et un site d'information dédié rassemble tous les documents clés sur le sujet (www.achatsresponsables.com). Du côté du privé, les choses bougent aussi, quoique de manière plus inégale selon l'avancée des secteurs et des entreprises – mais la Compagnie des acheteurs de France ou CDAF (www.cdaf.asso.fr) compte un groupe de travail sur les achats responsables, tandis que le Comité 21 a également publié un guide sur le sujet (www.comite21.org)...

DES SECTEURS PLUS INATTENDUS

Le développement durable fait aussi une percée remarquée dans des secteurs plus inattendus, comme le rock et la musique en général. On connaissait déjà les engagements humanitaires, occasionnels ou réguliers, d'artistes de renom. De nouvelles pratiques directement liées aux nouveaux enjeux sociaux et environnementaux sont apparues :

- Le groupe Pink Floyd s'engage à compenser les émissions de CO_2 découlant de la production et la distribution de ses albums en plantant des arbres à chaque unité vendue.
- Le Dave Matthews Band s'allie à la marque de glaces Ben & Jerry's et au WWF pour sensibiliser le public au changement climatique et financer des actions de protection de l'environnement (www.onesweetwhirled.org).

- Les mythiques guitares Gibson se sont engagées, en 1996, à n'utiliser que du bois certifié « *Smart wood* » pour leurs instruments.
- La discothèque londonnienne The Ministry Of Sound a incité les jeunes à voter lors des élections de 1997 (www.ministryofsound.co.uk).
- Le festival de rock féminin Lilith Fair (www.lilithfair.com), lancé par la chanteuse Sarah McLachlan, ne choisit que des entreprises responsables comme sponsors et reverse tous les profits à des associations de soutien aux femmes...
- En 2005, le surfeur et chanteur d'origine hawaïenne Jack Johnson, ami de Ben Harper, a monté le son avec une première tournée d'été écologique aux États-Unis et au Canada. Pour l'occasion, rien n'avait été laissé au hasard : adhésion au club « 1 % pour la planète » rassemblant des entreprises qui reversent 1 % de leur chiffre d'affaires à des associations environnementales, utilisation exclusive de bus et camions fonctionnant au biodiesel, vente de t-shirts en coton bio, posters et emballages de CD faits à 100 % à partir de matière recyclée, recyclage de l'ensemble des emballages alimentaires et donation de la nourriture non utilisée à des associations d'aide aux sans-abri, sensibilisation des fans aux enjeux environnementaux, compensation des 305 tonnes de CO_2 émises pendant la tournée, ventes de snacking bio... Depuis, le nombre de rock stars cherchant à réduire l'impact environnemental de leurs concerts ne cesse de progresser, d'Alanis Morrissette à Sheryl Crow en passant par les Red Hot Chili Peppers !
- Quelques entreprises sont même exclusivement positionnées sur ce créneau, comme Putumayo World Music, un label de world music créé en 1993, qui soutient la création musicale indépendante et, avec elle, les traditions ethniques du monde entier, en reversant une partie de ses ventes à des ONG comme Aid To Artisans, First Nations ou Coffee Kids (www.putumayo.com et www.putumayo.org). Dans un genre différent, deux organisations proposent désormais, aux États-Unis (sans équivalent français pour le moment !) d'accompagner les rock stars dans leur nouvel élan écologiste : Reverb,

une association créée en 2004 pour aider les musiciens et chanteurs à réduire l'empreinte écologique de leurs représentations et tournées tout en faisant de la pédagogie sur le sujet (www.reverbrock.org), et MusicMatters, un cabinet de conseil en marketing qui accompagne ses clients (comme Dave Matthews Band) dans l'organisation de tournées écologiques (www.musicmatters.net).

Enfin, encore plus surprenant, le développement durable gagne même des secteurs controversés comme le tabac ou l'industrie des produits érotiques. Ainsi, le géant British American Tobacco, souhaitant jouer la transparence, a publié des rapports sociaux qui lui ont valu d'être intégré dans l'indice Dow Jones des entreprises engagées sur le développement durable (www.bat.com).

En parallèle, des marques alternatives comme American Spirit, désormais vendue en France (www.nascigs.com), défendent une autre approche responsable en proposant du « tabac naturel à 100 %, sans additifs chimiques » et en évoluant doucement vers le tabac biologique, qui améliore la situation économique des producteurs.

Même l'industrie des produits érotiques se met à la responsabilité sociale : pour preuve, la coopérative californienne Good Vibrations (www.goodvibes.com), qui s'appuie sur l'idée que « le plaisir sexuel est un droit fondamental de l'être humain », propose des boutiques lumineuses et des catalogues jamais sordides, des accessoires en silicone fabriqués « avec fierté » par des artisans de la région de San Francisco, des publications pédagogiques positives et déculpabilisantes sur la sexualité et la prévention des MST, et même des vidéos réalisées selon différents critères responsables (utilisation de préservatifs et de techniques *safer sex*, respect de la dignité humaine dans l'ensemble des scènes, emploi d'acteurs appartenant à des minorités, etc.).

Enfin, et plus sérieusement, dans le domaine de la santé, les choses bougent enfin. Alors que la pollution est désormais un facteur reconnu de l'accélération inquiétante de certaines pathologies (asthme, cancers de la prostate chez les hommes et du sein chez la femme, cancers pédiatriques, etc.), le secteur commence à s'engager dans des pratiques plus environnementales, respectant en cela le principe fondamental inscrit dans le serment d'Hippocrate : « d'abord ne pas nuire, ensuite soigner. » Au niveau international, le réseau d'établissements de santé Health Care Without Harm est d'ores et déjà présent dans 52 pays (www.noharm.org). Aux États-Unis, l'initiative Hospitals for a Healthy Environment – H2E – date de 1998 (www.h2e-online.org). En Europe, le projet Hospitals a pour ambition de bâtir (en Hollande, en Pologne, au Danemark, en Allemagne et en Italie) cinq établissements de santé à faible consommation d'énergie (www.eu-hospitals.net). Et en France, Olivier Toma, directeur de la première éco-clinique d'Europe à Béziers (voir portrait ci-dessous), a lancé en 2006 le Comité de développement durable en santé (C2DS – www.c2ds.org), avec une trentaine d'établissements, des praticiens, des architectes, des associations et des fournisseurs de l'Hexagone. Objectif : recenser les bonnes pratiques pour mutualiser les expériences, mais aussi les achats. « Si nous sommes cent établissements à commander chacun 60 000 couches biodégradables, les centrales d'achat nous prendront enfin au sérieux. »

Olivier Toma, 41 ans

Directeur de l'éco-clinique Champeau

Je suis directeur de la clinique Champeau, qui regroupe en son sein 116 lits de médecine, de chirurgie et d'obstétrique. Pour cette clinique, nous avons voulu privilégier une approche globale du soin qui intègre la prévention, l'éducation à la santé et le management environnemental. C'est le seul établissement de santé en Europe construit selon les principes de la haute qualité environnementale avec, en plus, une certification environnementale ISO 14000.

La démarche environnementale s'intègre naturellement dans une volonté d'améliorer le bien-être des individus et crée incontestablement une valeur ajoutée tant auprès des patients que des salariés. J'espère que cela motivera d'autres dirigeants à œuvrer dans cette direction pour redonner du sens aux métiers de la santé. Quelque part, ce que nous faisons, c'est apporter un peu de rêve et d'utopie dans l'entreprise. La santé est au cœur des préoccupations des individus de toutes les générations. On peut faire tellement pour aider les autres à mieux vivre au quotidien que la créativité n'a pas de limite : il n'y a pas de limite au respect de la vie, il n'y a donc pas de limite à l'investissement que l'on peut y consacrer. Ces efforts pour apporter plus d'éthique, de cohérence, d'équité et de vision à long terme, dans un système qui est administré par l'État dans le plus grand désordre, correspondent bien, selon moi, à un engagement et à des valeurs personnelles. Je n'ai pas fait d'études de médecine mais les métiers de la santé m'ont toujours fait rêver : j'étais persuadé que l'on pouvait y apporter beaucoup plus d'humanité, d'intimité et d'efficacité. Avant de prendre la direction de cette clinique, j'ai dirigé des hôtels dans le groupe Accor.

L'hôtellerie, c'est l'école de la vie : on y apprend à travailler en équipe, à travailler beaucoup et à être au service des autres. Le pas entre l'hôtellerie et la santé s'est fait assez naturellement. Par un concours de circonstances, j'ai rencontré des dirigeants d'établissements de santé : ils m'ont expliqué que leur domaine était finalement très proche du mien, et qu'une vision plus hôtelière de la gestion des moyens et de la qualité de l'accueil ne pouvait qu'améliorer le système. On m'a alors proposé de reprendre une clinique qui avait vécu un séisme financier en y apportant un savoir-faire différent. Je me suis lancé et, en 1992, grâce à une équipe qui partageait les mêmes valeurs, nous avons réussi à redresser la barre et à mettre en place une nouvelle approche des soins axée sur l'amélioration de la qualité de vie grâce à des actions d'information et de prévention.

Mes messages clés

Nous passons plus de la moitié de notre vie à travailler, il est donc impératif d'y exercer des fonctions en harmonie avec nos valeurs. Plus nous serons nombreux à partager cette vision du travail, mieux cela sera. Si l'on est clair avec soi-même, on peut travailler dans tous les domaines en y apportant plus d'éthique et plus de sens, même dans les secteurs les plus sensibles. Mais, pour ça, il faut être capable de se donner du temps. Se donner du temps, c'est accepter que l'on ne va pas changer le monde, mais que l'on peut, à force de persévérance et de vigilance, participer à l'amélioration de la société. Rien n'est impossible à ceux qui resteront fidèles à leurs convictions, malgré les attaques de ceux qui, surtout, ne font rien...

Suivez votre intuition. Car, au-delà de toutes les formations, séminaires et conseils en tout genre, elle est toujours guidée par des sentiments généreux… Écoutez-vous et cherchez en dedans ce que vous ne trouverez pas dehors !

Maintenant, c'est à vous de jouer. Explorez les secteurs qui vous intéressent, renseignez-vous sur leurs avancées en termes de développement durable, sur les entreprises phares ou au moins ouvertes à ces questions et provoquez l'opportunité qui vous permettra de mettre vos valeurs en action !

CONCLUSION

« Les entreprises et les organisations auxquelles vous allez appartenir ont un vrai pouvoir : le pouvoir de rendre le monde plus beau, plus humain, plus écologique, plus merveilleux.

Vous allez avoir, vous aussi, le pouvoir d'influer sur ces organisations pour qu'elles soient au service de vos idées et d'un monde qui fait sens, et pas seulement de l'aride maximisation des profits, qui doivent être une récompense et non une finalité.

Je crois que nous sommes à quelques minutes seulement du point de non-retour, si nous voulons encore sauver la diversité et la qualité de notre planète. Et que c'est Vous, à travers Vos engagements dans Vos futures entreprises, qui pourrez infléchir le cours des choses.

Nos vies sont un tout, sans compartimentage : il n'y a pas un temps pour les engagements, un temps pour le travail, un temps pour les rapports aux autres. Tout est lié en un même objectif : bâtir un monde meilleur et épanouissant ! »

François Lemarchand, P-DG fondateur de Nature & découvertes

Rappelez-vous : nous avons (toujours) le choix, nous sommes même la somme de nos choix.

Vous avez le choix de votre entreprise, de votre métier, de votre carrière, et de ce que vous en faites. Vous pouvez toujours choisir le camp de l'ignorance, des excuses plus ou moins valables pour baisser les bras. Vous pouvez mettre vos convictions au placard et vous excuser de participer à la dégradation des milieux naturels ou de la vie de populations lointaines vivant dans des pays que vous ne visiterez jamais.

La politique de l'autruche a encore de beaux jours devant elle : c'est le système, sans doute ; un individu seul n'y peut rien changer, certes ; le marché de l'emploi est tendu et il est hors de question de faire le difficile, évidemment ; il faut bien gagner sa vie car il ne serait d'aucun secours aux pauvres que nous le devenions aussi, bien entendu... Mais pourquoi feriez-vous ce choix-là ?

Car vous pouvez aussi choisir de voir les choses autrement et de le faire savoir. Vous pouvez (toujours) poser des questions. Pourquoi ? Et pour... quoi ? Vous pouvez choisir de contribuer à la solution, plutôt qu'au problème et au *statu quo*. Où que vous soyez : dans votre propre entreprise, dans une ONG, dans une PME engagée, dans un cabinet de conseil ou dans un grand groupe international.

Ayez le courage de vous faire confiance, de vouloir comprendre, de changer ce qui peut l'être, d'être utile aux autres... et d'inventer votre chemin. Pourquoi pas ? De toute manière, vous ne perdez rien à essayer. Faites-le, seul(e) et avec d'autres. Pour la planète... et surtout pour vous ! Comme le disait Henry James, « il est temps de commencer à vivre la vie dont vous avez rêvé. »

Et tenez-nous au courant !

elisabeth@grainesdechangement.com

marie@grainesdechangement.com

Ce livre vous a plu, inspiré, motivé, encouragé, re-boosté ou même perturbé ?

Connectez-vous sur www.grainesdechangement.com pour trouver des idées, des ressources (livres, sites Internet, etc.) et des informations complémentaires (versions longues des portraits figurant dans ce guide, portraits d'autres personnes et d'autres métiers, etc.) qui enrichiront encore votre recherche d'emploi, vous aideront à penser autrement votre projet professionnel, vous donneront (nous l'espérons) l'envie et l'énergie dont vous avez besoin !

BIBLIOGRAPHIE

Dans cette section, nous avons essayé de privilégier, autant que possible, les livres français. Mais les ouvrages publiés sur l'ensemble des sujets abordés dans ce guide sont souvent plus nombreux en langue anglaise, du fait de l'avance prise par certains pays (Angleterre, États-Unis, pays scandinaves, etc.) sur la France dans ces domaines.

Aussi avons-nous décidé de citer plusieurs publications anglophones, soit parce qu'elles nous paraissaient incontournables, soit parce qu'elles ont le mérite d'exister, palliant utilement le manque d'informations en français. Elles sont signalées par un astérisque. Les livres parus en langue anglaise sont disponibles en France *via* des distributeurs en ligne comme Amazon.fr.

Dans tous les cas, si vous voulez travailler dans le développement durable, l'anglais est indispensable car la plupart des articles, recherches et publications à la pointe du sujet sont d'abord publiés dans la langue de Shakespeare ! Naturellement, cette liste n'est pas exhaustive : n'hésitez pas à surfer sur le web, sur les sites spécialisés, à la recherche d'autres ouvrages, éventuellement plus pointus ou tout juste parus, sur les sujets qui vous intéressent...

Les entreprises et le développement durable

Comité 21, *Guides « Entreprises & développement durable »*. (Le premier de ces guides, édité en 2002, est téléchargeable gratuitement sur comite21.org et le second, daté de 2003, est commandable sur le même site.)

Comité 21, *L'Avenir en vert*, Seuil, 2007.

* DAILY Gretchen C. et ELLISON Katherine, *The new economy of nature : the quest to make conservation profitable*, Island Press, 2002.

DUBIGEON Olivier, *Mettre en pratique le développement durable. Quel processus pour l'entreprise responsable ?*, Village Mondial, 2002.

DUCROUX Anne-Marie, *Les Nouveaux Utopistes du développement durable*, Autrement, 2002.

FERONE G. , DEBAS D. et GENIN A.-S., *Ce que développement durable veut dire*, Éditions d'Organisation, 2004.

* HART STUART L., *Capitalism at the crossroads*, Pearson Education, 2005.

HAWKEN Paul, *L'Écologie de marché, ou l'économie quand tout le monde gagne*, Le Souffle d'Or, 1995.

* HAWKEN Paul, LOVINS Amory et LOVINS L. Hunter, *Natural Capitalism*, Little, Brown and Company, 1999.

LAVILLE Élisabeth, *L'Entreprise verte – le développement durable change l'entreprise pour changer le monde*, Village Mondial (2002), 2e édition mise à jour et enrichie en 2004.

PELT Jean-Marie, *C'est vert et ça marche*, Fayard, 2007.

SACQUET Anne-Marie, *Atlas mondial du développement durable : concilier économie, social, environnement*, Autrement, 2002.

La consommation responsable

AMALOU Florence, *Consommateurs, attention !*, Éditions Philippe Rey, 2005.

BENHAMOU Laurence, *Le grand bazar mondial*, Bourin Éditeur, 2005.

* HICKMAN Leo, *A good life : the guide to ethical living*, Guardian Books, 2005.

LAVILLE Élisabeth et BALMAIN Marie, *Achetons Responsable ! Mieux consommer dans le respect des hommes et de la planète*, Seuil, 2006.

Consommer vert, hors-série découverte, n° 128, *60 millions de consommateurs*, octobre-novembre 2006.

La consommation citoyenne, Guide pratique *Alternatives Économiques*, n° 26, novembre 2006 (voir www.alternatives-economiques.fr).

Les créatifs culturels en France, Éditions Yves Michel, 2007.

Les orientations professionnelles ou les carrières éthiques

* EVERETT Melissa, *Making a living while making a difference – the expanded guide to creating careers with a conscience*, New Society Publishers, 1999.

* McConnell Carmel et Robinson Jonathan, *Careers Un-ltd – Tell me : what is it you plan to do with your one wild and precious life ?*, Pearson Education (Momentum), 2002.

* *The ECO Guide to Careers That Make a Difference*, Island Press, 2004.

* *The Ethical Careers Guide 2006/7*, voir ethicalcareers.org.

Quelques exemples d'entreprises pionnières du développement durable

* Anderson Ray, *Mid-course correction – Toward a sustainable enterprise : the Interface model*, Peregrinzilla Éditions, 1998.

Chouinard Yvon, *Homme d'affaires malgré moi : confessions d'un alter-entrepreneur*, Vuibert, 2006.

* Cohen Ben et Greenfield Jerry, *Ben & Jerry's Double Dip : how to run a values-led business and make money, too*, Simon & Schuster, 1998.

Roddick Anita, *Corps et âme. The Body Shop raconté par sa fondatrice*, Village Mondial (Graines de Changement), 2003.

* *75 best business practices for socially responsible companies*, Alan Reder for the Social Venture Network, Tarcher / Putnam books, 1998.

Les grands groupes engagés

Delaporte P. et Follenfant T., *Développement durable : 21 patrons s'engagent*, Le Cherche Midi, 2002.

Holliday Charles O., Schmidheiny Stephan et Wats Philip, *De la parole aux actes : 67 expériences de développement durable dans l'entreprise*, Victoires Éditions, 2003.

* Schultz Howard, *Pour your heart into it – how Starbucks built a company one cup at a time*, Hyperion Éditions, 1997.

* Schwartz Peter et Gibb Blair, *When good companies do bad things*, Éditions John Wiley, 1999.

L'investissement responsable

Granger Benoît et INAISE (International Association of Investors in the Social Economy), *Banquiers du futur*, Éditions Charles Léopold Mayer, 1998.

Utopies pour ORSE / EPE, *Guide des organismes d'analyse sociétale*, ADEME Éditions, 2001 (avec un complément mis à jour en 2003 – voir www.orse.org).

Les placements éthiques et solidaires, Guide pratique *Alternatives Économiques*, n° 25, septembre 2006 (voir www.alternatives-economiques.fr).

Les métiers du développement et de l'humanitaire

RUFIN Jean-Christophe, *L'Aventure humanitaire*, Gallimard (Découvertes Gallimard), 1994.

Guide du Routard – Humanitaire, Hachette, 2002-2003.

Les Métiers de l'humanitaire et de la solidarité, guide métiers publié par le magazine *L'Étudiant*, 2002.

Les entrepreneurs sociaux et les entreprises à vocation sociale

BORNSTEIN David, *Les Entrepreneurs sociaux et le pouvoir des idées nouvelles*, La Découverte, 2006 (www.howtochangetheworld.org et www. ashoka.org).

DARNIL Sylvain et LE ROUX Mathieu, *80 hommes pour changer le monde : entreprendre pour la planète*, Éditions J.-C. Lattès, 2005.

NOWAK Maria, *La Banquière de l'espoir*, Albin Michel, 1994.

NOWAK Maria, *On ne prête (pas) qu'aux riches : la révolution du microcrédit*, Éditions J.-C. Lattès, 2005.

PACHE Anne-Claire, SHEPHERD Lisbeth et TRELLU Marie, *Demain, le service civil*, Village Mondial, 2006.

SEGHERS Virginie et ALLEMAND Sylvain, *L'audace des entrepreneurs sociaux. Concilier efficacité économique et innovation sociale*, Autrement, 2007.

* WALLJASPER Jay et SPAYDE Jon, *Visionaries : People and ideas to change your life*, New Society Publishers, 2001.

YUNUS Muhammad, *Vers un monde sans pauvreté*, Éditions J.-C. Lattès, 1997.

Guide de l'entrepreneur social 2004-2005, coédition Caisse des dépôts – Avise, 2004 (bon de commande sur www.avise.org, rubrique « Publications »).

Entreprendre autrement, hors-série pratique n° 14, *Alternatives Économiques* (www.alternatives-economiques.fr), mars 2004.

L'Utilité sociale, hors-série pratique n° 11, *Alternatives Économiques* (www.alternatives-economiques.fr), septembre 2003.

Le commerce équitable

LECOMTE Tristan, *Le Pari du commerce équitable*, Éditions d'Organisation, 2003.

LECOMTE Tristan, *Le Commerce équitable*, Éditions d'Organisation, 2004 (guide pratique).

LECOMTE Tristan, *Le commerce sera équitable*, Éditions d'Organisation, 2007.

RITIMO / SOLAGRAL, *Pour un commerce équitable*, Éditions Charles Léopold Mayer, 1998.

ROOZEN Nico et VAN DER HOFF Frans, *L'Aventure du commerce équitable – une alternative à la mondialisation par les fondateurs de Max Havelaar*, Éditions J.-C. Lattès, 2001.

La responsabilité sociale des médias et la presse engagée

* *Mixed News : The Public / Civic / Communitarian Journalism Debate*, ouvrage collectif, Lawrence Erlbaum Associates, 1997.

* *Through the looking glass : corporate responsibility in the media and entertainment sector*, étude publiée par le cabinet anglais SustainAbility avec la branche anglaise du WWF, téléchargeable gratuitement sur Internet (www.sustainability.com/media), 2004.

L'éco-design et l'écologie industrielle

* BENYUS Janine, *Biomimicry : Innovation Inspired by Nature*, Perennial, 2002 (voir aussi www.biomimicry.org).

ERKMAN Suren, *Vers une écologie industrielle*, Éditions Charles Léopold Mayer, 1998.

* HAWKEN Paul, LOVINS Amory et LOVINS Hunter, *Natural capitalism – creating the next industrial revolution*, Little, Brown and Company, 1999 (à lire intégralement en ligne : www.natcap.org).

KAZAZIAN Thierry (dir.), *Design et développement durable : il y aura l'âge des choses légères*, Victoires Éditions, 2003.

* McDONOUGH William et BRAUNGART Michael, *Cradle to cradle – remaking the way we make things*, North Point Press, 2002.

VON WEIZSÄCKER Ernst Ulrich, Lovins Amory et Lovins Hunter, *Facteur 4 : deux fois plus de bien-être en consommant deux fois moins de ressources*, Terre Vivante, 1997.

L'architecture écologique et la construction durable

EMERY Marc, *Innovations durables : une autre architecture française*, Princeton Architectural Press, 2005.

GAUZIN-MÜLLER Dominique, *L'Architecture écologique*, Le Moniteur, 2001.

WINES James, *L'Architecture verte*, Taschen, 2000.

La construction durable : une stratégie d'entreprise et *La construction durable : de la théorie à la pratique*, deux rapports publiés en 2004 et 2006 dans le cadre de l'initiative « Entreprises & construction durable », téléchargeables gratuitement sur constructiondurable.com.

Le tourisme éthique

AMALOU Pierre, BARIOULET Hervé et VELLAS François, *Tourisme, éthique et développement*, L'Harmattan, 2001.

CAZES G. et LANQUAR R., *L'Aménagement touristique et le développement durable*, PUF (Que-sais-je ?, n° 1882), 2000.

Le tourisme autrement, Guide pratique *Alternatives Économiques*, n° 18, mars 2005 (voir www.alternatives-economiques.fr).

La restauration et l'alimentation responsables

DESBROSSES Philippe (préface de Jean-Pierre Coffe), *Agriculture biologique : préservons notre futur*, Éditions du Rocher, 1998.

DESBROSSES Philippe, *Le pouvoir de changer le monde : l'intelligence verte*, Éditions Alphée, 2006.

FLEX Fabiola, *N'avalons pas n'importe quoi !*, Robert Laffont, 2005.

KUMMER Corby (photographies de Susie Cushmer, avant-propos de Carlo Petrini), *Les Plaisirs du slow food : tradition du goût, goût de la tradition*, Éditions Chronicle, 2002.

* NEWMAN Paul et HOTCHNER A. E., *Shameless Exploitation in Pursuit of the Common Good : the madcap business adventure of Newman's Own by the truly oddest couple*, Éditions Nan A. Talese, 2003.

PÉTRINI Carlo et LHÉRITIER Jean, *Slow food, manifeste pour le goût et la biodiversité : la malbouffe ne passera pas !*, Éditions Yves Michel, 2005.

* POLLAN Michael, *The omnivore's dilemma : a natural history of four meals*, The Penguin Press, 2006.

* SCHLOSSER Eric, *Fast Food Nation : the dark side of the all-american meal*, Éditions Perennial, 2002.

WAGENHOFER Erwin et ANNAS Max, *Le marché de la faim*, Actes Sud, 2007.

WITTNER Laurence, *La vérité sur les étiquettes alimentaires*, Leduc. S Éditions, 2006.

* *Sustainable cuisine : white papers*, Earth Pledge Foundation (avec une introduction de Leslie Hoffman et une préface de Paul Newman), 2000.

Les métiers de l'environnement

Les Métiers de l'environnement, guide métiers publié par le magazine *L'Etudiant*, 2003.

Le développement durable dans les collectivités

Développement durable : villes, régions... Agir localement, Guide pratique *Alternatives Économiques*, n° 29, mai 2007 (voir www.alternatives-economiques.fr).

Guides « *Territoires & développement durable* » et *Mémento pratique 2005 du développement durable à l'usage des collectivités locales*, Comité 21 (quatre ouvrages à commander directement sur comite21.org).

Ce livre a été imprimé sur du papier cyclus, issu à 100 % de papiers recyclés, qui porte le label environnemental Ange Bleu. La papeterie qui le produit est certifiée ISO 14001 et ISO 9002 : elle a reçu le label environnemental Cygne Nordique, qui garantit un processus de fabrication respectant l'environnement et la qualité (production sans chlore, niveau et qualité des rejets dans l'eau et l'atmosphère, recyclage des déchets et emploi de produits chimiques écologiques).

Dépôt légal : août 2007
IMPRIMÉ EN FRANCE

Achevé d'imprimer le 14 août 2007
sur les presses de l'imprimerie «La Source d'Or»
63200 Marsat
Imprimeur n° 10158